dtv

Ausführliche Informationen über
unsere Autoren und Bücher
finden Sie auf unserer Website
www.dtv.de

Angelika Schrobsdorff (Hg.)

# Der Vogel hat keine Flügel mehr

*Briefe meines Bruders Peter Schwiefert
an unsere Mutter*

Mit Kommentaren von
Angelika Schrobsdorff und Claude Lanzmann

Mit einem Nachwort
von Ulrike Voswinckel

Deutscher Taschenbuch Verlag

Alle kursivierten Passagen im Text stammen von Angelika Schrobsdorff. Die Anmerkungen von Claude Lanzmann wurden der französischen Ausgabe entnommen, für die deutschsprachige Ausgabe wurden sie zum Teil ergänzt, insbesondere bei den Briefen. Die Textgestalt der Briefe folgt der in den 70er Jahren für die französische Ausgabe erstellten Abschrift; sie wurde heutigen Regeln behutsam angeglichen. Die Übersetzung der Briefe und Texte, die auf Französisch oder Englisch verfasst wurden, besorgte Ulrike Voswinckel.

Der Verlag dankt besonders Susanne Strajnic, Ulrike Voswinckel und Jürgen Wallenstein, sowie Claude Lanzmann, der uns das Recht zum Abdruck seiner Texte großzügig einräumte. Sie alle haben zum Entstehen dieses Buches wesentlich beigetragen.

MIX
Papier aus verantwor-
tungsvollen Quellen
**FSC** FSC® C013736
www.fsc.org

Deutsche Erstausgabe
2012
© 2012 Deutscher Taschenbuch Verlag GmbH & Co. KG, München
© Bildteil: Alle Photos, deren Urheber im einzelnen nicht mehr ermittelt
werden konnten, stammen aus dem Privatbesitz von Angelika Schrobsdorff.
Rechtmäßige Ansprüche werden jederzeit angemessen vergütet.
Umschlagkonzept: Balk & Brumshagen
Umschlagphoto: aus dem Privatbesitz von Angelika Schrobsdorff
Gesetzt aus der New Caledonia 10,25/14,25˙
Satz: Greiner & Reichel, Köln
Druck und Bindung: Kösel, Krugzell
Gedruckt auf säurefreiem, chlorfrei gebleichtem Papier
Printed in Germany · ISBN 978-3-423-28008-2

# Inhaltsverzeichnis

Erster Teil

Claude Lanzmann – Eine Vorbemerkung      11

Die Briefe I      15


Bildteil      217


Zweiter Teil

Claude Lanzmann – Zwischengedanken      219

Die Briefe II      225


Anhang

Gesuch des Peter Schwiefert      273

Ulrike Voswinckel – Nachwort      279

*Peter war wie eine Sternschnuppe in meinem Leben,*
*ein leuchtender kleiner Himmelskörper, der einem ent-*
*gegenfällt und erlischt. Physisch erlischt. Geistig habe*
*ich ihn zwanzig Jahre später kennengelernt, durch*
*seine Briefe an meine Mutter.*

Angelika Schrobsdorff,
»Du bist nicht so wie andre Mütter«

# ERSTER TEIL

# Eine Vorbemerkung

Peter Schwiefert wurde 1945 im Alter von siebenundzwanzig Jahren getötet, und seine privaten Briefe, die hier vorgestellt werden, sind alles, was er hinterlassen hat. Wenn er die Absicht gehabt hatte zu schreiben, dann ließen ihm die geschichtlichen Umstände keine Zeit dazu, so sehr hatte er zu kämpfen mit dem Überleben im Elend des Exils und später als Soldat im Krieg.

Die sechzig Briefe, die er mit Ausnahme des letzten zwischen Dezember 1938 und März 1941 an seine Mutter geschrieben hat, sind herzerschütternde Dokumente, die gerade dadurch so anrühren, weil sie absolut privat sind: Ein Mann, ein sehr junger Mann, der bis ins Herz hinein in die geschichtlichen Ereignisse verwickelt ist, legt sozusagen unwillentlich Zeugnis ab. Aber mehr als diese Zeugenschaft von den Dramen und Zerreißproben der Emigration und von der Art, wie die verschiedenen Mitglieder einer deutschen Familie auf den Nationalsozialismus reagierten, sind diese Briefe eine angstvolle Befragung einer jüdischen Mutter durch ihren »halbjüdischen« Sohn; leidenschaftlich geliebte Mutter, die aber unaufhörlich infrage gestellt und aufgefordert wird, Entscheidungen zu treffen und sich einer Situation gewachsen zu zeigen, die sie nicht bedenken will oder kann. Es ist der Sohn, der jeden möglichen Kompromiss ausschließt und sich vollkommen zum Judentum bekennt, während die Mutter schwankt. Ihn, den jungen Mann, von Rilke und Rimbaud beseelt, führte eine radikale Verweigerung zu einer Sprache von extrem politischer Modernität und entsprechend auch zum Handeln. Das war genug, um unter den damaligen Umständen ein exemplarisches und tragisches Schicksal zu erfüllen.

Der erste Brief von Peter Schwiefert aus Faro, damals ein kleines portugiesisches Dorf, ist auf den 6. Dezember 1938 datiert. Er hatte seine Heimatstadt Berlin Ende Oktober desselben Jahres verlassen. Portugal sollte für ihn nur eine Etappe sein, er hatte vor, nach Südamerika zu emigrieren. Gerade einundzwanzig Jahre alt, ohne Beruf und Geldreserven, sah er sich gezwungen, in Faro zu bleiben, wo er während der ersten Monate in großer Armut lebte. Sein Vater, der Dramatiker Fritz Schwiefert, und sein Stiefvater (der zweite Mann seiner Mutter, den er in seinen Briefen Onkel Schr. nennt) fanden seine Entscheidung völlig unangemessen und leichtsinnig und verstanden nicht, dass der Träger eines perfekt deutschen Familiennamens – und unter ihrem Schutz stehend – aus freien Stücken das Exil wählte; sie hatten ihm jede finanzielle Unterstützung verweigert. Auch seine Mutter selbst zog die Aufrichtigkeit seiner Motive in Zweifel.

(Ist es erlaubt, ein kompliziertes Privatleben zu haben, wenn die Geschichte selbst kompliziert und verrückt wird? Die Mutter von Peter – eine überaus verführerische Frau, um die man sich riss in Berlin – hatte drei Kinder, Peter, Bettina, Angelika, von drei verschiedenen Männern, alle nicht jüdisch … Drei Kinder also, Halbbruder, Halbschwestern, alle »Halbjuden«. Und drei ganz verschiedene Schicksale.)

Vom ersten Brief an ist die Angst des jungen Mannes offensichtlich: Weniger als einen Monat zuvor, in der Nacht vom 9. zum 10. November – in der berüchtigten »Kristallnacht« –, hatte die Jagd auf die Juden in Deutschland einen Höhepunkt erreicht. Diesmal handelt es sich um ein richtiges Pogrom, das im ganzen Land von der Regierung selbst organisiert worden ist. Ohne Nachrichten von seiner Mutter fürchtet Peter Schwiefert das Schlimmste. Aber er fürchtet auch, dass sie als Preis dafür, in Berlin bleiben zu können, ihre Herkunft verleugnen würde.

Es ist wahr, dass die Mutter bis zum letzten Augenblick gehofft hat, dank ihrer christlichen Ehe durch die Maschen des enger werdenden Netzes schlüpfen zu können. Erich Schrobsdorff, der Vater ihrer jüngeren Tochter Angelika, tat alles, was ihm möglich war, um sie zu beschützen, ebenso wie ihre beiden Töchter. Die »Kristallnacht« bezeichnete, so wie es die Nazis gewollt hatten, das Ende dieser Illusionen. Die assimiliertesten, die respektabelsten, die blindesten der deutschen Juden mussten einsehen, dass sie dem allgemeinen Schicksal nicht entkommen würden. Einige Wochen nach der freiwilligen Abreise ihres Sohnes sah sich die Mutter gezwungen, ihre eigene Emigration ins Auge zu fassen. Wohin sie gehen würde, wann und wie, das wusste sie noch nicht. Aber man wird sehen, dass sie den Tod in der Seele trug ...

*Claude Lanzmann, »L'Oiseau n'a plus d'ailes ...«* 1974

*Die Briefe I*

Liebes Muttilein!

Ich bin unendlich unruhig. Was ist geschehen, dass Du mir nicht antwortest? Ich habe seit nahezu einem Monat keine Nachricht von Dir. Lass mich bitte nicht in dieser Sorge. Ich bin nicht so weit aus der Welt, als dass ich nicht um alles wüsste. Ist Euch etwas zugestoßen? Bist du krank? Ich flehe Dich an: schreib mir sofort, und wenn es auch nur einige Zeilen sind.

Ich ersehne Deine umgehende Nachricht und bin Dir in Gedanken und Wünschen immer nah. Sei tapfer, kleine Frau, glaube an die Wendung. Sie kommt. Sie kommt immer. Kann Dir meine Liebe etwas helfen? Ach, wie töricht ich bin! Es kann ja nichts helfen als das eigene Leiden.

Du, dies will ich Dir ins Herz sprechen: verleugne und verfluche nicht Dein Judentum und das Deiner Kinder! Es ist Deine ganze Kraft, Du sollst keine Märtyrerin sein, Du sollst nur lieben, was Dir aufgegeben wurde als eine Auszeichnung. Es ist eine Auszeichnung. Es ist ein schwerer Auftrag. Vergiss es nicht, dass Du allem entkommen kannst, aber nie Dir selbst.

Mit dem innigsten Gebet für Euch alle bin ich
Dein Peter

17

Meine Liebe,

ich habe verstanden und werde schweigen.
Ich wusste das alles nicht so genau. Ich hatte nur vage Nachrichten. Ich vernahm sie, begriff sie aber nicht. Ich konnte
sie nicht zusammenfassen zu dieser Schwere. Erst Dein
Brief hat Klarheit gebracht. Für mich erwarte ich nichts,
habe es auch in den letzten Wochen nicht mehr getan. Um
mich hatte und habe ich keine Sorge. Aber ich schäme mich
jetzt, dass ich nur an mich dachte und über dem Eigenen
alles andere vergaß. Ist es zu spät?
Ich arbeite schon. Ich gebe deutsche Stunden, werde sie
ausbauen und versuchen, in der Stadt Kurse einzurichten.
Ich werde tun, was ich vermag, und wenn es so nicht geht,
dann auf andere Weise. Ich habe mich radikal auf das Min-
destmaß des Notwendigen eingeschränkt. Ich will Dir helfen. Ich stehe Dir ganz zur Verfügung. Wenn Du mich
brauchst, so sage es mir. Ich werde kommen. Ich verspreche
es Dir. Wenn ich Dir irgendetwas erfüllen, Dir irgendeine
Hilfe sein kann – und sei es mit dem Geringsten –, es bedarf
nur eines Wortes von Dir. Alles, was ich habe, gehört Dir.
Ich schlage Dir folgendes vor: Lissabon und mein Haus. Es
ist eine Möglichkeit.
Ich habe Dir zwei lange Briefe geschrieben, die Du offenbar
nicht erhalten hast. Den Deinigen hatte ich seit Wochen erwartet. Auch von Liena* höre ich nichts mehr. Es ist möglich,

* Liena war das junge Mädchen, das er liebte.

18

dass meine Mitteilungen überhaupt nicht ankommen. Ich wiederhole mit größter Aufrichtigkeit: meine Person und mein Wollen sind unwichtig geworden. Jegliche Teilnahme erübrigt sich.

Dass unter anderen Umständen meine »lyrischen Träume«, wie Ihr es nennt, eine wenn auch ferne Berechtigung haben, musst Du einsehen. Dadurch, dass ich allein war, mit keiner Hilfe mehr rechnete und meinen eigenen Weg gehen musste, ergab sich auch ein eigenes Maß[*]. Nun gilt ein anderes, denn ich bin nicht mehr allein. Ich habe alles erkannt und will nur noch helfen, mithelfen und mein Teil geben, soweit es in meinen Kräften steht. Glaub mir das!

Schreibe mir, küsse die Kinder und Deine Eltern. Ich bin immer bei Dir. In unendlicher Hoffnung und Liebe,

Dein Peter

---

[*] Peter Schwiefert wuchs zuerst bei seinen Eltern auf, dann bei den Großeltern mütterlicherseits. Später kam er in ein Internat, dann für eine kurze Zeit zu seiner Mutter, die wieder verheiratet war (die Beziehung zu seinem Stiefvater war konfliktgeladen). Danach lebte er allein, bis er Berlin verließ.

Meine geliebte Mutti!

Ich bin zu Weihnachten bei Euch – bei Dir, den Kindern und den Großeltern – und umarme Euch so fest wie nie zuvor. Die Weihnacht ist ja nicht wichtig, sondern nur die Gemeinsamkeit und die stille Freude, beieinander zu sein.
Es gibt nicht viel zu sagen. Meine Wünsche sind nicht aussprechbar. Wenn es nur irgend angeht, seid ein klein wenig ruhig. Und ich bitte Euch: habt mich lieb, so wie ich Euch liebe. Ich will Euch die Liebe zeigen, es soll nicht bei Worten bleiben. Ich will alles, alles tun, um Euer Sohn und Bruder zu sein. Jetzt bin ich Euch wirklich ganz nahe und fühle, dass wir uns nicht vergleichen können. Ihr wiegt zu schwer. Ach, ich kann nicht sprechen. Was soll ich auch sagen? Seid stark und haltet Euch aufrecht. Ich will Euch Gutes tun und helfen mit aller meiner Kraft. Vielleicht könnt Ihr mich doch brauchen. Das wäre mein schönstes Geschenk.
Zum neuen Jahr: Hoffnung und noch mal Hoffnung für alles, was in ihm kommen mag.
Eben habe ich einen Brief von Onkel Schr. erhalten. Ich will nicht eingehen auf die maßlosen Unterstellungen, Verfälschungen und Beleidigungen dieser »witzigen« Version von Gedanken und Aussagen, die ich nie gedacht und nie getan habe. Ich will mich nicht verteidigen. Es ist mir unendlich gleichgültig, was die Herren in Deutschland von mir denken. Und sie selbst sind mir genauso egal. Ihnen bin ich schon lange keine Rechenschaft mehr schuldig, und auf das

Interesse, das sie freundlicherweise »immer noch« für mich haben, verzichte ich dankend. Sie sollen sich zum Teufel scheren und mich in Ruhe lassen mit ihrer »Meinung«. Ich will nichts von ihnen – nichts und von keinem. Zu sagen, dass ich mit meinen Briefen auf eine »Teilnahme« spekulierte, ist weiter nichts anderes als eine Frechheit. Ich brauche nichts, denn glücklicherweise hatte ich besser geplant, als es die Herren von einem lyrischen Nichtstuer annehmen. Ich werde auch keine »philosophisch untermauerten« (welch prächtiger Ausdruck!) Briefe mehr schreiben, die die Adressaten in irgendeiner Form behelligen könnten. Das Vorhergegangene ist mir eine gute Lehre gewesen. Dass ich mich Dir nicht verständlich machen konnte, ist bedauerlich, wenn auch jetzt nicht mehr wichtig.

Dir aber, aber nur Dir will ich zweierlei wiederholen. Erstens war ich nicht informiert, da ich keine Zeitungen las, selten in die Stadt kam und nur durch Zufall und erheblich verspätet von den Ereignissen erfuhr; wie ich schon sagte, waren diese Nachrichten unbestimmt, und ich erfasste sie einfach nicht – Gott weiß warum. War es, dass ich schlief, dass ich nicht das Neue, sich von früher Unterscheidende sah, dass ich in diesem Moment wirklich fern von jedem Geschehen war – war es alles zusammen oder anderes: es ist mir tatsächlich unmöglich, es zu erklären. Aber nie war es ein Nicht-verstehen-wollen, ein Egoismus, der die Dinge robust von sich schiebt. Zum anderen: Ich kann Dir vielleicht in nichts helfen. Du kennst meine Situation, und es ist ja jetzt nutzlos festzustellen, dass sie anders hätte sein können. Ich habe in meinem ersten Brief versucht, Dir sachlich meine beruflichen Chancen im Leben klarzumachen. Du weißt, dass ich nichts gelernt habe, und kannst Dir demnach ausrechnen, dass meine Möglichkeiten derart beschränkt sind, dass sie im besten Falle – es müsste denn ein Wunder geschehen – gerade ausreichten, um mich über Wasser zu halten. Dazu kommt, dass mir bis heute und höchstwahrscheinlich auch noch in den nächsten Wochen die Hände gebunden sind, da meine Niederlassung noch nicht legalisiert ist, und ich aus diesem Grunde keine Arbeitserlaubnis bekomme – das sind die Tatsachen.

Das Einzige also, was ich Dir geben kann, ist meine uneingeschränkteste Bereitwilligkeit. Nur das, was ich in der Tat besitze, kann ich Dir zur Verfügung stellen. Das ist nicht viel mehr als meine Hände und das bisschen Intelligenz. Wenn Dir das nützen kann, dann genügt ein Wort von Dir, um mich zur Stelle sein zu lassen. Aber auch, wenn Du mich nicht brauchst und ich Dir im Moment wirklich nicht helfen kann, will ich alles tun, im praktischen Sinne alles versuchen, um Dir einmal eine Hilfe zu sein.

Noch dies: nur an Dich, Deine Kinder und Deine Eltern richte ich mich in Zukunft[*]. Nur für Euch bin ich da und willig. Nur Euch will ich meine Liebe erweisen – mit und ohne Verständnis und wie Ihr auch über mich denkt. Alle anderen sollen mich verschonen mit ihren Gedanken und Urteilen (so, wie auch ich nichts mehr tun werde, um mich in Erinnerung zu bringen). Sie sind mir maßlos uninteressant, und ich verzichte auf alles, was von ihnen kommt. Das Odium der Undankbarkeit nehme ich liebend gerne auf

[*] Seine beiden Halbschwestern Angelika und Bettina, die damals elf und fünfzehn Jahre alt waren.

mich, denn bei dem Bild, das man sich von mir macht, fällt das wohl kaum noch ins Gewicht.

Da Du ja bisher meine Briefe zum Besten des erhabenen Volkes gegeben hast, bitte ich Dich, auch diese Worte denen zu übermitteln, die sie angehen. –

Meine Lieben, verzeiht mir das Letzte. Ich denke an Euch – immer. Nehmt alles von mir und seid innigst geküsst von

Eurem Peter

Faro, 20. Januar 1939

Meine liebe kleine Mutti!

Ich war vierzehn Tage in Lissabon, um die Angelegenheit mit meiner Aufenthaltserlaubnis zu regeln, die sich wie alle amtlichen Dinge hinzog. Wenn auch nicht angenehm, da teuer, so war die Reise doch nötig, denn ich habe die Bewilligung nun endlich erhalten und hoffe, keine Schwierigkeiten mehr zu haben, wenn ich jetzt energisch mit den Stunden beginnen will.

Ich werde nun also deutsche und englische Stunden in Olhão und Faro geben und, wenn ich am ersten Februar anfangen kann und genug Schüler habe, jeden Abend mit dem Omnibus in die Stadt fahren. Nebenbei hoffe ich, Übersetzungen machen zu können. Aber es muss sich erst alles einlaufen.

Ich weiß gar nichts mehr von Dir. Wie ist Deine Stimmung? Hast Du Mut? Ach, Du wirst sehen, es wird sich alles ergeben, und Du wirst noch einmal lachen, dass Du so viele Zweifel hattest.

Ich will Dir von einer für mich wichtigen Entscheidung berichten. Ich bin des festen und unumstößlichen Willens, zum Judentum überzutreten.

Ich habe lange darüber nachgedacht und habe mir Rechenschaft gegeben.

Ich bin zu dem Entschluss gekommen, dass ich es tun muss, um Klarheit und Sauberkeit zu schaffen. Ich bin Jude und will nichts anderes sein als Ihr und alle anderen. Ich gehöre zu Euch und will es auch äußerlich festgestellt wissen. Ich weiß sehr wohl, was es bedeutet, und werde den Weg, einen schwierigeren Weg, gehen wie alle anderen. Mit welchem Recht soll gerade ich begünstigt sein? Ich will die Begünstigung nicht, und sei sie auch noch so gering. Du weißt, was ich denke. Du kennst meine Verwandtschaft mit allem Jüdischen, ich sehe keinen Unterschied, und ich erkenne ihn nicht an. Der Übertritt ist für mich natürlich und eine Notwendigkeit. Ich will mich nicht länger verwischen oder verwischen lassen. Ich erfülle nur eine Pflicht mir gegenüber. Der Übertritt ist kein religiöser. Ich kenne keine christliche oder jüdische Religion. Das Judentum als solches ist aber die einzige Form der jüdischen Existenz, und ich habe keine Möglichkeit, mich auf andere Weise zu dokumentieren. Also werde ich das Mögliche tun.

Seltsam (und ich musste oft lächeln) ist die Reaktion der

Juden auf meinen Wunsch. Alle beschwören mich, es zu unterlassen. Alle, aber auch alle kommen mit praktischen Erwägungen. Es ist mir auch in Portugal unmöglich, die Formalitäten zu vollziehen. Ich sprach mit einem Herrn der sephardischen Gemeinde. Er fragte mich immer wieder nach meinen Gründen und betrachtete mich wie ein seltenes Tier. Außerdem als Christen.»Wir nehmen niemand auf«, sagte er. Mit Kopfschütteln verabschiedete er mich. Er muss ein sehr guter Jude sein.

Mir blieb vorläufig nur eines (und damit ergeben sich auch praktische Veränderungen – allerdings anderer Art), ich habe am vierzehnten Januar auf dem deutschen Konsulat in Lissabon eine eidesstattliche Erklärung abgegeben, dass ich willens bin, zur jüdischen Religionsgemeinschaft überzutreten, und den formellen Übertritt, sobald ich dazu in der Lage bin, vollziehen werde. In gleicher Erklärung bat ich, mich schon jetzt als Juden zu betrachten und die Gesetze auch auf mich anzuwenden.

Wird die Erklärung in Berlin als gültig befunden, so werde ich den Vermerk »J« in meinen Pass bekommen und den Vornamen Israel* annehmen. Ich bin damit vollgültiger Emigrant und kann nicht mehr nach Deutschland zurückkehren. Außerdem wird man mich dann in einiger Zeit ausbürgern. So sagt das Konsulat.

Wie sich die Dinge in dieser Frage entwickeln, weiß ich noch nicht. Auf jeden Fall werde ich offiziell übertreten, sofort, wenn sich eine Gemeinde bereiterklärt.

---

* Gemäß der Namensveränderungsordnung vom August 1938 mussten ab Januar 1939 alle Juden zusätzlich dieselben Vornamen annehmen: ›Israel‹ die Männer und ›Sarah‹ die Frauen.

Denk Dir, mein Kater Nicky ist gestorben. Er hat sich scheinbar vergiftet, und es war schon zu spät, als ihm der Tierarzt ein Mittel gab. Er starb in meinen Armen auf dem Rückweg von der Stadt. Die Südländer sind mit Tieren von einer Rohheit, die nicht wiederzugeben ist. Sie hatten sich überhaupt nicht um ihn gekümmert und sagten nur:»Ja, ja, er wird wohl sterben. Nun, wir werden einen anderen arrangieren.« Als ich dann zum Tierarzt lief, herrschte allgemeine Heiterkeit. Ich hätte sie schlagen mögen, diese Weiber.

Muttilein, leb wohl. Gib mir endlich nähere Nachrichten. Mach's gut. Ich bin immer bei Dir. Ich umarme Dich,

Dein Peter

Faro, 21. Januar 1939

Lieber Papa!

Ich möchte Dir folgende Mitteilung machen:
Ich habe am vierzehnten Januar auf dem deutschen Konsulat in Lissabon eine eidesstattliche Erklärung abgegeben, dass ich des Willens bin, zum Judentum überzutreten, den Übertritt, sobald ich dazu in der Lage bin, vollziehen werde und deshalb bitte, mich schon jetzt als Juden zu betrachten

und dementsprechend die geltenden Gesetze auch für mich in Anwendung zu bringen.

Wird diese Entscheidung in Berlin als gültig erkannt, so erhält mein Pass den Vermerk »J«, und ich werde den Namen Israel annehmen. Damit bin ich meinen Pflichten dem Deutschen Reich gegenüber enthoben (z. B. was die Wehrdienstfrage anbetrifft), vollgültiger Emigrant und nicht mehr in der Lage, nach Deutschland zurückzukehren. Außerdem steht dann zu erwarten, dass ich diesen Tatsachen zufolge in absehbarer Zeit ausgebürgert werde.

Ich gebe Dir diese Information, um eventuellen Nachfragen, die Dich unvorbereitet treffen, und Ungelegenheiten, die Dir daraus entstehen könnten, zuvorzukommen.

Herzlichst,
Dein Peter

Faro, 21. Januar 1939

Meine kleine Mutti!

Ich danke Dir für Deinen Brief. Verzeih, wenn ich Dir den meinen durch Liena zuschicken lasse, aber die Briefmarken sind entsetzlich teuer, und ich muss doch sparen.
Wie war nun Euer Weihnachten. War es Euch sehr schwer? Bei mir konnte ja von »Feiern« nicht recht die Rede sein. Es war mir aber auch wirklich nicht wichtig. Ich saß am Heilig-

abend bei meiner »Familie« – als da sind: Carmo mit ihren beiden Kindern, meine Wirtin Rosaria mit ihrer Tochter und der Hausknecht Antonio, der mit einer geradezu göttlichen Einfalt gesegnet ist. Ja, wir gehören nun schon fest zusammen und bilden sozusagen einen einigen Block in der Marine-Gesellschaft. Ich nehme allerdings – fast gegen meinen Willen – eine bevorzugte und irgendwie patriarchalische Stellung ein und werde mit großer Zuvorkommenheit behandelt. Ich esse ja nun auch seit dem fünfzehnten Dezember mit der Familie zusammen, und Carmo sorgt hervorragend für mich. Zu Weihnachten also machte ich den Weihnachtsmann, indem ich jedem ein kleines Geschenk überreichte, was bei den Kindern große Freude auslöste, da sie sonst nichts geschenkt bekamen. Das war ja nun sehr schön, und auch die Damen vermochte ich zu beglücken, indem ich ihnen Photos von mir gab, die sie sich gewünscht hatten. Diese stehen nun in den verschiedenen »Salons« und bilden den Stolz des Inhabers. Das Fest mit der »Bescherung« wäre damit eigentlich beendet gewesen, wären wir nicht plötzlich auf die Idee gekommen, zur Mitternachtsmesse in die Stadt zu gehen. Dies geschah, und ich hörte und sah die erste Messe meines Lebens. Wenn ich ehrlich sein soll, war der Eindruck überraschend gering. Die Kirche ist nicht gerade hässlich, aber die diversen ausdruckslosen Heiligen, gekleidet in den farbenprächtigsten Plunder, und besonders ein heiliger Sebastian in Ritterrüstung, sind unerträglich. Eine wie immer geartete Feierlichkeit tat sich nicht hervor, es war dazu viel zu geschäftsmäßig, und der Chor hatte offenbar niemals etwas von Takt gehört. Bemerkenswert war nur der eine Messdiener, der sich bewegte wie ein Shakespeare'scher Bedienter und auch so aussah. Nun ja, es ist etwas Seltsames um die Einrichtung der Kirchen, und in dieser Stunde wurde mir besonders klar, wie sinnlos sie im Grunde sind und wie unendlich wenig sie mit Gott (und sei er auch der katholische) zu tun haben. Über das Neue Jahr gibt es nichts zu sagen. Es kam lautlos. Auch über mich gibt es wenig zu berichten. Es ist nicht leicht, und Du weißt ja, dass alles sich immer schrecklich in die Länge zieht. Aber ich werd's schon schaffen. Wenn Du sagst, dass mich die Umwege meinem Ziel nähern, so ist das etwas, was ich ja schon lange wusste. Ich wollte mich auch gar nicht davor bewahren, nur hatte ich so meine eigene Zeitrechnung, Dass sie nun umgeworfen wurde, ist nicht erheblich, da ja in einem selbst vieles sich verändert. Außerdem verliere ich ja nun nicht mehr, was ich mir einmal erworben habe, und wenn diese Klarheit lebt, ist alles notwendig, was kommen soll, und gerade das Unvorhergesehenste und scheinbar Schwerste ist das tiefste Bedürfnis.

Küsse die Kinder und die alten Leutchen,
Ich umarme Dich,

Dein Peter

*In dieser Zeit stand unsere Mutter vor der bitteren und nicht mehr aufschiebbaren Entscheidung, Deutschland zu verlassen. Damals lebte sie schon einige Jahre von meinem Vater getrennt. Die menschliche Beziehung zwischen meinen Eltern war ungewöhnlich gut, nicht aber die Ehe, an deren Scheitern sich unsere Mutter die*

*Schuld gab. Eine gemeinsame Emigration meiner Eltern stand da-
her auch nicht zur Debatte, wohl aber hoffte unsere Mutter, durch
die Ehe mit einem Christen geschützt, in Deutschland bleiben zu
können. Sie hoffte bis kurz vor Toresschluss, erkannte dann aber die
Gefahr und erklärte sich bereit, Deutschland zu verlassen. Wann,
wie und wohin sie gehen sollte, stand noch nicht fest.
Schließlich wurde das Problem der Emigration folgendermaßen
gelöst: Bulgarische Freunde meiner Eltern hatten einen Bulgaren
(Dimiter Lingorsky) vermittelt, einen herzensguten, jungen Mann,
der sich für eine gewisse Geldsumme bereiterklärte, mit unserer
Mutter eine Scheinehe zu schließen. Auf diese Weise kam sie in den
Besitz eines bulgarischen Passes und zu gegebener Zeit unbehin-
dert über die deutsche Grenze. Meine Eltern ließen sich scheiden,
was zu einem Nervenzusammenbruch unserer Mutter führte. Die
Eheschließung mit dem Bulgaren sollte, um keinerlei Verdacht zu
erregen, auch kirchlich vollzogen werden. Zu diesem Zweck begann sich unsere Mutter mit dem russisch-orthodoxen Glauben zu
beschäftigen. Sie geriet dabei an Vater Johann (Père Jean), einen
russischen Popen und ehemaligen Fürsten. Dieser Mann mit dem
schweren goldenen Kreuz auf der Brust und dem schönen durch-
geistigten Gesicht eines Christus übte eine derart starke Faszina-
tion auf unsere Mutter aus, dass sie in ihm und seinem Glauben die
Rettung zu sehen begann. Was zuerst nur opportunistische Klugheit
und praktische Erwägungen gewesen waren, wurde jetzt zu einem
aufrichtigen Suchen nach religiösem Glauben. Sie ließ sich taufen
und von Vater Johann in der russisch-orthodoxen Kirche trauen.
Peter, der zur gleichen Zeit, da unsere Mutter zum Christentum
übertrat, zum Judentum konvertieren wollte, nannte es nicht zu
Unrecht eine »Groteske«.*

Meine liebe Mutti!

Dein Zusammenbruch hat mich dadurch, dass Du mir mitteiltest, ihn überwunden zu haben, nicht weniger erschreckt. Bitte, mach mir keine Geschichten! Bist Du völlig wiederhergestellt? Bitte, sage mir auf das Genaueste, wie es Dir geht. Du wirst Dir denken können, dass ich mir nicht geringe Sorgen mache. Kannst Du nicht versuchen, Dich ganz auf das Kommende zu konzentrieren? Damit nähmest Du der Gegenwart, indem Du sie betäubst, ihren gefährlichsten Einfluss. Du musst Dich zwingen, sie nicht mehr auf Dich wirken zu lassen als unbedingt notwendig. Dir bleibt keine andere Möglichkeit, denn an sich sind die Folgen nicht erstaunlich. Aber bist Du Deinem vorläufigen Ziel nicht schon nah genug, um Dich nach ihm auszurichten?

Ich hoffe, Du bist es. – Sind das sehr läppische Dinge, die ich da rede?

Ich möchte Dich dringendst bitten, meine wiederholten Nachfragen über Deine Lage nicht ganz zu übergehen. Sie haben für mich nicht nur allgemeines und natürliches, sondern auch überaus reales Interesse.

Ich muss jetzt wissen, worum es sich handelt. Du weißt, dass wir in unserer Situation täglich vor Entscheidungen stehen und deshalb mehr als klare Sicht benötigen. Ich nehme nicht an, dass es in Deinem Sinne ist, dass wir uns ganz voneinander entfernen. Ich jedenfalls lege größten Wert auf eine jederzeit mögliche Verbindung – nicht etwa zu meinem Nutzen. Aber diese Dinge sind ja selbstverständlich – also bitte sei so lieb und gib mir Antwort. Was wirst Du mit Angelika und Bettina tun? –

Ich selbst habe keine Pläne, die Dir nicht bekannt wären. Was sollte ich schon tun? Ich bleibe natürlich hier und hoffe nur, dass sich meine »Lehrtätigkeit« etwas entwickelt. Bis jetzt ist es sehr spärlich, aber daran ist zweifellos der Karneval schuld. Im März wird es sich wohl leidlich anlassen – so versichert man mir wenigstens allerorten. – Nun zu unserer »Groteske«.

Vor allem sollst Du wissen, dass auch für mich vielleicht das Wichtigste ist, dass Dir dieser Schritt aus der Depression geholfen und Dich aufgerichtet hat, wo Du der Aufrichtung doch so sehr bedarfst. Vor allem geht es ja um Deine Kraft.

Dies sage ich Dir vorher – und es ist die Wahrheit –, da ich nicht weiß, was ich noch alles sagen werde.

Deine Ironie, die mich nicht so arg berührt, wie Du Dir wohl wirst denken können, ist nicht schön. Du solltest nicht andere Entscheidungen belächeln, wo Deine eigene – objektiv betrachtet – zwar nicht belächelt, aber bedauert werden KANN. Deine Ironie ist etwas krampfhaft. Du weißt zu gut, dass Du Dir etwas vormachst, obgleich Du immer behauptest, nur ich mache mir etwas vor. Vielleicht ist es in Deinem Fall richtig, ja unumgänglich, dass Du Dir etwas vormachst – ganz im Gegensatz zu dem meinen. Ich will damit sagen, dass Du Dich in den Zynismus rettest und retten musst, wie dies immer geschieht, wenn die eigene Position nicht GANZ hieb- und stichfest ist.

Denn – weiterhin objektiv gesprochen – es gibt die Notwendigkeit der Taufe nicht. Es hat sie nie gegeben, selbst in den wüstesten Zeiten nicht, gegen die die unsere trotz allem ein Kinderspiel ist. Das weißt Du, und deshalb wirst Du zur Ignorantin. Du könntest diesen Schritt überhaupt nur unter einer Voraussetzung tun: Dich zu der Auffassung zu zwingen, dass »es nicht darauf ankommt« und dass opportunistische Klugheit obenan steht. Denn Dein stärkstes Argument ist das schwächste. Die zugegebene katholische Neigung, der Gewinn, der Dir aus dieser Verbindung entsteht, die, abgesehen von der überwiegend ästhetischen, seelische Befriedigung und Stärkung schafft, hat seine Berechtigung verloren. All diese Dinge, die ich Dir unbesehen glaube, sind schief durch die Wahl des Zeitpunktes. Du hast sechs Jahre lang Zeit gehabt – und hast nichts unternommen, da es nicht »notwendig« war. Wärest Du in dieser langen Spanne, in der die ganze Angelegenheit eine reine Glaubensfrage gewesen wäre, katholisch geworden, so wäre daran nichts zu deuteln. Nun aber, wo es seit fünf Jahren und am allermeisten heute nicht mehr um religiöse Neigungen geht, da besinnst Du Dich auf diesen eigentlich verjährten Wunsch und baust Dir daraus eine komplementäre Rechtfertigung auf. Es ist evident, dass es sich in diesen Tagen nicht um religiösen Glauben handeln kann und handelt – bei Dir nicht, bei mir nicht, bei keinem. Die ganze Frage hat sich in einer politischen Richtung entwickelt und ist aus einer persönlichen zu einer allgemeinen geworden. Es handelt sich nicht mehr um Judentum und Christentum, sondern einzig und allein um das Hep-Hep. Und dies gilt ja nicht dem jüdischen Glauben wie in den Zeiten der Inquisition, sondern dem jüdischen Menschen, WEIL er Jude ist. Es heißt: Haut den Juden! und man haut ihn. Der Jude kann sich schlagen lassen, kann sich zur Wehr setzen, kann lächeln und fragen: Was tut ihr mir schon damit? Kann jammern, kann beten. Kann listig sein und entwischen, kann klug sein, indem er das nächste Mal nicht auf die Straße geht – er kann alles tun, was die Stufenleiter menschlicher Reaktionen umfasst. Nur eins kann er nicht. Er kann nicht sagen: Ich bin's ja gar nicht, den ihr meint.

Denn er ist's immer und solange er lebt: Er mag jüdisch sein oder katholisch, Kosmopolit oder beseelt von glühendster Liebe zu Deutschland, er mag Lord Beaconsfield sein oder Moses Mosessohn aus der Frankfurter Straße, mag sein Judentum lieben oder hassen, hochhalten, hinnehmen oder verfluchen, mag zwanzig jüdische Großelternteile haben oder ... Halbjude sein – immer, immer ist er's, und immer ist es ein ganz spezielles Hep-Hep, das ihm in die Ohren gellt. Er mag aussehen, wie er will – innen und außen.

Darauf kommt es an. Darauf, dass wir Juden SIND, wir mögen noch so viele Verwandlungen durchmachen. Es ist etwas in uns, ein nicht in Worte zu Fassendes, ein Rest auf dem tiefsten Grund unserer Seele – vielleicht nicht mehr als eine unbewusste Erinnerung oder ein ganz seltsam untergründiges Wissen – ein Etwas, das wir niemals sagen könnten, aber alle fühlen. Du und ich und alle, und das unablässig fortwirkt. Trotzdem Du Dein Judentum lässt, es abwerfen willst wie eine Schlange, die sich häutet, ist dieses Letzte in Dir. Und ich mag so unjüdisch sein wie ich will, so innerlich blond wie nur je ein Goi, auch in mir ist es. Hierin sind wir uns völlig gleich.

Und nun, wo wir Juden sind, wo keine religiöse Unterscheidung mehr verfängt – weder die meine sozusagen gebürtige noch Deine neu angenommene –, wird das Ganze zu einer Einstellungsfrage. Hierin sind wir uns ungleich: wir

34

stehen auf zwei Ebenen – diesmal vollkommen ohne Verbindung.

Du musst ja wissen, was Du tust, und wie Du es vor Dir verantworten kannst. Wenn Du Dich schützen musst, wenn es eine Notwendigkeit war … Aber ich kann Dich nicht verstehen. Ich bin wohl zu jung dazu. Ich kann mich nicht hereindenken in Deine Gedanken und diese Art von »Klugheit« – Mutti, verzeih mir, verzeih mir tausendmal. Du kennst mich, ich bin so anders, und warum soll ich es Dir nicht sagen – Du fühlst es ja sicher auch –: Ich bin sehr traurig, dass Du das getan hast. Es kam ganz unerwartet, und ich hatte nie an diese Möglichkeit gedacht. Deshalb antworte ich Dir auch so spät. Ich habe lange nachgedacht über alles, habe viele Male versucht, Dir zu schreiben, und glaubte, dass ich doch etwas finden würde, was Dich erklärt. Aber ich finde nichts. Ich kann Dich nicht verstehen. Was ich auch rede und wie ich es auch denke: es bleibt das Eine. Du kannst glühendste Katholikin sein, Du kannst Dein jüdisches Blut verabscheuen, Du kannst alles Jüdische hassen – es bleibt das Eine. Es sei denn, Du vermöchtest alles aus Dir herauszureißen und wärest es nicht mehr. Aber es zu SEIN und zu SAGEN: Ich bin es nicht mehr – das geht nicht,

Mutti, es mag ja sein, dass ich Unrecht habe, wenn ich so spreche.

Aber Du warst zu offen zu mir, als dass ich nicht wüsste, dass es bei Dir keine Äußerlichkeit ist, sondern tiefer geht, sehr tief, bis zur Verleugnung. Ich wünschte, ich wünschte brennend, Du wärest nicht so offen gewesen. Nenn mich beschränkt, einen Chauvinisten, einen Don Quixote, aber schau: man kann sich über alles hinwegsetzen, kann ein Fouché sein, ein Mephisto, kann Gott und die Welt verneinen (ich selbst negiere ja viel mehr als Du: Religion, Heimat) – es gibt ein Absolutes, wo wir nicht mehr hinreichen, nicht mit Überzeugung, nicht mit Ablehnung, ein Absolutes, wo Worte keinen Sinn mehr haben, wo Stolz und Ehre verwaschene Begriffe sind, weil sie sich blähen und spreizen und Markt- schreier sind: Schaut her, schaut auf mich, was für ein Kerl ich bin! Ein Absolutes, das unser innerstes Wesen ausmacht und dieses Wesens innersten Kern, das sich allem entzieht, jeglicher Beurteilung und jeglichem Verständnis, da es GEGEBEN ist wie unser Leben, wie die Welt, Urexistenzen, die für uns ja auch ganz unerreichbar und unaussprechbar sind. Und diese jüdische Erscheinungsform ist mir und in mir das Absoluteste, das, was ich denken und fühlen kann, so wie es außerhalb von mir Gott, das Göttliche ist, von dem man ja auch nicht sagen kann: Ich glaub' es – ich glaub' es nicht.

Siehst Du, deshalb kann ich nicht über mich hinaus und mich zu dem Verständnis zwingen, für einen Menschen zwingen, dem dies fehlt – und sei dieser Mensch selbst meine Mutter. Da die Dinge so klar sind und mir meine Reaktion so selbstverständlich erscheint wie keine meiner früheren Handlungen, kann ich nicht begreifen, dass es überhaupt eine Wahl gibt zwischen Erkannt-Werden und Nicht-erkannt-Werden.

Du weißt, wie ich fremden Menschen in diesem Punkt ge- genüberstehen würde. Du bist meine Mutter, ich liebe Dich und werde nicht aufhören, eine Erklärung zu suchen. Ich WILL nicht glauben, was ich nach allem Bisherigen glauben musste, und bitte Dich, bitte Dich inständig: versuche, mir eine Antwort zu geben, die mich die Dinge anders sehen lässt. Ich wollte erst sagen: Sprechen wir nicht mehr davon, aber das ist ganz unmöglich. Bitte sprich – vielleicht bist Du im Recht und ich ein Narr, ich wünschte nichts mehr – und wenn Du es jetzt nicht kannst, so sage mir, dass Du es tun wirst, wenn wir uns sehen.

Vielleicht verstehst Du mich aber jetzt etwas besser. Ich habe meinen Entschluss nicht gefasst, um ein anderer zu werden (ich weiß, dass ich nie ein Jude, wie Du ihn Dir vorstellst, sein werde), nicht, um irgendwem zu nützen oder gar zu kämpfen (wieso denn ein Don Quixote? Ich kämpfe doch nicht). Das alles hat ja gar nichts damit zu tun. Du missverstehst mich so völlig: Ich tat das doch nicht, um etwas zu ändern wie Du: Ich nehme doch nichts an, ich wechsle doch nicht über den Weg. ICH BIN JUDE UND SAGE ES, so wie ich es immer getan habe. Ist das denn etwas Besonderes, etwas Neues? Von anderen weiß man's – die brauchen es nicht erst zu sagen. Von mir weiß man's nicht – also muss ich es sagen. Das sind Selbstverständlichkeiten, Mutti, denn Du kannst tun, was Du willst, Du wirst es nicht ausradieren können, dass ich eine jüdische Mutter habe. Und das soll mir einmal leidtun, dass ich nicht verheimliche, was ich bin? Wieso sollte ich denn verkehrt lang denken – was hat denn überhaupt der Verstand damit zu tun? Ich hatte doch nie eine Wahl, ich habe mich doch nicht zu einem Standpunkt durchgerungen. Ich habe getan, was für mich zu tun das Natürlichste auf der Welt war, was sich ganz von selbst ergab. Innere Klarheit – äußere Klarheit, Angriff – Antwort. Aus. Ich bin DER GLEICHE geblieben, Mutti, und darauf kommt es an. Denn wie käme ich dazu, bitte, sage mir, wie käme ich dazu, mich einmal dazuzurechnen und das andere Mal nicht, weil es günstiger für mich wäre?

Dies soll das Letzte sein, was ich sage: Ich gehöre zu einer Gruppe von Menschen, die ein besonderes Leben lebt. Es ist ihre Aufgabe, diese Besonderheit nicht zu verbergen, sondern deutlich zu machen. Die Besonderheit ist kein Verdienst, sondern eine vieltausendjährige historische Tatsache. Die Völker mögen tun, was sie wollen: sie haben die Macht, sie lassen sie uns fühlen – gut, wir müssen und werden sie erleiden, ein jeder wie er kann. Uns bleibt nur eins: den Weg, den wir gehen müssen, gerade und aufrecht zu gehen – in dem Bewusstsein, nicht gezeichnet, sondern ausgezeichnet zu sein (diese Auszeichnung soll nicht Überheblichkeit bedeuten, sondern NUR Verpflichtung) und ... in Menschlichkeit. Die spätere Antwort wird nicht ausbleiben. Einmal wird sie gegeben – von vielen vielleicht, oder nur ganz wenigen, Einzelnen. – Was Onkel Schr. anbetrifft: Er endete seinen Brief mit dem ominösen Satz: an meinem Entschluss ändert sich nichts mehr (was für ein Entschluss um Gottes Willen? Glaubte »der Gute«* im Ernst, dass ich nach Deutschland zurückkäme?). Also: auch an meiner Haltung ändert sich nichts mehr. Sollte ich ihm noch Dank schuldig sein, so danke ich ihm hiermit.
Muttilein, ich erinnere Dich an ein Versprechen: ein Bild von Dir. Viel Glück für alles. Ich wünsche Dir so viel Gutes und ... schaff's!

Und keine neuen Geschichten von Depression, hörst Du. Ich küsse Dich in aller Liebe,
Dein Peter

---

* »Der Gute« war der Spitzname für Erich Schrobsdorff.

Liebe Mutti!

Du verstehst mich also wieder einmal nicht und weißt nicht, was ich will. Seltsam – Du hebst doch häufig hervor, dass Du eine so gute Psychologin bist. Diesmal scheint Deine Psychologie zu versagen – also muss ich deutlich werden. Es hat sich herausgestellt, dass ich noch lange nicht einsam genug bin. Es gibt noch zu viele Menschen, die sich mit mir beschäftigen, ohne dass ich sie darum gebeten hätte. Im Gegenteil: Ich will, dass die Menschen mich vergessen. Ich will frei sein. Begreifst Du, was ich meine: so frei sein, dass mein Leben und alles, was ich in ihm tue, mir allein gehört und nicht ständig beurteilt, beredet, für richtig befunden oder abgegriffen wird. Die Menschen können ja reden und urteilen, soviel sie wollen, aber sie sollen mich damit verschonen. Du musst nicht etwa glauben, dass ich Furcht hätte vor ihrem Urteil, weiß Gott nicht! Es ist mir nur so ganz unaussprechlich gleichgültig, was sie denken, was sie alle denken: Onkel Schr., Papa, Enie*, Tante Lucie etc. etc. Es langweilt mich, ihre Ansichten zu hören, es langweilt mich, ihre Briefe zu lesen, es ist ja doch immer dasselbe. Ich habe nicht die geringste Lust, meine Situation klarzulegen. Ich habe mich doch nicht zu verantworten. Sage mir nur einmal: mit welchem Recht halten sich eigentlich alle über mich auf und erzählen mir große Geschichten über MEIN Leben und das, was »richtig« wäre. Was wissen denn sie, was

---

* Enie war die zweite Frau von Peters Vater Fritz Schwiefert.

für mich richtig ist? Ich bin ja nicht im Geringsten gekränkt, ich wundere mich bloß immer wieder über das Wissen, das diese Menschen haben.

Du verstehst mich vielleicht noch nicht richtig: ich will endlich losgelöst sein von allem und allen. Ich will frei sein und Herr meiner Handlungen. Ich will nichts mehr wissen von all den Menschen, nicht etwa, weil sie mich nicht verstehen – das soll ja vorkommen –, sondern weil ich kein Interesse habe, mich verständlicher zu machen. Ich will keine Briefe mehr bekommen und keine mehr schreiben. Sie leben ihr Leben, und ich lebe das meine. Ich weiß, was ich tue und was ich zu tun habe. Und ich will es ohne fremde Teilnahme tun und ohne darüber zu diskutieren. Was geht es sie an, ob ich arbeite oder nicht, ob ich »Einsichten« habe oder nicht, ob ich hochstaple oder betteln gehe?

Die Phrase »wir meinen es doch gut mit dir« macht mich erbrechen. – Weißt Du, was mein Traum ist? An einem Ort zu sein, wo mich niemand kennt und wo es keine Post gibt – völlig allein, ohne einen einzigen Menschen. Von niemandem hören, von niemandem wissen und selbst vergessen sein – in Wahrheit oder wenigstens dem äußeren Anschein nach. Nichts reden, nichts erklären und das tun, was der Augenblick bestimmt. Leben irgendwie – heute so, morgen anders, ohne Gestern, ohne Morgen, ohne Bindung und Verbindung, ohne Pläne und Zukunftsgedanken – leben, leben, willkürlich, ohne Ballast, ohne Reminiszenz, ohne Vergleich – frei sein, besitzlos und unbesessen sein, vagant zu sein wie Villon, Rimbaud … leben mit dem Tag, mit der Nacht … leben und sehen und wach sein … leben und schreiben …

Ja, ein Rimbaud möchte ich sein, nach Afrika möchte ich gehen oder in irgendein fernes, unbekanntes Land; dort möchte ich leben und vergessen – all die kleinen und großen Sinnlosigkeiten, Inferioritäten, Überheblichkeiten, Wichtigtuereien, den ganzen bombastischen Bau aus Lüge, Überschätzung, Konvention, Kleinlichkeit, Lächerlichkeit, Gewalt und Verbrechen, der sich Europa nennt, diese ausgeklügelte Maschinerie, in der jede Umdrehung eine Vergewaltigung ist, jeglicher Teil, der Gesellschaft, Stadt, Staat, Zivilisation heißt, oder wie auch immer, eine Monstrosität an Falschheit und Unwert und jedes Produkt, das dieses Wunderwerk verlässt – sei es nun eine aufgebackene Tradition, eine heilbringende Idee oder eine siegesgewisse Weltanschauung –, ein Kadaver, in dem die letzte Hoffnung gerade gestorben ist. All dies möchte ich vergessen und verachten, so wie er es tat. Mit ihm möchte ich sagen »Je regrette l'Europe ...«, weil das Leben, die Welt, die Wahrheit woanders ist und weil ich das große Glück habe, das zu begreifen und danach zu handeln ...

Du wirst vielleicht entsetzt sein, wirst sagen: Du Egoist. Vielleicht hast Du nicht unrecht. Denn in anderen Zeiten wäre ich von Euch fortgegangen – von Euch, versteh mich recht: von Dir und Liena – eines Tages nach einem letzten Blick und dann, ohne mich umzusehen. Und ich wäre weit gegangen, viel, viel weiter, als ich es vor fünf Monaten tat, und Ihr hättet nichts mehr von mir gewusst. Oder ich ginge heute, nach einer Zeit der Prüfung, und vielleicht noch weiter und noch heimlicher. Aber immer hätte ich mich freigemacht mit der letzten und schwersten Konsequenz, und nichts hätte mich halten können. Denn der Wunsch nach Freiheit wäre stärker gewesen, stärker als Liebe und Gemeinsamkeit, stärker als alles – das fühle ich jetzt.

Heute ist das ein Traum ... Die Konstellation ist eine andere, auch in mir. Ich kann und will nicht von Euch fortgehen. Ein Größeres als wir selbst und unsere wildesten Wünsche hält uns zusammen. Wir müssen füreinander da sein und in jeder Minute bereit, uns ganz zurückzustellen und das Menschenmögliche zu tun. Das habe ich mehr als eingesehen, und danach richte ich mich. So ist die Verbindung mit Euch eine selbstverständliche.

Dass diese ganzen Dinge nichts mit der Liebe zu tun haben, ist offensichtlich. Weder entspränge der Wunsch, sich ab- und auszulösen, einem Mangel, noch ergibt sich die heute unbedingte Verbundenheit aus einem Mehr an Gefühl. Dieses ist immer das gleiche, und wer liebte Dich mehr als ich, und von wem würde Liena mehr geliebt als von mir? Nein, diese Sehnsucht nach Freiheit – die eine ganz tiefe und echte Zusammengehörigkeit nicht ausschließt, denn einmal wäre ich ja auch zurückgekommen – und nach wahrer Einsamkeit (denn was ist die jetzige schon?), dieser Egoismus, wenn Du willst, ist eine Bedingung in mir, die ganz woanders hingehört.

Aber ein weniges an Freiheit will ich doch haben. Außer für Euch und ein paar andere, die ich mir aussuche, bin ich unwiderruflich in das fremde Land gegangen, aus dem ich nicht mehr zurückkehre. Ich will von niemandem mehr auch nur die geringste Teilnahme. Ich wünsche mir nichts mehr, als vergessen zu werden. Ich habe nichts mehr gemein mit ihnen – ob sie es nun schlecht oder gut mit mir meinen. Ich will allein sein, verstehst Du mich denn nicht? Ich will nicht

mehr reden und nicht mehr angeredet werden. Ich will
meine Ruhe haben. Ist das nicht klar? Es ist mir vollkommen
egal, ob ich die Menschen vor den Kopf stoße oder nicht.
Wenn sie die ungeschminkte Wahrheit nicht vertragen können, ist es ihre Sache. Die Verbindung mit ihnen hat keinen
Wert mehr für mich. Also ist es ganz unerheblich, ob ich
zertrümmere oder nicht. Das Zertrümmern ist bequemer.
Deine Version, dass ich davon Schaden haben werde, ist
läppisch. Ich will doch von niemandem mehr etwas. Ich lebe
doch nicht mehr in ihrer Sphäre. Also brauche ich mich auch
nicht mehr nach ihnen auszurichten. Ich tue die Dinge, die
ich für richtig halte, und wünsche keine Kritik an ihnen, da
sie nur mich allein angehen. Ich bin nicht mehr abhängig,
sondern stehe »auf eigenen Füßen«. Willst Du noch mehr?
Und mein Leben ist anders als das ihre, folglich haben wir
uns nichts mehr zu sagen, da ich nicht daran denke, mich
verständlich zu machen. Das ist alles.

In einem kann ich Dich aber ganz beruhigen: diese Einsichten sind mir ganz gewiss nicht darum gekommen, weil
ich hilflos und unglücklich bin und glaube mich »verrannt«
zu haben (ach Muttilein …), ich weiß ganz vorzüglich, was
ich tun muss, und brauche keinen Menschen und keinen
Rat. Alles entwickelt sich zu meiner größten Zufriedenheit,
und es geht mir ausgezeichnet. Ich bin vollkommen ehrlich
und mache Dir nichts vor: Du brauchst Dir um mich und
meine Zukunft nicht die geringsten Sorgen zu machen. Was
ich tue, schrieb ich Dir ja schon. Näheres hörst Du, wenn es
sich etwas eingelaufen hat. Ich bin ja erst am Anfang. –
Muttilein, hierin warst Du ja nun eine ganz schlechte Psychologin. Das, was Du Arroganz nennst, ist weiter nichts

als der Wunsch, nicht mehr belästigt zu werden. Weiter will ich ja gar nichts. Das ist Selbsthilfe, Mutti, und keine Hilflosigkeit. Das, was ich tue und denke, geht nur ein paar Menschen an: Dich, Liena, die Großeltern, Tatjana. Aus. Dein guter Rat, etwas rückgängig zu machen, erübrigt sich wohl nach meinem vorigen Brief völlig.

Leb wohl, Muttilein, und schreib mir bald. Mach Dir nicht zu viel Sorgen, es wird alles werden. Die Großeltern haben am schwersten zu tragen – hoffentlich nicht für lange. Küsse sie tausend Mal von mir. Ich hab' sie so lieb.

Komm doch her. Du, das wär' so schön. Und für Dich das Beste und Heilsamste, was Dir die Erde im Moment geben kann. Du würdest Kraft sammeln für viele Jahre und – es wäre wahrhaftig das Vernünftigste, was Du tun könntest. Ein paar Wochen hier und dann los! Du sollst mal sehen, wie anders Du von hier fortgehst, als Du gekommen bist. Und Du kämst in die schönste Zeit und hättest Deine geliebte Sonne von morgens bis abends. Und wir könnten uns auch sicher über Verschiedenes klar werden, was vielleicht nicht ganz unwichtig ist.

Na ja, wie ich mich dazu noch freuen würde, kannst Du Dir ja denken. Alles Liebe den Kindern und Dir tausend gute Wünsche.

Ich umarme Dich,
Dein Peter

Hast Du Liena mal gesehen?

Mein liebes Muttilein!

Du antwortest mir nicht, trotzdem ich sehr darauf warte. Wenn Du jetzt böse wärst – das wäre grotesk. Ich möchte Dir was erzählen: Ich bin engagiert. In einem Konserven-Export mit vielen Sardinen. Ich führe die englische, deutsche und französische Korrespondenz. Letztere mehr oder weniger »auf Verdacht«. Aber das tut nichts. Am Ersten habe ich angefangen und verdiene für die ersten ein bis zwei Monate als Probezeit vierhundert Escudos. Das ist nicht überragend, aber mehr als ich brauche. Nach der Probe neues Arrangement bei gegenseitiger Zufriedenheit. Chef nett, bis jetzt noch sehr von mir eingenommen, macht mich bald zum Vertreter. Arbeitszeit von neuneinhalb bis zwölf und von zwei bis sechs.

Ich gehöre jetzt also dem Kaufmannsstande an. Vielleicht entdecke ich noch eine diesbezügliche Ader. Sehr wahrscheinlich ist es allerdings nicht, aber ich bin ja an Überraschungen gewöhnt.

Nebenher habe ich einige Stunden, und mein Leben ist sozusagen revolutioniert, Aber das ist ja nichts Besonderes. Wenn Du mir schreiben würdest, könntest Du mir auch sagen, ob Du Dich nun nicht doch entschlossen hast herzukommen. Es kostet Dich nur die Reise, und die ist billig. Muttilein, lass mir die Illusion: ich erwarte Dich mit Sicherheit.

Ich hab' Dich lieb, Küsse an die anderen!
Dein Peter

Meine geliebte Mutti,

endlich habe ich Nachricht von Dir; ich habe so sehr gewartet. Tausend Dank für Deine beiden Briefe, tausend Dank für Deine Erklärungen, tausend Dank für Deine letzten Worte; es ist gut, es ist richtig, es ist nichts Schlechtes dabei.

Nun brauchen wir nicht mehr viel zu reden darüber – in Briefen nicht –, denn meine ganze Angst ist verflogen, seit ich zu ahnen beginne, wie sich die Dinge in Dir entwickelt haben und zu einer Notwendigkeit wurden. Ich sehe ein, dass Du es tun musstest. Dass ich es nie gekonnt und nie getan hätte, ist eine andere Sache. Darin wollen wir uns auch gar nicht vergleichen.

Das Schönste aber und das Wesentlichste ist, dass Dein Entschluss, der Dir bestimmt nicht leicht war und keineswegs selbstverständlich – wie ich zuerst so sehr fürchtete, da ich Deine Worte nicht anders zu lesen vermochte, und nun erst nachträglich erfahre, dass Du nicht skrupellos warst –, seine innerliche Rechtfertigung erhielt dadurch, dass Du zum Glauben kamst.

Da kann ich Dich nun allerdings nicht ganz verstehen, da mir das, was das Wesen der Religion ausmacht, die Anbetung, unendlich fremd ist.

Dass das Göttliche existiert, brauchen wir nicht zu diskutieren. Das ist eine Wahrheit über allem, und aller Sinn und alle Schönheit in der Welt sind in ihr beschlossen. Nur das Verhältnis zu Gott, die Entfernung zwischen Menschlichem und Göttlichem, wenn wir bildlich sein wollen, ist das unendlich Variable, um dessen Festlegung wir uns ja ständig bemühen. Und für mich ist Religion ein Unwert, da sie ein Drittes ist, da sie uns entfernt, anstatt uns näher zu bringen, da sie Bilder hat und Gesetze AUSSER den unmittelbar göttlichen, die schon allein zu begreifen und zu umfassen ein Leben meistens nicht hinreicht.

Und diese Ambition zur Gesetzgebung und der daraus unweigerlich folgenden Frage von Gut und Böse – einer gänzlich ungöttlichen Unterscheidung, die schon in etwas reineren Gebieten, die sich aus der menschlichen Verwirrung herausheben, wie z. B. der Kunst, aufhört zu wirken – und weiterhin der Verirrung von Verbot und Verdammnis: kurz der WERTUNG des menschlichen Verhältnisses zu Gott, eines Lebenselementes, das sich wie kein anderes jeglicher Kategorisierung und Verallgemeinerung entzieht: dieses Streben also eignet jeder Religion. Nun gar der katholischen! Auf solche Weise wird sie zum Selbstzweck, ja muss es notgedrungen werden. Nun, damit erübrigt sich auch ihre Berechtigung.

Es gibt meines Erachtens nach keine Institution, die dem Verlangen des Menschen zu Gott zu kommen, in anderen Worten: mit ihm und in ihm zu leben und ihm so nah oder fern zu sein wie seinem eigenen Innern, so viel Schwierigkeiten bereitete wie die Kirche. Eine Gesellschaft, die den Zorn Gottes und die Furcht vor ihm predigt, ist für mich außerstande, überhaupt nur zu sagen, was das Göttliche eigentlich ist. Und eine solche, die seine Liebe rühmt und beweisen will, ist seinem Wesen beinahe noch ferner. Denn es ist eine dieser seltsamsten Erscheinungen, die gar nicht lieben, sondern nur geliebt werden können.

Aber, siehst Du, das ist nun gar nicht so sehr wichtig, was ich hier alles sage. Es kommt nämlich im Grunde überhaupt nicht darauf an, woran wir glauben. Denn das ist das Eigentümliche, dass alle Dinge einen Sinn bekommen, wenn sie einen Mittelpunkt haben. Womit auch unser Sinn in ihnen und unsere Verpflichtung an ihnen offenbar werden.

Und das ist ja alles, was wir brauchen. Du glaubst – das ist gut. Du hast einen Inhalt gefunden, der Dir Ruhe und ein ganz losgelöstes Glück gibt – das ist schön. Dir ist ein Père Jean begegnet – und Du bewunderst und wirst demütig. Welch unerwartete Wirkungen.

Nein, nichts Schlechtes ist dabei. Du darfst nur nicht verleugnen. Du wirst es nicht tun. Ich wusste ja, dass Du es nicht tun würdest. Denn das ist das andere Wesentliche: die »allgemeine Frage«. Die ist nun ganz unabhängig von Deinem Glauben und Deiner Abneigung. Kein Mensch verlangt von Dir, dass Du Dich freuen sollst, wo Du Dich nicht freuen kannst. Aber es gibt eine Loyalität, die zu beobachten unsere oberste Pflicht ist. Auch die Deine. Es gibt das ganz primitive »Geschlagen-Werden«, es gibt den Zwang zur Antwort – und es gibt das schöne Wort »Brüderlichkeit«. Dir sagt es in diesem Falle nichts. Du fühlst nichts – nun, das ist nicht zu ändern, denn die Menschen sind verschieden. Aber eins kann man von Dir verlangen: Loyalität.

Zu Deinen zwei Bezeichnungen »Proklamation und Präsentierbrett«, die beide ein Extrem bedeuten, das nicht ganz der Wahrheit entspricht, will ich Dir Folgendes sagen: es gibt Momente in unserem Leben, die uns zwingen, nicht nur die Klarheit in uns zu haben, sondern sie auch auszusprechen. Du vergisst vielleicht, dass auch Heirat und Einsegnung Proklamationen sind. Du vergisst ferner, dass ich dem Konsulat ja nicht meinen Standpunkt darlegen, sondern nur die mir zur Verfügung stehenden Mittel benutzen wollte, um eine »rechtliche« Unterscheidung zu liquidieren, was nicht mehr als billig ist. Außerdem glaube ich nicht ganz zu Unrecht zu handeln, wenn ich durch meine Person zu beweisen imstande bin, was ein Jude ist – oder vielleicht, was AUCH ein Jude ist in einer Zeit, die nach dem Inferioren verurteilt.

Was Du von »meinem Land« sagst, ist gänzlich verfehlt. Es ist nicht mein Land und wird es nie sein. Uns zu einer Nation formen zu wollen, ist Verkennung unseres Wertes und der Sinnfälligkeit unserer Geschichte. Ganz abgesehen davon, dass mir dieser Begriff überhaupt nichts sagt und ich, ohne das geringste Bedauern und ohne irgendeinen Verlust dabei zu empfinden, heimatlos bin (Heimat ist dort, wo mir etwas gegeben wird; die ganze Erde kann Heimat sein, wenn man das glückliche Temperament besitzt, überall zu empfangen), werde ich nie versucht sein, mich in einer solchen Frage zu entscheiden. Weder für mein »Heimatland« noch für Palästina. Deutschland verdanke ich nur die Sprache, das ist allerdings viel. Dafür ist sie auch das Einzige, was ich behalten durfte und behalten will. Palästina verdanke ich nichts, und der Zionismus ist ein schlechtes Plagiat aller unsinnigen Bestrebungen in unserer Zeit. Was wäre schon damit gewonnen, dass wir »ein Volk« wären? Doch nicht mehr als zurückzugehen anstatt vorwärts. – Wenn Du nun also auch ohne diese Aussicht meine Entscheidung gutheißen kannst, weil sie notwendig ist – so wie ich die Deine, da sie für Dich notwendig war –, so wäre für uns nicht mehr und nicht weniger erreicht als eine unbegrenzte Achtung vor unseren entgegengesetzten Zielen.

Ich wiederhole Dir, dass ich Dich verstehe und Dir nichts Objektives mehr entgegenzustellen habe. Alles, was es noch zu sagen gibt, können wir mündlich besprechen, um uns vollends zu erklären.

Welch wunderbare Aussicht. Wirst Du nun zu mir kommen? Ach bitte, tu's doch. Du weißt gar nicht, wie sehr man Dich erwartet.

Man kann schon an nichts anderes mehr denken.

Sei ganz sicher. Du, das Pendel wird bald zur Ruhe kommen. Du musst nicht so schwarzsehen, es ändert sich alles. Wie ich Dir die Ruhe wünsche, brauche ich wohl nicht zu sagen.

Was ich Dir nun zu Dimiter sagen soll, weiß ich nicht recht. Die Ereignisse überfallen mich ja, und eine konventionelle Gratulation ist ganz und gar sinnlos. Dass Dir diese Verbindung nur Gutes bringen möge, ist mein natürlichster und sehnlichster Wunsch. Ich kenne ihn nicht – warten wir darum ein wenig. Ich werde ihm immer ein Freund sein.

Etwas hat mich befremdet; Ihr feiert ... Was ist das: feiern? Was feiert Ihr denn? Mir ist das nicht mehr so ganz gegenwärtig.

Dass Du mich verstehst, macht mich froh. Du bist doch noch die alte Mutti, die immer an meiner Seite war. Nun, sei ganz sicher, dass auch ich Dich verstehe und immer bei

Dir und mit Dir sein werde. Immer, hörst du? Ich bitte Dich, geh doch zu Liena und Tatjana. Ich höre von Liena seit langer Zeit nichts. Ich weiß nicht, was wieder los ist. War sie denn krank? Es bedrückt mich so sehr, wenn Liena mir einmal nicht schreibt. Ich habe immer Angst, weißt Du. Ich liebe sie – immer gleich und immer mehr. Sie ist meine einzige Frau. Ich habe, solange ich sie kenne, an eine andere nicht einmal gedacht. Seit ich von ihr fortging, war ich das, was man treu nennt. Ganz ohne Zwang, ganz ohne Gewalt. – Na ja, ich wollte es Dir ja bloß einmal sagen.

Meine geliebte Mutti, mach Dir nie Sorgen. Wir finden immer zusammen. Das ist mir jetzt klarer als alles. Ach Du, ich möchte mit Dir sprechen. Bitte.

Alles andere später. Es geht mir gut, ich bin etwas müde. Mein Kater Ariel macht mir unbeschreibliche Freude. Am vergangenen Sonntag war ich zum ersten Mal im Meer; es war herrlich.

Muttilein, alle Liebe und … Du weißt, ich warte. Ich küsse Dich vieltausendmal.

Immer Dein Peter

Den alten Leutchen und den Kindern mein Liebstes. Ich werde an Onkel Schr. schreiben.

Liebe Mutti!

Euch allen die besten Wünsche zu Ostern und Pessach.
Solltest Du in die russische Kirche gehen, so wirst du dort ja
Liena und Tatjana* treffen. Was bei Euch gespielt wird, ist
mir leider schleierhaft. Auf jeden Fall wird es mir allmählich
langweilig, meine Anfragen dauernd zu wiederholen.
Von Dir habe ich wieder mal seit nahezu drei Wochen keine
Nachricht, und Definitiveres hast Du ja auch in den vorher-
gegangenen hartnäckig verschwiegen. Nun gut, es wird auch
so gehen.
Liena ihrerseits hat mir seit eindreiviertel Monaten nicht
geschrieben und wird wohl etwas Näherliegendes gefunden
haben – was außerdem zu erwarten war. Nun, auch dies
vermag ich nicht zu ändern, so gern ich es täte. Es ist nur
schade, dass es so wenige Menschen gibt, die das Schwere
auf sich nehmen um des anderen willen, der genauso schwer
oder schwerer trägt. Die erkennen, dass die Welt aus Schwe-
rem besteht, und die es vermögen, den Gewinn in der Bürde
zu sehen.
Der anachronistische Rilke hat gesagt: »... denn alles ist
schwer und das Schwerste ist die Liebe«.
Ich habe noch nicht viel geliebt in meinem Leben. Aber
beide Male, wo ich mich ganz gab und so, als wäre es für
immer, hingab mit aller Liebe und allem Guten, was in mir
war, keinen Rest für mich behaltend und keinen Vorbehalt

---

* Liena war die Tochter der russisch-deutschen Tänzerin Tatjana Gsovsky.

mir selbst zugestehend – diese beiden Male erhielt ich nicht einen Teil von dem, was ich gab. Das wäre an sich nicht weiter bedenklich, wenn die größte und einzige Prüfung bestanden worden wäre. Aber zu erfahren, dass Trennung scheinbar notwendig das Ende bedeutet – das ist traurig für den, der die Transformation aller Dinge und aller Vorgänge mit seinen eigenen verbindet, um aus allem eine Wirklichkeit zu ziehen: die Wirklichkeit der Liebe. Und solchermaßen lebt. –

Ich danke den Großeltern für ihre beiden Briefe, die ich beantworten werde, sobald ich etwas mehr Zeit habe. Alles Gute. Ich küsse Dich,

Peter

*Unsere Mutter emigrierte im März 1939 nach Bulgarien. Meine Schwester Bettina und ich blieben bei meinem Vater in Berlin. Wir sollten erst später, wenn sich alles ein wenig eingelaufen hatte, folgen. Die ersten Wochen lebte unsere Mutter in einem Hotel in Sofia, und ihre Verzweiflung war unbeschreiblich. Sie, die ihr Leben lang verwöhnt, geliebt und von einem großen Freundeskreis umgeben gewesen war, stand nun plötzlich allein in einer fremden Stadt, unter fremden Menschen, die eine fremde Sprache sprachen. Eine Zeit lang sah es so aus, als würde sie mit der neuen Situation nicht fertigwerden.*

Meine geliebte Mutti!

Ich danke Dir für Deine beiden Briefe, die Gsovsky-Photos und auch noch nachträglich für die Grammatiken, die neu zu kaufen ja nun nicht nötig war. Ich schreibe Dir erst heute, da Dein letzter Brief mit der bulgarischen Adresse fünf Tage auf der Post lag, ohne dass ich es wusste.

Dein Brief hat mich erschreckt. Nun bist Du also draußen, und so sieht das aus. Wie soll das weitergehen? Ich habe nur die eine Hoffnung, dass die Tage, die auf Deine Nachricht folgten, Dich verändert und erleichtert haben. Dass es nur die Reise war und der Abschied, das Neue, das Ungewohnte und noch ganz Unvertraute. Dein Zweifel und Deine Traurigkeit verstehe ich so gut wie kein anderer. Und ich bin so bei Dir, dass Du es fühlen musst. Aber, Muttilein, Du musst nun erst einmal abwarten und etwas ruhiger werden. Du musst nicht alles am ersten Tag wissen wollen. Es kann Dir niemand antworten.

Du musst eine Zeit einschieben, in der Du nicht denkst. Lass den Dingen noch etwas Raum – woher weißt Du denn, dass sie nicht willig sind? Wer sagt Dir denn, dass sie sich nicht vorbereiten für Dich und sich Deiner annehmen, wo Du so ganz arm zu ihnen kommst. Du musst etwas Geduld haben, etwas nur. Ich weiß, es ist schwer, und in Dir zittert vieles, aber es muss sein. Wo gäbe es einen Abschnitt in unserem Leben, wo wir nicht Geduld haben müssten? Ich lerne es täglich, lerne es unter Schmerzen, denen ich dankbar bin: Geduld ist alles.

Du bist allein und einsam – ja, aber woher weißt Du denn, dass es nicht gerade das ist, was Du brauchst? Gerade das, was Dir hilft?

Bist Du so sicher, die Dinge in ihrem ganzen, nicht offenbaren Wert beurteilen zu können? Hast Du nicht schon manches Mal erfahren, dass vieles notwendig ist, was uns unmöglich erscheint – und vice versa?

Bist Du denn gerade jetzt in all Deiner Verwirrung fähig, durch das Äußere hindurchzusehen? Du sagst, Du seiest so elend, dass Du den Wert des Schweren nicht erkennen könntest. Ja, aber wo gibt es denn dies, dass wir den Schmerz lieben, wo er uns betrifft? Wir sind doch viel zu viel mit ihm beschäftigt, und Liebe ist doch immer das Kommende, die Furcht.

Schau, ich habe mich sehr verändert seit der Zeit, wo Du mich zuletzt sahst. Und wenn ich Dir Worte sagen soll, die Dir eine Hilfe zu sein vermögen, so können es doch nur solche sein, die ich gelebt, die ich erfahren habe. Alles andere wäre doch Gerede. Und ich habe es erkannt, und nun ist es in meinem Herzen: es ist nichts gut oder schlecht, sondern alles ist notwendig, und alles hat einen Sinn. Nur an uns liegt es, ihn groß zu machen. Und letzten Endes ist alles schwer, was uns widerfährt. Wir mögen noch so freudig beginnen – unvermutet ist das Schwere da und die Arbeit und ein größerer Anspruch. Denn das liegt immer in den Dingen, nur wir haben es nicht gewusst.

Es war in ihnen wie eine Geburt, die ja auch überall ist und nur verschiedene Namen hat. Und wo wäre Geburt nicht schwer? Und wo braucht es nicht Geduld dazu?

Und wenn Du nun nach dem Wert fragst, so ist es doch

klar, dass er keine Belohnung sein kann und keine Entschädigung. Nur dann, wenn wir das Schwere auf uns nehmen – wie wir unser Leben auf uns nehmen müssen, das ja hart, erbarmungslos und sehr, sehr bitter ist, wie Du sagst –, wenn wir demütig vor ihm sind und es leiten und sogar zu lieben versuchen um seiner selbst willen, nur dann wird es uns wertvoll sein, und wenn wir sehr stark sind, werden wir es nicht vertauschen wollen gegen das Leichte. Denn zum Leiden sind wir nicht geboren, und es ist nicht unser Wesen, ohne Schmerz zu sein. Wir sind Menschen eines neuen Mittelalters, und unsere Kathedralen werden kommen. Niemals waren wir hellenischen Tempeln ferner, diesen nach dem Himmel zu offenen Helligkeiten, in denen die Götter sind als eine große Freude. Und wenn wir dies einmal erkannt haben, so haben wir doch eigentlich gar keine Wahl mehr. Was nützt eine Auflehnung gegen das uns Gemäße? Wir können doch nur suchen und willig sein; und meinst Du nicht auch, dass auch wir endlich finden müssen, was schon viele fanden? Da doch das, was vorgeht, so ganz »unpersönlich und über alle hin geschieht«. Sollte denn dies ohne Sinn sein?

Siehst Du, Muttilein, Du sagst, dass ich das Unmögliche wolle und Phantastisches verlangte. Will ich denn mehr, als ich selbst gebe?

Will ich denn mehr als das, was jeder einmal geben muss in irgendeiner Form: sich um eines Größeren willen aufzugeben, dafür zu leiden und mit sich, seinem Herzen und seinem Körper Geduld zu haben?

Liena hat mir geschrieben, und es ist so gekommen, wie ich Dir sagte.

Es ist ihr so das Natürliche, und soll sie also leben. Einmal wird auch sie verstehen, dass es nicht darauf ankommt, sich hinzuwerfen, wenn die Liebe über einen kommt. Diese Erfahrung ist nun, wie Du ganz richtig sagst, nicht sehr wichtig. Nicht nur, dass sie nicht neu ist, ich wusste ja auch mit der größten Sicherheit, dass ich sie zum zweiten Mal machen würde. Es könnte ja gar nicht anders sein, und in dieser Gewissheit nahm ich auch Abschied. Und ging – obgleich sie meine bisher größte Liebe hatte. Und heute bin ich in gewissem Sinne schon wieder darüber hinausgehoben, da es zuletzt schon gar nicht mehr Liena war, sondern nur die Liebe, der ich mich hingab. Verstehst Du mich? Und die Liebe konnte sie mir ja nicht nehmen, da sie ja nicht nur in ihr, sondern in vielen anderen Dingen auch ist. So bin ich also ganz ruhig, und es hat sich eigentlich nicht viel geändert. So wollen wir auch nicht davon reden. – Mutti, sag einmal, hieltest Du es nicht auch für gut, wenn ich zu Dir käme? Ich habe den Eindruck, dass Du mich brauchen könntest.

Und ich glaube auch, dass ich Dir helfen könnte. Noch nie habe ich eine so große Sehnsucht nach Dir gehabt wie jetzt. Könnten wir nicht zusammen gehen und zusammen stark sein? Zusammen leben und nur für uns da sein? Ich möchte so gerne, dass ich nur für Dich da sein könnte. Glaubst Du nicht auch, dass wir beide ein ganz neues Leben beginnen könnten – ich meine: neu zwischen uns? Ich fühle es, dass ich Dir nun viel näher sein könnte, wo ich mir selbst näher bin.

Denk mal ganz vernünftig: ich komme zu Dir, und Du bist nicht mehr allein. Wir wohnen zusammen, und wir arbeiten zusammen, wenn die Umstände es uns erlauben. Wenn nicht, tun wir jeder das seine. Und Du hast einen Sohn und einen Freund. Ich bin bei Dir, und wenn Du weinen willst, werde ich es Dir nicht erlauben.

Ich würde viel aufgeben, um zu Dir zu können, und ich müsste auch viel aufgeben. Aber es ist mir schon fast eine Gewissheit geworden, dass nun ich kommen muss, wo Du es nicht tatest. Gib mir wenigstens schnell Antwort und sag mir, wie es Dir geht. Ich werde nicht ruhig sein, bis ich Dich nicht ruhig weiß.

Meinen Entschluss wirst Du nicht ändern. Ich werde Jude werden. Es ist alles entschieden. Du kannst es nur noch gutheißen oder ablehnen. – Die Wünsche zu Pessach galten nicht Dir, sondern den Großeltern.

Du musst nicht denken, dass ich Dich mit einer Wiederholung quälen will. Verzeih mir, wenn es so schien. Und was Bettina angeht:

Du wirst sie nicht bewahren, und sie wird es einmal anders hören.[*]

Aber lassen wir das nun.


Schreib mir rasch und sei nicht mutlos. Und sage mir alles, was Dir geschieht. Ich bitte Dich, alle meine Wünsche begleiten Dich, und ich habe Dich unendlich lieb wie immer. Küsse, Millionen,


Dein Peter


---

[*] Die beiden Töchter wussten nicht, dass ihre Mutter Jüdin war. Siehe auch den Brief an Bruno Kirschner vom 1.4.1940.

Mein liebes Muttilein!

Wie Du Dir wirst denken können, hat mich Dein Brief irrsinnig gefreut. Das ist doch schon etwas anderes als vor zwei Wochen! Ruhig und heiter – Du hast mir eine große Sorge genommen. Ich hatte so Angst um Dich. Ich dachte, Du schaffst es nicht allein. Nun ist ja alles in relativer Ordnung, und Du wirst sehen, wie in dem gleichen Maße, in dem Du Dich an das Neue gewöhnst, auch Deine Zweifel und Ängste Dich verlassen werden und wie es Dir bald so vorkommen wird, als hättest Du nie etwas anderes getan, als in Bulgarien gelebt. Nun fährst Du ja auch bald nach Warna, hast Deine Kinder und den Guten wieder und – was willst Du eigentlich noch mehr? Meine kleine, süße Mutti, es ist doch alles zu komisch – wie im Puppenspiel. Zusammenkommen, Glück, Beieinanderbleiben, Trennung, Abschied, Schmerz, neues Zusammenkommen – alles wie an Schnüren, Und wenn wir mal anhalten wollen in der Mitte, weil wir es uns in den Kopf gesetzt haben – dann geht das wohl eine kleine Weile, aber schließlich werden wir doch unerbittlich weitergerückt von den anderen, die nach uns kommen wollen.

Ich habe eine Unmenge von Fragen an Dich, die Du mir nun mal bald mehr oder weniger klar beantworten musst. Warum bist Du eigentlich nicht zu mir gekommen? Erst schreibst Du, wir sähen uns bald, denn das wäre »nun« ja keine Schwierigkeit mehr, und ich freue mich, wie ich mich noch nie auf Dich gefreut habe (ganz abgesehen von der Wichtigkeit, uns über alles einmal richtig auszusprechen) – und dann: ich bin in Sofia. Ohne Kommentar, ganz einfach so, als ob das das Natürliche wäre. Ich verstehe Dich wirklich nicht. Jetzt ist es natürlich aus mit Besuch und so, denn für Vergnügungsfahrten haben wir, glaube ich, beide kein Geld. Jetzt heißt es: entweder – oder. Willst Du mich bei Dir haben, kann ich Dir praktisch irgendwie nützen, und besteht eine Möglichkeit, in Bulgarien einzuwandern als deutscher Jude – dann sag es mir. Willst Du nicht oder kannst Du nicht, oder ist es richtiger, wenn ich nicht komme – dann sag es mir auch.

Siehst Du, das kommt nun dabei heraus, wenn jeder seine eigenen Wege geht. Ich weiß nicht, ob Du nun arbeitest, was mit den Kindern wird und wie überhaupt die Dinge sich entwickeln. Ich weiß eben rein gar nichts. Ich bitte Dich, mir jetzt endlich einen ebenso kurzen wie klaren Bericht über alle konkreten Vorgänge und Aussichten zu geben, damit ich endlich im Bilde bin. Ist das sehr viel verlangt? Wie ich lebe, will ich Dir sagen.

Ich stehe zwischen acht und neun Uhr auf, sage Ariel Guten Morgen und gehe mit ihm an die frische Luft. Zu den sechs kleinen Schweinchen, zu den zwei Böckchen. Inzwischen erscheinen »Nero«, ein ebenso hässlicher wie lieber Hund, und viele, viele Hühner, die mich schon erwarten. Ich enttäusche sie aber vorerst und verschwinde wieder im Haus. Daselbst nehme ich etwas zu mir, was Rosaria Kaffee nennt, nebst zwei Schmalzbroten. Ariel bekommt auch seinen Teil, nachdem er mich mit seinem geradezu irrsinnigen Schreien halb verrückt gemacht hat. Darauf verfertige ich mein Frühstück, das, in schönes Zeitungspapier eingewickelt, in meiner Aktentasche verschwindet – nicht ohne Ariels Bedauern, der jeden Morgen von Neuem denkt, es gälte ihm. Im Übrigen ist es ungeheuer mannigfaltig, einmal Schmalzbrote, das andere Mal Schmalz- und Sardinenbrote – der Abwechslung halber (was Butter ist, wusste ich mal vor vielen Monaten). Nach diesem ungeheuer wichtigen Akt meiner Ernährung bewaffne ich mich mit einer Scheibe frischen und Resten des alten Brotes, Letztere sind für Nero, der vor Entzücken immer eins ums andere fallen lässt. Dann kommen die Hühner, die mich bestürmen wie weiland Hannibal das arme Rom. Sie erhalten, was ihnen zugedacht.

Nachdem die Ereignisse so ihren Lauf genommen haben, stehe ich vor einer ungeheuer schwierigen Wahl: entweder fahre ich um zehn ins Büro oder um elf (das war ja nun früher, das heißt vor dem ersten Mai, ganz anders, da musste ich um halb zehn erscheinen, bis zwölf arbeiten, die zweistündige Mittagspause bis zwei irgendwie verbringen und wieder bis sechs arbeiten oder auch länger). Seit dem Ersten aber habe ich meinem Chef klargemacht, dass diese Mittagspause für mich äußerst unangebracht ist, da ich im ganzen zehn Minuten für mein frugales Mahl benötige und sie im Übrigen meine »private Zeit« in höchst unliebsamer Weise zersplittert. Er sah das ein, und so sind wir folgendermaßen übereingekommen, dass ich persönlich nur eine halbe Stunde Mittagspause habe und entweder um zehn erscheine und um fünf verschwinde oder um elf und um sechs. Nun habe ich also etwas Spielraum, verwende die so freigewordene Zeit im Moment mit Briefeschreiben, sehe mich aber in der glücklichen Lage, wenn der portugiesische Frühling (von dem noch zu reden sein wird) es gestattet, des Morgens oder Nachmittags ins Meer zu gehen.

Einmal im Büro, das außer mir noch zwei »Mitarbeiter« und einen Laufjungen beschäftigt, bin ich meinem Chef eine hilfreiche Stütze. Engagiert als Übersetzer der ausländischen Korrespondenz, beschäftige ich mich fast ausschließlich mit portugiesischer (die Briefe werden von mir verfertigt und dem Chef zur Korrektion vorgelegt; darauf von mir getippt). Selten einmal läuft ein englisches oder deutsches Briefchen unter. Ich muss nun etwas detaillieren: Mein Chef ist furchtbar für Organisation, gibt täglich »Ordnungen« aus und tut, als ob er einen Betrieb von mindestens hundert Menschen hätte. Dementsprechend habe ich also mein »Ressort«. Ich will darauf nicht näher eingehen, denn Du wirst von Sardinen, Sardellenfilets, Büchsen-Formaten, Illustrierungen, Fakturen, Kommissionen, Verschiffungen, kurz den ganzen, eminent wichtigen, kaufmännischen Aktionen, ebenso viel verstehen wie ich, bevor ich das Glück hatte, in diese »Branche« zu geraten. Lass es Dir gesagt sein: der Londoner Markt hat seine Tücken, und Mexiko spielt den Unklugen. Im Übrigen ist die marokkanische Konkurrenz gar keine Konkurrenz, denn was unsere Sardinen sind, die sollen sie mal erst so fett kriegen! Und das mit dem schlechten Öl ist gar nicht so wichtig. Es kommt eben auf die Organisation an, und wir sind »im Rahmen der portugiesischen Fischkonserven-Industrie außerordentlich günstig kollokiert« (ein Lieblingswort meines Chefs).

Na ja, ich nuschele also sechseinhalb Stunden so rum und tue so, als ob ich schlaflose Nächte hätte, um uns »noch günstiger zu kollokieren«. Was den Chef angeht, so ist er wirklich nett und kultiviert, was hier äußerst selten ist. Zuweilen lädt er mich zu sich und seiner Familie ein, die nicht mehr und nicht weniger als sechs Kinderlein zählt. Dafür müssen wir uns eben »kollokieren«. Ostern war ich zum Beispiel den ganzen Tag dort und habe, seit acht Monaten wieder einmal, wirklich gut gegessen. Die drei kleinen Mädchen sind im Übrigen bezaubernd, die beiden fünfzehn- und sechzehnjährigen Jungen dürfen keinen Ausflug machen, weil sie das Wasser nicht trinken sollen (o selige Jugendzeit!!), und die Älteste will sich partout verheiraten. Damit kommt sie nämlich wieder nach Lisboa, was für sie sehr wesentlich ist. »Madame« ist reizend, und ihr Mann betrügt sie, wie das nun mal so der Brauch ist. Die ganze Familie lebt in einem grauenvollen Haus und kann leider nicht in eine unvergleichlich schönere Villa vor der Stadt ziehen, da dann Mutter und Tochter zehn Minuten ins Zentrum zu »gehen« hätten. Man denke!!

Zurück zu mir: Am Mittag gehe ich auf die Post und zum Zeitungsaushang (billiger), und zu festgesetzter Stunde fahre ich per Omnibus zurück nach Marin, wo mich wieder Ariel und Nero erwarten. Ich lege mich in den Liegestuhl auf meiner Blumenveranda (Rosarias ganzer Stolz), tue etwas oder auch nichts. Um halb acht gehe ich zu Rosaria, allwo ich mit selbiger über die Möglichkeit verhandele, vor neun Uhr Essen zu bekommen. Ist sie gut aufgelegt, geschieht dies zuweilen. Aber das Menü will ich nicht näher beschreiben, du würdest es so ohne Weiteres nicht verstehen. Lass mich Dir versichern, dass es zwei Escudos kostet (zwanzig Pfennig) und gar mannigfaltig ist. Besonderen Reiz haben Tischtuch und Gabel – aber das sind ja Äußerlichkeiten. Rosaria für ihr Teil tut wenigstens ihr Bestes, da sie im Grunde genommen nicht kochen kann. Aber ich bin ihr dankbar, denn sie meint es gut.

Du wirst bemerkt haben, dass ich kein Mädchen mehr habe. Seit Dezember nicht mehr. Sonntags mache ich sauber, und nur ganz selten einmal kommt Carmo und hilft irgendeinem Übelstand ab.

Sie wäscht mir regelmäßig meine Wäsche. Ich bin im Übrigen mit ihr sehr befreundet, da sie ein überaus anständiger Kerl ist und man ihr alles anvertrauen kann. Wir halten, wo es auch sei, zusammen, ungeachtet der üblen Nachrede, mit der man diese Beziehung belegt.

Meine Favoritin ist immer noch ihre Tochter Sarah, die neulich die Masern hatte und als Belohnung ein Kleid von mir bekam, die ganze Familie war des Erstaunens voll über meinen guten Geschmack bei der Wahl des Stoffes; in Geschmacksfragen bin ich nämlich vollkommen unten durch, seitdem ich einen nackten Mann aus der Sixtinischen Kapelle bei mir hängen habe und lauter »Totenköpfe«, wie Carmo es nennt; sie meint damit die Bilder von Verlaine und Rilke und die Reproduktion der Nofretete.

Im Moment habe ich fast täglich von acht bis neun abends englische Stunden. Danach gehe ich oft gleich zu Bett und lese. Balzac »Rouge et noir«, die »Lehrjahre«, der »Ulenspiegel« sind so ungefähr das Letzte. Im Moment »Wanderjahre« und Mereschkowskijs »Leonardo da Vinci« durcheinander. Ab und zu etwas Literaturgeschichte. Faust und Hamlet nicht zu Ende, oft Gestöber – hier ein wenig, da ein wenig. Rimbauds schöne Gedichte oft gelesen, seine »Saison en enfer« und »Illuminations« zum Teil nicht verstanden, will sagen: nicht fähig, das Gefühl so weit auszuschwingen.

Rilke ganz selten: immer wieder, immer wieder und wo auch immer: so nah, so ganz persönlich wie keiner. Diese himmlischen, diese erlesenen und doch aus unserem unendlichen Gebrauch genommenen Worte! Wenn mir der Begriff »Formenschönheit« etwas sagt, so ist es bei ihm. Und wenn mich zugleich eine jede dieser Formen bis ins Innerste trifft und berührt wie ein gar nicht aussprechbar Bekanntes und Wahres – so ist es bei ihm. Ich fasse es nicht, dass man den nicht liebt, liebt wie eine Frau, wie einen Teil jener Schönheit (und vielleicht ihren unentbehrlichsten), um den es sich lohnt zu leben. Er ist doch einer dieser ganz reinen Dichter, deren es nur wenige gibt. Mit Zeitgefühlen allerdings ihm zu begegnen, ist eine Unmöglichkeit.

Geschrieben habe ich seit dem ersten März kaum. Es ist sehr traurig, und ich mache mir täglich Vorwürfe darum. Aber ich kann mich nicht zwingen, wenn ich müde bin. Und das ist meine Krankheit. Ich bin sehr oft müde. Es strengt mich alles an, und ich brauche unendlich viel Schlaf; ich bin der Sohn meines Vaters. Wenn ich einmal bis ein Uhr nachts auf bin anstatt bis um elf, so bemerke ich das schon sehr deutlich am nächsten Morgen. Dabei ist es doch eigentlich lächerlich, denn ich bin vollkommen gesund und auch einigermaßen kräftig. Aber der Teufel mag wissen, was mich des Abends zu einer bestimmten Stunde unfähig zu allem macht. Es ist nun mal leider wahr: es gibt Balzacs und andere.

Ich bin nach wie vor mehr oder weniger allein und habe keine Menschen hier. Es gibt deren auch fast keine. Nur ab und zu kommt ein junger Mann aus Olhad des Abends zu mir, oder ich fahre zu ihm. Dann schwätzen wir bis tief in die Nacht, und wenn ich bei ihm bin, hören wir ein klein wenig

Musik per Radio. Er ist sehr nett, wenn auch nicht gerade übermäßig interessant, aber unendlich hilfsbereit und wahrhaft liebenswürdig. Er ist angestellt beim Magistrat und hat alle meine diesbezüglichen Angelegenheiten in Händen. Er tut, was er nur kann, und auf diese Weise ist die Verbindung auch praktisch wertvoll. Im Übrigen stehe ich mit der gesamten Verwaltung auf ausnehmend gutem Fuß und bin befugt, in den geheiligten Räumen aus- und einzugehen, wie es mir gefällt. Das ist ein großer Vorzug der Portugiesen: alle sind immer freundlich und immer hilfsbereit. Noch nicht ein einziges Mal war irgendjemand grob zu mir. Das sollte man mal in Deutschland behaupten können! Sie sind wohl oft schlampig und unhöflich, aber nicht aus schlechtem Willen, sondern nur aus Nonchalance.

Ich bin zwar immer noch der bunte Hund im Städtchen, und meine »Aufmachung« hat immer noch nicht an Interesse verloren, jedoch hat sich die Lage insofern gebessert, als mich nun schon viele Leute kennen und mich zu ihren Bekannten zählen. So kommt es, dass ich oft freundlich begrüßt werde von Menschen, an die ich mich beim besten Willen nicht erinnere. Die unvermeidliche Redewendung ist dann: »Sie sprechen aber schon gut Portugiesisch.« Ich spreche in der Tat fast fließend, bin aber gar nicht mit mir zufrieden, da mir noch furchtbar viele Worte fehlen, so dass ich bei einer etwas anspruchsvolleren Unterhaltung nicht in der Lage bin, ganz richtig das auszudrücken, was ich eigentlich sagen will. Jedoch im täglichen Umgang habe ich keine Schwierigkeiten, und verstehen tue ich gut. Die Büro-Tätigkeit ist meiner Sprache ungeheuer zuträglich, und ich bin eigentlich erst durch sie auf das wesentlich Portugiesische gekommen. Diese ganz eigenen und dem Deutschen unendlich verschiedenen Konstruktionen sind dem, der die Sprache noch nicht im Grunde beherrscht, Anlässe zu stundenlangem Grübeln. Im Übrigen ist die Sprache wirklich schön und verleidet einem, was man zuerst durchaus nicht glauben will, das Spanische. Man gewöhnt sich so an die Weichheit und Modulation, dass die harten spanischen Konsonanten einen schließlich anmuten wie forciert und so wie uns Deutsche in ähnlicher Weise das Holländische. Ich bin auch vollkommen unfähig, einen einzigen spanischen Satz zu sagen, obgleich ich fließend lese. Die Analogie der Sprachen ermöglicht Letzteres, während sie das andere einfach unmöglich macht. Schade.

Nun willst Du ja noch meinen Verdienst wissen: also ich bin von vierhundert auf sechshundert Escudos gesteigert worden und verdiene nun genau so viel wie der Buchhalter und mehr als mein Mann beim Magistrat. Es werden hier selten Salaires über sechshundert gezahlt, und ich kann also zufrieden sein. Nebenbei nehme ich nach wie vor eine bevorzugte Stellung ein, und was mich anbetrifft, so weiß ich sie wohl zu schätzen und zu kräftigen. Es kann nie schaden.

Als Letztes das Klima. Wenn Du von Hitze und Baden schreibst, kann ich nur schrill lachen. Erstens: Nie in meinem Leben habe ich so viel gefroren wie in diesem Winter; zweitens: Nie in meinem Leben habe ich so sehr den Frühling erwartet; drittens: Nie in meinem Leben bin ich so enttäuscht worden. Es ist nämlich geradezu kläglich. Natürlich gab es einige warme Tage, und dann dachte man: na endlich! Ja, denkste! Nichts von endlich und nichts von Frühling und nichts von Süden und nichts von Sonnenland ohne Winter. Ein aufgelegter Schwindel, der ganze Süden. Gebadet habe

ich seit Oktober im Ganzen zweimal. Einmal war es herrlich und warm, und das war im März. Das zweite Mal war
vor vier Tagen und geradezu lausig kalt. Man versichert mir
zwar allerorten, dass dies durchaus nicht die Norm wäre und
dass in anderen Jahren – ja, in anderen Jahren ... Ich kann
nur sagen: drum! Komme ich schon einmal nach Portugal,
dann ist es nicht die Norm. Glück muss der Mensch haben.
Spricht man vom Sommer und sagt, ich sollte ihn mal erst
abwarten – dann ist nur ein großes Nebbich in mir. Ihr könnt
mich nicht mehr bluffen, ihr Halunken. Geht zum Teufel
mit Eurem Süden! Und ich harmloser Fant wollte erst meinen Wintermantel nicht mitnehmen. Na ja ...
Schluss jetzt, Muttilein, es ist wieder ein endloser Brief
geworden. Was ich so immer zusammenschreibe. Und Du:
zwei läppische Blättchen. Gib mir schnell Antwort, ja. Ich
warte sehr. Und sprechen wir nicht mehr vom Judentum. Du
wirst es nicht mehr ändern. Ein jeder tut, was er muss. Und
was die Hilfe betrifft: warten wir ab.

Sende den Kindern, den alten Leutchen und Onkel
Schr. (er wollte mir doch schreiben) alles Liebe von mir.

Dich küsse ich viele Male und bin
Dein Peter

Ich könnte Dir natürlich noch 283 Seiten vollschreiben und
von mir und allem Möglichen erzählen. Geschehen tut im
Grunde zwar nichts, und alle Tage gleichen sich so ziemlich,
aber wo wäre ein Tag, wenn man ihn und alles in ihm nur
richtig sieht, nicht voll von Geschehnis?

Meine kleine, liebe Mutti!

Wenn Du außerdem wüsstest, wie ich alle Deine Briefe
aufnehme – mit so viel Freude und so viel Glück, obgleich
sie ja nicht gerade viel Erfreuliches berichten. Aber ich hab'
es dir ja schon oft gesagt und möchte es immerzu sagen: ich
bin Dir so nah, Mutti, und denke immer nur an Dich. Und
wenn Du dann zu mir sprichst, dann bin ich eben glücklich
und hab' nur den einen innigen Wunsch, bei Dir zu sein.
Ich habe Sehnsucht nach Dir. Und wenn Du noch einmal
sagst, dass ich nicht gut an Dich dächte, und noch einmal
eine Schreibverzögerung mit solchen Dummheiten erklärst,
dann werde ich böse. Niemals darfst Du so etwas annehmen,
hörst Du. Ich denke immer gleich an Dich, und das ist so,
dass Du es Dir gar nicht besser wünschen kannst. –
Wenn ich mir nun alles, was Du schreibst, so recht überlege, so komme ich eigentlich immer zu der gleichen Konsequenz: wir müssen uns mit all unseren Kräften bemühen,
zusammenzukommen und – zusammenzubleiben. Ich sehe
keinen anderen Weg, um Dir Deine wilden Zweifel zu nehmen, um Dir zu beweisen, dass es doch richtig war, was Du
getan hast.
Du bist nicht fähig, einsam zu leben, und Du sollst es auch
nicht tun.
Nicht nur, dass Du eine Frau bist – es gibt auch nicht die
geringste Notwendigkeit, nicht die geringste innere oder
äußere Bedingung, dass Du solches auf Dich nimmst. Du
willst nicht – und Du hast das eindeutigste Recht, es nicht

zu wollen –, also müssen wir versuchen zu ändern, was zu ändern ist. Leicht ist es ja nicht gerade – aber mit einem klaren Willen, einem festen Ziel und Arbeit lässt sich viel erreichen. Deshalb wird alles, was ich in Zukunft unternehmen und versuchen werde, nur einen Zweck haben: um jeden Preis ein gemeinsames Leben zu bauen. Ich werde nichts mehr für mich allein tun, sondern nur noch für uns. Ich werde versuchen, was in meinen bescheidenen Kräften steht. Wie und wo und wann – danach darfst Du mich jetzt noch nicht fragen. Irgendetwas zu sagen oder zu irgendetwas Hoffnung machen, kann ich nicht – das wirst Du verstehen. Nur dies kann ich Dir versichern: Du hast meine unbedingteste Hilfe und meine unwandelbare Bemühung vorerst zu Deinem und danach zu unserem gemeinsamen Guten.

Muttilein, Du musst Geduld haben – Geduld mit mir, mit Dir und mit den Menschen. Du musst jetzt einmal aufhören zu klagen und Dich, das Schicksal und andere Menschen verantwortlich zu machen. Du musst jetzt endlich die Tatsachen als Tatsachen nehmen und nicht als unendlich bedauernswerte Veränderungen. So bedauernswert sind sie nämlich gar nicht. Du bist undankbar, Mutti, und weißt nicht, was es wert ist, nicht mehr in Deutschland leben zu müssen, in diesem geistigen Sumpf und Dreck, der beinahe noch schlimmer ist als jede Gewalttat und so unendlich gefährlich, so dass er selbst vernünftige Menschen vergiftet, die nach einer ausreichenden Zeit der »Schulung« fest versucht sind, gemäß ihrem großen Vorbild das Unterste zuoberst zu kehren und die menschlichen und ewigen Werte nicht mehr zu kennen. Es ist traurig, unsagbar traurig, dass ein Mann wie mein Vater sein Leben damit verbringt, Theater für den Pöbel zu machen. Es wird mir immer ein Rätsel bleiben, wie geistige Menschen das aushalten und nicht mit allen Kräften versuchen, dieses Menschenghetto zu verlassen und ein gesichertes Leben (und auch dies ist ja ungeheuer relativ) gegen die seelische Freiheit und eine gewisse Art menschlicher Verantwortung einzutauschen. Aber lassen wir das, für Dich bin ich ja ein Chauvinist. Wollte Gott, es gäbe mehr solche Chauvinisten, vielleicht könnten wir doch etwas erreichen.

Und außerdem will ich Dir mal mit Deinen eigenen Worten antworten: Denke mal, wie viel Menschen, wie viel Juden es gibt, die weitaus unglücklicher sind als Du, die hungern und nicht wissen, wo sie sich verkriechen sollen. Die ihre Kinder seit Jahren nicht gesehen haben. Deren Allernächste vielleicht gestorben sind oder zuschanden gemacht wurden durch das »Elementarereignis«. Du bist undankbar, Mutti!

Und wenn Du sagst, dass Du Dich unglücklich gemacht hast und dies nie hättest tun dürfen, so stelle Dir doch nur einmal richtig vor, wie der andere Weg gewesen wäre. Was wäre denn dort gewesen?

Nein, nein, Muttilein, ich weiß alles und bedenke alles und verstehe dich auch sehr, sehr gut. Du hast es schwer, schwerer als viele, aber noch lange nicht so schwer, wie Du es haben könntest. Und das darfst Du nicht vergessen. Auch das nicht, dass wir in neuen Maßen leben und die alten nicht mehr zu uns passen. Auch das sind Tatsachen.

Auf der anderen Seite darfst Du Dich nicht in Minderwertigkeitskomplexe hineinreden. Das ist ja genauso sinnlos. Es ist auch klar, dass Du in Deinem Zustand so gut wie unfähig bist, Neues zu beginnen. Um solches zu können, muss man sich doch zuerst einmal frei machen und diese unentbehrliche Zuversicht haben, die sich nur aus dem Gleichgewicht entwickeln kann. Du aber segelst mit bedenklicher Schlagseite. Woraus folgt, dass Du Hilfe brauchst und Dir nur eins zu tun bleibt: willig und offen für diese Hilfe zu sein und es ihr nicht zu schwer zu machen. Und damit erübrigen sich auch jegliche Betrachtungen über Deine Unfähigkeit. Ich bin ganz sicher, dass, wenn Du jemand neben Dir hast und mit ihm den Aufbau beginnst, Du auch die Kraft, Energie und Befähigung haben wirst, um Dein Teil voll und ganz zu erfüllen.

So bitte ich Dich also inständig, zu versuchen, Dich so weit aufzurichten, dass Du im entscheidenden Moment sagen kannst: Hier bin ich, was gibt es zu tun. Wirf einmal den ganzen Ballast ab und hoffe mit mir. Wir werden schaffen, was es zu schaffen gibt – Du wirst Deine Kinder wiederbekommen und – wenn man uns gnädig ist – wird es uns auch vielleicht gelingen, die alten Leutchen zu befreien. – Und habe Geduld!

Die Situation in Bulgarien selbst kannte ich nicht, obgleich ich von Anfang an das Gefühl hatte, dass es in politischer Hinsicht unklug war, gerade in den Osten zu gehen, der ja, wie Du selbst sagst und wie es auch verständlich ist, mehr oder weniger unter deutschem Einfluss steht. Da Du aber Bulgarien nur als Station betrachtest, so ist es vielleicht nicht unmöglich anzunehmen, dass es während der zu einem Wechsel nötigen Zeit nicht zu neuen Komplikationen kommt. Ich möchte Dich dringend bitten, mir jedwede Aktion, Überlegung und Absicht zu diesem Zweck unverzüglich mitzuteilen. Es ist vollkommen unmöglich, dass Du wiederum ohne mein Wissen vorgehst und mich lakonisch vor die vollendete Tatsache stellst. Ich wiederhole es zum hundertsten Male: eine ununterbrochene Verbindung zwischen uns ist unerlässlich.

Meine Überlegungen und Vorschläge zum Zwecke der Emigration nach Bulgarien erübrigen sich, da sie auf falschen Annahmen beruhten. Überhaupt: wenn Du sagst, dass ich mir alles nicht richtig vorstellte, so kann ich Dir nur antworten: Du hast es ja geflissentlich unterlassen, mir die nötigen Auskünfte zu geben. Mittlerweilen bin ich ja nun so einigermaßen im Bilde. Ich wüsste nur noch gern, von welchem Geld Du nun eigentlich lebst. Bitte eine konkrete Antwort. Heute hat nun also Liena Geburtstag, und es ist ein Jahr her, dass wir die »Ringe wechselten«. Nebbich! Ich bin im Großen und Ganzen schon darüber weg, und nur manchmal – aber das ist ja alles gar nicht wichtig. Das, was gewesen ist, bleibt ja. –

Muttilein, meine Geliebte, halte durch und sei nicht ungerecht. Auch vor Dir liegt noch viel. Einmal wirst Du Dich nicht mehr verstehen. Und glaub mir dies: wir beide, hörst Du: Du und ich, wir werden es schaffen. Sei ruhig und denke daran, dass ich alles für Dich tue und Dich mehr liebe als alles. Und: die Rettung, die innere Rettung, kommt immer nur aus uns.

Immer Dein Peter

Muttilein,

Bist Du noch so unglücklich? Wann kommen denn nun die Kinder?

Das Tinalein* hat heut' Geburtstag, und hoffen wir, dass sie fröhlich ist. Hier bei mir sind einige Veränderungen vorgegangen. Wir haben viel Wirbel im Haus. Juden, Gojim – alles durcheinander. Neulich war ein kleines Schweizermännchen bei mir, das wollte mich zum Protestantismus bekehren. Als ich ihm sagte, dass ich ein solcher wäre, war er enttäuscht. Er sprach außerdem sehr viel von Gott und seinem, des Männleins, Leben. Aber weißt Du, tiefe Gespräche am Sonntagnachmittag, wenn man an ganz was anderes denkt und wirklich nicht die geringste Veranlassung fühlt, seinen Glauben darzulegen, aber doch irgendetwas antworten muss, weil so ein Männchen doch nun mal dasitzt und sein Gelerntes hersagen will – das mag ich nun nicht so furchtbar fein leiden. Kurz und gut – und wie wir dazu kamen, weiß ich nicht mehr so recht –, ich las ihm das herrliche Gespräch Faustens über Gott vor, und das fand das Männlein dann interessant und nahm den Band mit ehrlicher Wissbegierde zur Hand, um noch einmal genau nachzusehen, ob Goethe nicht doch irgendwo was so recht Christliches sagte und wo er – das Männlein – dann mit Fug und Geläufigkeit einzuhaken vermochte. Da er es aber nicht fand, beschied er sich mit der nochmaligen Versicherung, dass das wirklich sehr ›lesenswert‹ sei.

* Bettina.

74

Zum Zweiten ist eine jüdisch-deutsche Familie aus Lissabon eingetrudelt, die sich durch zwei blitzhübsche Zwillingstöchter, die der Vater abgöttisch liebt (zweieinhalb Jahre erst, mit brandroten Haaren), eine nette, lebendige, etwas kokette und törichte Frau und einen von diesen halbkultivierten, über alles informierten und ebenso über alles hinwegtänzelnden, aber doch nicht unklugen jüdischen Geschäftsmännern auszeichnet. Da bin ich nun manchmal, und es ist soweit ganz nett, da es ja immerhin Menschen aus unserer Sphäre sind, mit denen man sich auch unterhalten kann. Außerdem sind sie sehr freundlich und überdies Juden, die ich ja immer verstehe, seien sie auch noch so seltsam. Diese sind nun gar nicht seltsam und haben einen wunderschönen Krug aus Afrika im Zimmer stehen, der mich mit manchem versöhnt. Vorgestern allerdings war ein anderer Herr aus Lissabon da, und der sang und trug Gedichte vor und meinte, er hätte, wenn er in Stimmung wäre, »Sachen«, bei denen bestimmt jeder weinte, auch Männer. So genau wollte ich es aber gar nicht wissen. Das sind also Berthoffs.

Mit den Portugiesen ist es wie immer ein Reinfall. Hab' ich doch da so einen Bekannten vom Rathaus, der jeden Sonntag kommt und mich schrecklich stört. Ich weiß nicht, wie ich ihm begreiflich machen soll – aber ja, nun werde ich's schon wissen. Es geschah nämlich am letzten Sonntag, wo er mich wie immer mit seiner Anwesenheit erfreute, dass er des Nachts, als ich meine Langeweile bis dahin gezügelt hatte und mich schon so richtig auf das Alleinsein freute, erklärte, er wolle bei mir bleiben, denn es wäre schon so spät und der Heimweg so beschwerlich. Harmlos, wie ich nun mal bin, sagte ich:»Selbstverständlich, machen Sie sich frei,

75

hier ist mein Bett. Wenn Sie's nicht stört, schlafe ich auch drin, da ich nämlich nichts anderes habe.« Erst ging auch alles gut, bis er schließlich – nun ja, er war also schwul. Das war nun eine etwas unruhige Nacht, da ich immer auf der Hut sein musste vor diesem lieben Menschen. – Zum anderen, mein Herr Chef ist auch eine Enttäuschung. Ich dachte erst, er sei ein ganz vernünftiger Mann, aber seitdem er sich ein Buch »Wie werde ich energisch« gekauft hat und dieses Produkt tagelang auf seinem Schreibtisch herumliegen ließ, ohne es zu verstehen – seitdem habe ich resigniert.

Eine Erfrischung war der Besuch unseres amerikanischen Agenten, Herrn Calderon (Spanier), der mit mir Deutsch sprach, als hätte er nie was anderes getan. Wenn ich mich nicht sehr täusche, ist auch er Jude, und Feliciano, mein Chef, kann sich des Eindrucks auch nicht erwehren. Es wäre wenigstens erstaunlich, wenn er's nicht wäre. Wenn ich noch von einem Bavaren namens Stichauer Roth und einem watschelnden Herrn aus Faro, der mir als Erstes seine und seiner Gemahlin körperliche Leiden wirklich gründlich beschrieb – der Refrain war immer: ich habe nämlich einen Kopfschuss aus dem Krieg – was ich dann gerne anerkannte –, sprechen wollte, so würde das zu weit führen.

Am Sonntag bin ich zu einer Hochzeit geladen, und das wird ja nun furchtbar lustig werden, Gott, sind wir ausgelassen! Ach, und die Musik fehlt mir so. Wenn ich doch ein Konzert hören könnte! Weißt Du, wenn ich könnte, würde ich jetzt beginnen, Musik zu studieren. Ganz im Ernst. Es ist überhaupt dumm, dass ich so ungebildet bin. Studieren müsste ich: Geschichte, Kunstgeschichte, Philosophie. Ach, man müsste so viel tun. Das Leben ist doch so kurz, es reicht nicht hin und nicht her. Aber vielleicht wird's mir noch einmal lang werden. Du hast in einem Brief mal etwas sehr Schönes gesagt: »Der liebe Gott war ein großer Künstler. Das Leben ist so sinnvoll aufgebaut und eingerichtet, dass alle Dinge in ihm sich ausgleichen, und einem am Ende sogar der schwere Tod so nahegebracht wird, dass man ihn schon nicht mehr als schwer, sondern als gut und notwendig empfindet.« Du hast sicher recht, obgleich ich mir jetzt noch nicht vorstellen kann, einmal den Tod nicht mehr zu hassen und zu fürchten. Ich fürchte ihn maßlos und denke, dass es eine große Sünde ist, wenn junge Menschen es nicht tun – im Krieg, im Selbstmord oder auch nur aus Leichtsinnigkeit. – Denn allen ist das Leben gegeben, um es zu erfüllen in sich selbst und nicht in Hinsicht auf ein anderes, wie schwer es auch immer sein möge. Jedes Leben hat den Zweck, ein Bleibendes, ein unabhängig Bleibendes hervorzubringen, und deshalb erscheint mir das Künstlerische als das wahrste und gerechtfertigtste Leben, da es am reinsten, gültigsten und offenbarsten das Bleibende hinterlässt oder doch wenigstens in diesem Sinne sich bemüht.

Muttilein, ich warte sehr, sehr auf Antwort und denke immer an Dich. Mach's gut, Du, und alles, alles Schöne für Euch in Varna. Leb wohl, meine – meine Frau, und hab's nicht so schwer. Das ist mein stündliches Gebet. Ich küsse Dich,

Dein Peter

Mein geliebtes Muttilein!

Was soll ich Dir nun eigentlich zu Deinem Geburtstag Besonderes sagen und wünschen? Ich müsste mich unerträglich wiederholen, denn alles, was es überhaupt auszusprechen gäbe, wurde ja in irgendeiner Form schon einmal gesagt: alle meine Wünsche für Dich, alles Wollen und alle Hoffnung. Was soll ich also tun, um diesen Tag hervorzuheben, wie es der Brauch ist? Soll ich Dir sagen, dass ich sehr, sehr an Dich denke? – Ich denke immer so an Dich. Oder dass ich Dich sehen möchte? – Diese Sehnsucht verlässt mich nie. Oder dass ich Dir alles Schöne von der Welt gebe, dich ruhig und lächelnd wissen möchte? – Wie oft versicherte ich Dir schon dies! Oder dass ich Dich liebe und Du das Erste in meinem Leben bist? – Du weißt es. – Was also soll diesen Tag unterscheiden von den anderen, wo Du doch in allen meinen Gedanken nur mein Bestes hast? Und wie sollen diese Gedanken und Wünsche heute inniger sein als sonst, wo ich doch immer und täglich und stündlich mein Innigstes auf Dich verwende? Du siehst also: es ist mir nicht möglich, diesen Tag herauszuheben und mit einem besonderen Gefühl zu umgeben, wo man die Hände fester um das Liebe schließt. Denn Du bist in allen Tagen, und sie alle ruhen in meiner zärtlichsten und besondersten Wachsamkeit und in einer festgeschlossenen Liebe. Wenn also der Geburtstag als Fest zwischen Verbundenen eine über das übliche Maß hinaus reine und schöne Verbundenheit nennen will, so hast Du in meiner

Empfindung jeden Tag Geburtstag. Und das gebe ich Dir zum Geschenk.

Für Deinen Brief danke ich Dir sehr. Ich habe wieder lange warten müssen. Schön, schön, dass Du Dich gewöhnst, dass Du fröhlicher bist, dass der Druck von Dir geht. Wie froh bin ich, dass Du Menschen findest, dass Du wieder Augen für das Schöne bekommst, dass Du wieder der alte »Schnuff«* wirst! Wie glücklich machst Du mich mit einem solchen Brief! Weiter so, Muttilein, und eines Tages wirst Du nicht mehr verstehen, wie Du Deine Emigration je bedauern konntest. Und die Kinder und die Großeltern? Wird alles kommen, wird alles möglich werden. Etwas Zeit, etwas Geduld.

Was Du über die Kinder sagst und ihr Leben in Deutschland, so wirst Du Dir vorstellen können, dass ich ganz Deiner Meinung bin. Sie werden mehr als verdorben, sie verlieren all ihr Unterscheidungsvermögen. Und das müssen wir uns doch zum Mindesten bewahren. Und alle Freude und alle Liebe, die sie haben, wiegt nicht dagegen. Es ist schlecht, es ist bedenklich, es ist zutiefst gefährlich, in Deutschland fröhlich zu sein. Dort ist die Trauer, und es muss so sein und ist gut so. Wir müssen umdenken, wir müssen Chauvinisten sein, sonst sind wir in Gefahr, uns selbst zu verlieren. Objektivität ist Gift, wenn das Leiden blüht. Wir dürfen nicht schweigen. In den Tagen, in denen Deine Kinder Feste feiern und ihr Leben genießen, unterschreiben Hunderte von Juden auf einem Schiff vor Zentralamerika – nachdem ihnen

---

* Kosename, den Peter seiner Mutter als Kind gegeben hatte und den alle Freunde übernommen hatten, wenn sie von ihr sprachen.

ein jedes Land die Anfahrt verwehrt hat – eine Erklärung, dass sie Selbstmord begehen werden, wenn man sie wieder nach Deutschland zurückschickt. Das und nur das ist es, was wir wissen müssen und stündlich und in allen unseren Handlungen bedenken.

Sag mal, hast Du eigentlich mal darüber nachgedacht, was mit unseren alten Leutchen werden soll? Bist Du Dir klar, in was für einer Situation sie sind? Meiner Ansicht nach müsste etwas geschehen. Sie können doch unmöglich so weiterleben. Wie lange haben wir sie denn noch? Könnt ihr denn gar nichts für sie tun? Oder besprecht ihr es bereits? Wenn ich nur irgend in der Lage wäre, ihnen meine Hilfe anzubieten, ich wüsste nicht, was mir jetzt wichtiger wäre. Aber ich kann nicht, da ich selbst nicht frei bin. Könnten wir nicht mal zusammen beratschlagen? Du musst nicht denken, dass das leere Worte sind. Die Sorge, die große Sorge um die armen Gefangenen beschäftigt mich Tag und Nacht. Wir sind nun glücklich draußen, und sie, die uns ihre ganze Liebe gegeben haben, müssen wieder alles Schwere tragen. Ist das richtig? Ist das gerecht? Müssen wir nicht alles tun, um sie herauszuholen? Ist es nicht unsere nächste und dringendste Pflicht, von unserer Sehnsucht und Liebe ganz zu schweigen? Ich finde ja. Ich werde im nächsten Brief darauf zurückkommen. Vielleicht kann ich dann mehr sagen.

Muttilein, mein Geliebtes, hab es schön in Varna. Ich küsse Dich und schicke Dir all meine Liebe.

Immer Dein Peter

*Anfang Juni 1939 fuhr ich, von meinem Vater begleitet, nach Bulgarien. Aus Vorsichtsgründen folgte meine Schwester Bettina erst zwei Wochen später. Zurück blieben die Eltern unserer Mutter, die sich geweigert hatten, Deutschland zu verlassen.*

*Mein Vater knüpfte mit zwei bulgarischen Firmen geschäftliche Beziehungen an, sodass wir eine, wenn auch beschränkte, finanzielle Sicherheit hatten. Anschließend fuhren wir alle gemeinsam nach Varna, einem Badeort am Schwarzen Meer. Dort verbrachten wir die letzten schönen Wochen. Einen Tag nach Kriegsausbruch fuhren wir nach Sofia zurück. Mein Vater verließ Bulgarien. Unsere Mutter, Bettina und ich bezogen in Sofia eine dürftige Wohnung.*

Faro, 14. Juni 1939

Tinalein, mein Kleines!

Siehst Du, nun komme ich erst heute dazu, Dir für Deinen lieben Brief zu danken und Dir zu sagen, dass ich mich schrecklich darüber gefreut habe. Hast mir ja auch so viel erzählt, dass ich mich jetzt geradezu arm fühle mit meiner Erlebnislosigkeit.

Vor allen Dingen musst Du mir ganz schnell berichten, was sich auf Deinem ersten Fest tat. Warst Du die Ballkönigin? Und wie ging's mit dem Tanzen? Wie viele Verehrer hattest Du? Hat Dir jemand besonders gut gefallen? Bist Du verliebt? Tina, gesteh's mir nur gleich. Ich meine, das ist ja nun das Nächste. Fritzchen R. war ja wohl doch nicht ganz der Richtige. Du musst so einen blonden Jungen lieben, der Dir Blumen bringt und immer schrecklich verlegen ist, wenn er mit Dir redet. Und Du musst es sehr lustig finden, dass er es ist. Und Deine eigene Verlegenheit (weil's doch auch so neu ist) gut zu verbergen wissen. So ist das in der Ordnung. Na, vielleicht findest Du jetzt einen kleinen Bulgaren – das ist dann mit der Sprache so nett, wenn man sich gegenseitig nicht versteht. Und slawisches Blut ist ja nicht reizlos. Du weißt, ich bin dran hängen geblieben. Aber Du bist vielleicht mehr fürs Nordische, so wie jemand aus unserer nächsten Verwandtschaft. Hat außerdem auch seine Reize.

Auf Dein Bild warte ich mit Ungeduld, besonders seit Mutti mir bestätigt hat, dass Du ein hübsches Mädchen bist. Siehst Du, nun werde ich direkt eifersüchtig – würde auch mal ganz gerne mit Dir ausgehen. Würdest Du wollen? So einen richtigen Bummel, bis frühmorgens, weißt Du? Na, wir hätten ja unseren Spaß. Wenn ich ganz ehrlich sein soll, kann ich mir Dich eigentlich noch nicht so richtig vorstellen. Warst doch noch ein Baby, als ich fortfuhr. Ist schon ziemlich lange her, nicht, wenn man's so bedenkt. Zehneinhalb Monate bin ich nun schon in meinem ulkigen Häuschen. Hierher kommen müsstest Du eigentlich auch einmal, mit Mutti zusammen und Angeli. Na, das gäbe ja eine Wirtschaft! Vielleicht überlegt Ihr Euch's mal.

Tinalein, die hintere Seite (vom Blatt natürlich) muss für Angeli bleiben, deshalb Schluss. Schreib mir wieder, und ein anderes Mal erzähle ich Dir was von hier. Einen lieben Kuss von Deinem Peter.

Angelika, nun kommst Du dran. Also auch für Deinen Brief schönen Dank. Du schreibst ja mehr von links oben nach rechts unten, damit man's besser lesen kann. Aber macht nichts, wird auch noch werden. Wie gefällt's Dir denn in Varna? Hör mal, dass Du mir auf die Mutti achtgibst. Sie hat so Sehnsucht nach Euch gehabt, und ich bin froh für sie, dass Ihr nun da seid.

Dass Ihr es in Berlin so schön hattet, ist ja großartig. Bist Du wohl gleich mit Tina zusammen zur Dame avanciert, was? Ist ja auch einfacher, es mit einem Mal abzumachen und nicht mehr Kind zu sein.

Bin ganz auf Deiner Seite und fand es auch immer äußerst lästig, wenn die Erwachsenen sich so viel erwachsener dünkten, wo sie doch so oft kindischer sind, als es Kinder jemals sein können.

In diesem Sinne und in der Gewissheit, dass Du mich vollkommen verstehst, küsse ich Dich und wünsche Dir ein schönes Voran.

Dein Peter

Muttilein!

Ihr seid doch alle gleich, Ihr Frauen. Will man mal, Gott behüte, einigermaßen exakte Angaben, so ist man allein auf weiter Flur. Danke für die Photos. Das Photo mit Esel Florinka und einer bezaubernden, jugendlichen, süßen Mutti habe ich immer bei mir. Gott, hab' ich mich gefreut damit. Natürlich haben Berthoffs, denen ich es doch umgehend zeigen musste, nicht glauben wollen, dass Du … ja ja, die alte Geschichte. Da war ich stolz auf Dich wie auf eine Geliebte, Onkel Schr. sieht ja etwas angegangen aus und so, als sagte er nur zu allem ja – aber nett, ihn auch wieder mal zu sehen. Angeli hat sich eigentlich in nichts verändert: süß, frech, blond wie immer. Gib ihr einen Kuss (oder auch zwei) von mir und sag ihr mein Dankeschön für ihr ausgiebiges Postskriptum. Die neuen Bilder sind auch nett. Die Tina ist ja geradezu erblüht. Was für einen bezaubernden Körper sie hat! Und so schlank! Ich meine vielmehr, so richtig weiblich. Na ja, im Gesicht sieht sie ja etwas seltsam aus, finde ich, aber das liegt bestimmt an den Aufnahmen und an der Sonne. Nun habe ich also eine schöne Schwester, schau mal an! Auch ihr einen sehr lieben Kuss, und sie soll man so weitermachen. Ich erwarte dringend eine ausführliche Schilderung ihres ersten Liebeserlebnisses (bitte ihr das zu sagen, und schrei nicht wieder: »Aber, Peter!«, ich weiß ganz genau, was ich weiß – was ich sage, wollte ich natürlich sagen), und im Übrigen soll sie nicht gleich so »vampig« anfangen wie auf dem einen Bild.

Dass St. Constantin so viel Schönes für Euch und überhaupt hat, freut mich zu hören. Genießt es alle und sammelt Kraft. Du sammle für Sofia und für alles, was noch kommen wird. Speichere auf und denke an nichts. Ich bin bei Dir und mit allem Schönen, was Dich erfreut. Und das mit der Primitivität musst Du nicht krummnehmen, da bin ich nun ganz auf Angelis Seite. Ist das wirklich wichtig? Was meinst Du wohl, wo ich wäre, wenn ich immer so genau hingesehen hätte wie Du. Da macht man eben die Augen zu, sagt nebbich, und schon denkt man nicht mehr dran. Ich kann jetzt wunderbar die Sergette verstehen, die mit unvergleichlicher Aristokratie immer so gelebt hat, als ob im Dreck ein geheimer und tiefer Sinn verborgen liegt. Dass sie nicht dazu zu bewegen war, sich den Hals zu waschen, war bei ihr eine Weltanschauung. Und sie war darin durchaus konsequent.

Es würde mich ja nun interessieren, was Du mit Onkel Schr. alles besprochen hast (seinen Brief habe ich notabene erhalten – sehr, sehr nett). Ich meine, was Ihr Euch eigentlich denkt, was in nächster Zeit geschehen soll? Bleibst Du in Bulgarien? Behältst Du die Kinder da? Was ist mit den Geschäften, die dunkel angekündigt wurden? Ich weiß wie immer nichts. Was ist mit Deiner portugiesischen Reise? Du wolltest doch bis »spätestens« September kommen. Schon vergessen? Von meiner Sehnsucht will ich ja nicht reden, sie ist ungeheuer, aber Näheres wüsste ich auch diesbezüglich gern. Bitte, spiel nicht wieder Versteck! Du sagst, dass ich Euch fehle. Ja, was meinst Du wohl, wie sehr Ihr mir fehlt. Es gäbe in meinem jetzigen Leben buchstäblich nichts Schöneres, als Euch und ganz, ganz besonders Dich zu sehen, zu küssen und für eine Zeit mit Euch zu sein. Bei jeder

Sternschnuppe wünsch' ich mir's. Denk mal, elf Monate bin ich jetzt fort. Weißt Du noch, unser Abschied? Oh, wie oft hat mich das gequält, diese Szene auf dem Bahnhof Zoo. So kurz war alles, und Du warst so traurig und so tapfer, und ich war so schlecht zu Dir. Zwei Monate, Tag und Nacht, hätte ich vorher bei Dir sein müssen. Ach, Muttilein, so viel Vorwürfe deswegen. Immer werd' ich Dein Lächeln sehen, wie Du die Treppen hinaufgingst und wie in diesem Lächeln das Weinen stand, offener als in allen Tränen. Und ich sah und fühlte es, und in mir war dieses Vage Deiner kaum mehr merklichen Bewegung: so sehr gingst Du zu mir zurück, und Deine Hand, wie gewaltsam erhoben, hing wie ein toter Vogel in der Luft. Ich hatte nur noch die Erinnerung an ein sehr fernes Winken, eins von früher. Und ich – ich stürzte nicht zu Dir, obgleich ich wusste, dass nur dies nötig war, dass dies unsere unwiderruflichsten Minuten waren, die vorbeigingen in Verhaltung, aber siehst Du, so sind wir – – –

Peter

Mein geliebtes Muttilein!

Ich habe Deinen Brief vorgestern bekommen. Er hat mich etwas erstaunt, muss ich offen bekennen. Seiner ganzen Art nach. Vielleicht ist es sehr töricht, aber ich habe ihn so ganz anders erwartet. Nicht etwa, dass Du nun von dem Einen* sprichst und das aussprichst, was wir alle denken Tag und Nacht – das nicht. Denn fünf Tage danach kann man eigentlich schon nicht mehr davon reden. Aber ich dachte doch, es würde durchklingen durch alles wie der tiefste und ernsteste Ton, den wir kennen, und das beliebige Wort anfüllen mit seiner grässlichen Größe und die Sätze schwer machen. Jedoch nichts davon. Ein Brief wie andere, und wenn man es nicht wüsste, erführe man es nicht aus ihm.

Natürlich willst Du nicht sprechen, und Du musst nun nicht etwa denken, dass ich andere Briefe haben will, weil ich vielleicht andere geschrieben habe und schreibe. Ganz im Gegenteil – Du hast mich über die Maßen erleichtert: nicht nur dadurch, wie Du schreibst und jetzt auch bist – so fest und mutig und auch so verstehend, sondern auch durch die reine Existenz dieses Briefes aus Bulgarien, der viele schwere Vermutungen zunichtemachte.

Ich will Dir jetzt sagen, was ich alles tat. Am ersten September habe ich Dir ein Telegramm nach St. Constantin geschickt. Ich wollte Dir damit so schnell wie möglich nahe sein und etwas sagen. Auch glaubte ich, dass Briefe nicht

---

* Der Beginn des Zweiten Weltkriegs

mehr durchkämen. Trotzdem schrieb ich Dir noch am gleichen Tag. Ich hörte dann nichts von Dir und telegrafierte ein zweites Mal in Französisch, um Antwort auf meine erste Depesche bittend. Gleichzeitig schrieb ich Dir einen französischen Brief, beides in der Annahme, dass deutsche Nachrichten nicht weiterbefördert würden. Als ich immer noch nichts von Dir hörte, vermutete ich, dass Du kurz vor dem Krieg mit den Kindern nach Deutschland gefahren wärest. Dies wurde mir fast zur Gewissheit, als ich von der Post Nachricht bekam, dass die beiden Telegramme nicht bestellt werden konnten, da Du St. Constantin verlassen hättest. Es gingen dann die Tage vorbei bis zu der Ankunft Deines Briefes.

Das, was mich so sehr erstaunte, war, dass Du – ganz abgesehen von der Ankunft meiner diversen Nachrichten – nicht von allein sofort geschrieben hast. Denn meine allererste Reaktion war, in Verbindung mit Dir zu kommen. Vielleicht wirst Du das nicht verstehen, vielleicht wirst Du wieder den tiefen Unterschied zwischen unseren Haltungen bemerken, wenn es um Außergewöhnliches geht – Haltungen, in denen Du Dich stark, hart und schweigsam zeigst, während ich ausbreche, wo ich nur kann – aber glaub mir, dass es meine tiefste Regung war. Dir und nur Dir zu sagen: Es ist Krieg, und wir leben. Es ist Krieg, und wir versuchen, es in unser Verstehen zu pressen. Es ist Krieg und wir haben ein Teil an ihm. So, Mutti, nun wollen wir darüber schweigen. Ich könnte Dir auch nichts mehr sagen, trotzdem ich überfüllt bin von Worten. Aber sie sind noch nicht reif und würden nur Verwirrung bringen in Dir und mir. Schweigen wir und wiederholen wir nur unablässig in uns das große und einzige Wort: Hoffnung.

Ich höre nun auf und werde auf Deine Briefe warten.
Schreib, so oft Du kannst, bitte! Ich werde es auch tun. Und
erzähle mir ganz genau, was mit Dir wird und den Kindern.
Und bleib so kräftig wie jetzt.
Das ist mein Wunsch für Dich.
Die Großeltern – Mutti! – Ja, weißt Du ein Wort?
Wir wollen sie alle in unser Innerstes nehmen und – fromm
sein, so wie wir es verstehen.

Adieu. Meine Gedanken. Meine Liebe.

Dein Peter

Faro, 15. Oktober 1939

Mein kleines Muttilein,

Zuallererst: Ich bin so froh, dass es Euch gut geht und
dass Du die Kinder bei Dir hast. Haltet auch weiter die
Ohren steif und lasst mich immer wissen, ob sich etwas bei
Euch verändert. Hoffen wir sehr, dass nicht, oder doch nur
zum Besseren!
Ganz glücklich gemacht hat mich die Nachricht, dass die
alten Leutchen gesund und wohlbehalten sind. Du weißt ja,
dass ich mir um sie immer die größten Sorgen mache. Wenn
ich doch nur selbst etwas von ihnen hörte!
Auch Deine Auskünfte über Erich sind sehr, sehr schön. Wir

wollen dankbar dafür sein und ihn in Zukunft mit unseren Wünschen zu behüten versuchen. Es ist ja jetzt erst einmal eine Pause eingetreten, aber wir dürfen uns in keinem Falle darüber täuschen, dass das Vorangegangene nur ein Anfang war. An Grausamkeit und Schrecken reichte es ja eigentlich aus für lange, lange Zeit, aber wir müssen uns daran gewöhnen, dass wir in einem Unmaß ohnegleichen leben. Alles, was geschieht, ist (und schon seit langem) ganz unabsehbar. Die vergangenen eineinhalb Jahrhunderte mit ihrem Streben nach Gleichheit, Ausgeglichenheit, nach »Maß und Wert« und all ihr Erreichtes, Geleistetes sind wie versunken. Die Realität, das in den letzten Jahren rapid und gigantisch Aufgewachsene, ist eine neue Gotik ohne Gott, Mittelalter als Zweck. Und da das Geistige, die Seele fehlt, ist der Ausblick so ungeheuer schwer und problematisch.

Ich war in Lisboa, und wenn ich auch erst mit ein paar Tagen rechnete, so sind es natürlich wieder drei Wochen geworden. Es war aber nicht umsonst, denn meine Situation in Portugal ist nun endgültig geregelt.

Ich habe meine Carte d'identité bekommen, die für fünf Jahre gilt.

Das bedeutet, dass ich nun relativ sicher hier bin und nicht mehr dauernd mit dem Rausschmiss zu rechnen habe. Ich kann es Dir jetzt ja sagen: die Dinge standen monatelang sehr schlecht, und ich war auf eine plötzliche Weiterwanderung mehr oder weniger vorbereitet. Viele vage Pläne hatte ich damals und wenig, sehr wenig Aussichten. An alle Konsulate hatte ich geschrieben, um Auskünfte und Hilfe bittend, manche Möglichkeiten hatte ich entdeckt und verfolgt. Aber, wie gesagt, es stand nicht zum Besten. Na, nun ist das ja vorbei, und ich hab' wieder etwas Ruhe in dieser Beziehung. – Morgen fange ich wieder an zu arbeiten. – Es wird langsam Winter, und dieser ist nicht gerade das Angenehmste hier in meinem Häuschen. Trotzdem bin ich froh, wieder hier zu sein. Diese Ruhe und dieser weite Himmel und so herrlich wenig Menschen. Die Geschichte mit dem Tinalein ist ja nun sehr komisch. Und das Tempo passt so gar nicht zu ihr. Was sagt sie denn eigentlich so dazu? Liebt sie den Mann denn? – Ich meine, fragen kann man doch mal. Sie soll mir mal den ganzen Fall auseinandersetzen. Ich werde ihr dann antworten, und Du kannst versichert sein, dass ich ihr keine Dummheiten sagen werde. Vorstellen kann ich sie mir zwar nicht mehr (wo ich sie doch als Baby verlassen habe), aber das macht nichts. Auf jeden Fall wünsche ich ihr das Allerallerschönste und keine Enttäuschung.

Muttilein, schreib mir gleich wieder, ja, und bleib so, wie Du jetzt bist. Du weißt vielleicht gar nicht, wie sehr Du Dich verändert hast. Aber aus jeder Zeile Deiner Briefe fühle ich, dass Du kräftig bist, ruhig und gesund. Und das ist ja, was nottut und was ich so sehr ersehnt habe. Ich glaube, nun brauche ich keine Angst mehr zu haben.

Also weiter so!

Küsse die Angelika und die Tina, grüße ihren mazedonischen Herrn unbekannterweise und lass dich tausendmal umarmen und küssen von

Deinem Peter

Muttilein,

siehst Du, nun habe ich ihn doch nicht mehr gesehen, den guten, den lieben Opapa. Immer hab' ich es noch gehofft, und immer dachte ich, wir schafften es, bevor das kommt. Und nun ist er so gestorben – so allein, so schrecklich einsam. Ich kann Dir gar nicht sagen, wie mich das quält. Du sagst, ich sollte mich nicht grämen, denn ihm sei wohl. Ich glaube aber gar nicht, dass ihm wohl war, sondern ich glaube vielmehr, dass er sehr geweint hat innerlich, so verlassen zu sterben. Denn es war doch niemand bei ihm außer der Omutter. Niemand von uns, die er geliebt und für die er sein Leben gelebt hat. Stell es Dir doch einmal vor, so fortgehen zu müssen, so ohne seine Kinder. Was hätte er darum gegeben, uns noch einmal bei sich zu haben, uns nur noch einmal anzuschauen, uns noch ein Wort zu sagen ... Nein, Mutti, ich denke, dass er sehr, sehr unglücklich gestorben ist, trotzdem er nicht mehr leiden musste. Denn schau mal, das wäre doch ein ganz anderer Tod gewesen, so bei uns – ein klarer, ein richtig ausgesprochener Tod, vor dem man versöhnlich sein kann, da er ja sein muss und zum Leben gehört und richtig hereinpasst ins Leben. Nicht so wie jetzt verquer und unordentlich hineingeworfen, sodass er überall anstößt und überall Leeren lässt, in denen es unheimlich ist. Wie sollen wir es denn jetzt anfangen, ruhig vor ihm zu sein, wo wir so gar nichts von ihm wissen? Nein, nein, das war kein guter Tod, und über allem nicht der, den er hätte haben müssen nach einem solchen Leben. Ich kann nichts tun, immer fallen mir diese Worte ein, die – verzeih es – von Rilke sind:

Oh Herr, gib jedem seinen eignen Tod,
das Sterben, das aus jenem Leben geht,
darin er Liebe hatte, Sinn und Not.

Und nun die Omutter … Was tut denn jetzt überhaupt die Omutter? Wer ist denn bei ihr? Ist denn überhaupt jemand bei ihr? Mutti, versprich mir, dass Du alles tun wirst, um zu ihr zu fahren. Du musst das tun. Sie braucht Dich doch jetzt. Sag nicht, dass es unklug ist und dass es Schwierigkeiten gibt. Das ist erbärmlich. Es gibt bei allem Schwierigkeiten, aber man kann sie überwinden. Wenn Du es irgend nur ermöglichen kannst, wenn es wirklich nicht vollkommen unmöglich ist, dann musst Du fahren, hörst Du. Und sei es auch nur auf einen Tag. Es geht jetzt nicht mehr um Opapa, sondern um die Omutter, die sicher gänzlich hilflos ist, wie Du ja auch sagst. Wenn es in meiner Macht stände, ich reiste noch heute ab, das kannst Du mir glauben. Und dann, in ganz kurzer Zeit müssen wir die Omutter zu uns nehmen. Das ist auch vollkommen unumgänglich. Sie muss zu Dir, und wenn das gänzlich ausgeschlossen ist, dann muss sie eben zu mir kommen. Das klingt nur im ersten Augenblick seltsam, aber es geht sehr gut, wenn man will. Geld ist genug da, um sie hier zu unterhalten. Und ich ziehe dann in die Stadt, und wir nehmen uns eine kleine Wohnung, und allein ist sie auch nicht, denn hier sind die Eltern von Berthoffs, die auch niemanden haben den ganzen Tag über. Und ich werde für sie sorgen und alles für sie tun, was ich nur irgend kann. Sie wird es sehr gut haben, und vor allem: sie ist dann nicht mehr allein. Und dann kommst Du später mal auf Besuch oder ganz hierher, und wenn dann die Omutter nicht mehr leben sollte, dann wird das alles ganz anders sein als jetzt.

Wenn Du sie aber zu Dir nehmen kannst, was natürlich besser ist aus vielen Gründen, dann kann ich Dir von Weihnachten ab einen monatlichen Zuschuss schicken, der vielleicht ein klein wenig hilft. Viel wird es nicht sein – Du weißt ja, was ich hier verdiene –, und in deutschem Geld ist es schon gar nicht viel, aber wenn das Standardverhältnis zu Deutschland in Bulgarien dem in Portugal, so wie ich annehme, gleich oder ähnlich ist, dann ist es schon eine Summe, die beizutragen sich lohnt. Ich könnte monatlich dreihundert Escudos schicken, das sind ungefähr eintausendeinhundert Lewa. Ist das sehr wenig? Na, immerhin.

Ich will Dir mal etwas sagen, Muttilein, und Du wirst es höchstwahrscheinlich äußerst seltsam finden oder verschroben oder sentimental oder irgendetwas. Auf jeden Fall bin ich nicht sicher, dass Du mich verstehst. Ich will es Dir aber trotzdem sagen: … Dieser Tod hat zu einem Teil bestätigt und zum anderen wohl zum ersten Mal so recht deutlich gemacht, was schon lange in mir umgeht: den Sinn alter Gebräuche. Siehst Du, da haben doch früher Sterbende ihre Kinder gesegnet. Da kamen die Kinder und knieten, und der alte Mann legte seine Hand auf ihren Kopf. Das war eine schöne und wichtige Handlung, ohne die man nicht starb und die beide Teile begehrten.

Und nun habe ich heute genau das gleiche Begehren, oder besser, ich hatte es und bin traurig, es nicht erfüllt zu sehen. Nicht die Zeremonie, diese ist symbolisch, und wir sind nicht mehr frei genug, nur körperlich zu knien. Aber die Hand vielleicht, die große und gültige Zustimmung und Übergabe und – nicht zuletzt – auch die Verzeihung. Die Gegenüberstellung und Verbindung eines Vollendeten und eines beginnenden oder zu vollendenden Lebens im Zeichen der Güte und Verzeihung und somit in dem Bewusstsein von Geben und Empfangen. Schau, unser Opapa war ein einfacher Mann, und einfach waren seine Vorstellungen und Grundsätze, einfach, überkommen und festgefügt. Da war oft manches, was er nicht verstand und ablehnte aus Nichtverstehen. Aber reich, unerschöpflich reich und vielfältig war das, was du »sein großes Herz voll Liebe und Güte« nanntest. Mit seinem Herzen verstand er alles, und es sind wenige ihm gleich in diesem Reichtum und in dieser Fülle Menschlichkeit, immer bereite und opfernde Menschlichkeit und Güte in einem solchen Maße und so unermüdlich während eines langen und oft schweren Lebens – das sind Dinge, die einen Menschen selten und groß machen und die nur verehrt und erinnert werden können. Deshalb, Mutti, die Hand, deshalb der Ausdruck eines Vergebens in zweierlei Sinn von seiner Seite und der Entgegennahme, der Dankbarkeit und des Versprechens, dass wir versuchen wollen, unser Leben dem seinen ähnlich zu machen. Dies alles gesagt, verstanden und ausgedrückt in einem letzten Moment bei ihm durch eine stille Berührung. Ich denke, sie wäre sehr viel für mich gewesen, diese Berührung, und vielleicht auch für ihn als Symbol meiner Verehrung und Liebe, die beide unendlich viel größer sind, als ich jemals gezeigt habe und auszudrücken vermochte. Denn gerade da wir so arm sind an Ausdruck und unser Inneres so schwer nach außen kommt, wenn wir uns gegenüberstehen, da überall die Hemmnisse sich erheben, die in unseren Lebensgewohnheiten liegen und die frühere Menschen nicht kannten, da ihnen Gesten und Ausdruck unwillkürlicher waren als uns, gerade darum brauchen wir Symbole und Handlungen, die zusammenfassen und sagen, wie es in uns ist. Und dies hätte jetzt sein können, und ich glaube, dass es wichtig gewesen wäre für vieles, was vergangen ist, und vieles, was noch kommen soll. Wir wollen nun nur hoffen, dass die Omutter es durchsteht und noch einmal, ein letztes Mal, zu uns kommt. Das ist mein größtes Verlangen. Willst Du mir bitte so schnell Du kannst schreiben, was Du inzwischen Näheres weißt über Opapa. Und auch, welches der Tag war, an dem er gestorben ist. Bei mir steht jetzt nur ein kleines Bild von ihm – das einzige, was ich besitze, aus dem Garten in Wannsee, und man sieht fast gar nichts drauf. Und das Letzte, was ich sagen will: Wir waren ihm wirklich keine guten Kinder, weder Du noch ich. Wir hätten viel, viel mehr für die alten Leutchen da sein müssen – es wäre ja doch immer nur ein verschwindender Bruchteil ihrer Sorgfalt und ihres Lebens für uns gewesen. Aber Du wie ich – wir erachteten immer anderes als wichtiger, und wir taten eigentlich nie mehr als »mal dort vorbeizugehen«. So – erinnere ich mich jetzt – habe ich ihnen noch nicht einmal richtig Adieu gesagt, als ich damals fortfuhr.

Dass nun auch Du Schwierigkeiten hast und Sorgen mit den Kindern, macht mir wieder große Angst. Ich will ja nicht in Dich dringen, aber bitte Dich doch, mir so bald als möglich zu sagen, wie Eure Situation dort ist. Dass Du es gut machst, meine Kleine, das wünsche ich Dir sehr. Auch für den Erich alles, alles Gute, und wenn Du ihm schreiben kannst, sag ihm viel Liebes von mir. Ich glaub' Dir schon, dass Du ihn wiederhaben möchtest. Nun, vielleicht wird es noch einmal sein. Es ist ja alles viel zu vorläufig, um Bestimmtes wissen zu können. Und Resignation ist nicht die logischste Folgerung, die aus unserem Leben zu ziehen wäre. Es ist alles möglich, und deshalb wollen wir immer wieder sagen: Hoffnung und Mut und Geduld.

Ich schließe jetzt, Muttilein, und Du wirst aus diesem Brief ja wissen, was Du der Omutter von mir sagen sollst, wenn Du zu ihr fahren kannst.

Leb wohl, meine Gute, und küsse die Kinder von mir tausendmal. Schreib bald und bleibe gesund und obenauf. Alle meine Liebe und ich umarme Dich.

Immer Dein Peter

Wenn Du irgendetwas brauchst, was ich Dir geben kann, so sag es. Brauchst Du Geld? Adieu, Du, ich hab' Dich lieb.

*Im November 1939 musste Bettina Bulgarien verlassen, da ihr deutscher Pass nicht mehr verlängert wurde. Unsere Mutter war verzweifelt und fürchtete, auch mich zu verlieren. Zum Glück kam es nicht dazu. Ich durfte bleiben, und auch Bettina kehrte bereits Ende Januar nach Sofia zurück.*

97

Mein geliebtes Muttilein!

Ich schreibe Dir wieder aus Lissabon, wo ich seit einigen Tagen bin, um gewisse Angelegenheiten in Ordnung zu bringen. Du wirst ja aus Deiner bulgarischen Erfahrung wissen, dass die Scherereien nie aufhören in diesen Zeiten, selbst wenn man einigermaßen in Sicherheit ist. Es sind so kleine Dinge, die am meisten Arbeit machen und unaufhörliche Rennereien. Nun ja, das ist nicht weiter gefährlich. Der Brief von Omutter ist mir sehr ans Herz gegangen. Die arme kleine Frau, was soll nun bloß mit ihr werden? Ich hab' Dir ja schon in meinem vorigen Brief davon gesprochen, musste jetzt aber leider feststellen, dass, so leicht es auch wäre, sie hier vernünftig unterzubringen, die größten und momentan kaum überwindlichen Schwierigkeiten die der Einwanderung sind. Man ist sehr rigoros und in höchstem Grade untolerant, was Du ja nun auch aus nächster Nähe erfahren hast. Und es ist ja kaum ein Unterschied zwischen den einzelnen Ländern. Was können wir also tun im Augenblick? Hoffnung haben und alles für die Zukunft vorbereiten. Aber das ist so schwer, wo man nicht weiß, wie die Zukunft ausschauen und ob sie die Omutter noch erleben wird.

Du hast nun wieder eine schwere Zeit, Muttilein, so ganz allein und verlassen. Ich bin so sehr der Hoffnung, dass die Tina zurückkommen kann. Du darfst auf keinen Fall Deinen einmal überwundenen Zustand wieder heraufbeschwören, hörst Du. Mit ein wenig Kraft kann man das von sich forthalten. Später braucht es viel mehr zur Überwindung. Und dann musst Du auch immer denken, dass wir noch unendlich begünstigt sind gegenüber den Unzähligen, die weiter nichts vor sich haben als die Not. Denk an die Juden in Lublin, an die Männer an der Front, an all die Tausende von Opfern einer schon ganz allgemeinen Vergewaltigung. Wiegt da noch das Unsere? Dürfen wir da überhaupt noch sagen: unsere Sorgen ...? Es ist klar, dass wir das Eigene mehr spüren, aber es ist genauso klar, dass wir uns bemühen müssen, an dem Leid der anderen nicht vorbeizusehen.

Und wenn es uns einmal gegenwärtig zu werden beginnt und uns erscheint in vielen Visionen, dann finden wir schon von ganz allein das richtige Maß und werden uns bewusst, dass wir kein Recht haben anzuklagen. So wenigstens geht es mir, und ich möchte wünschen, dass auch Du mehr und mehr zu dieser Denkart kommst. Es wäre ein Vorteil.

Die Omutter hat mir, wie Du ja gelesen haben wirst, sehr ausführlich über Opapas Tod geschrieben, und nun weiß ich wenigstens, dass er leicht war. Es ist gut, diese Sicherheit zu haben, obgleich sie ja der Trauer nichts an Stärke nimmt.

Ach, weißt du, wie gerne hätte ich ihn noch gesehen!

Sag, ist die Angeli denn nun noch bei Dir? Ich kann mir gar nicht vorstellen, dass sie bei einem Kind von elf Jahren so große Schwierigkeiten machen. Bei Tina ist es ja verständlich, aber die Kleine? Nun, es wird sich schon irgendwie regeln, und Du wirst Deine Kinder bald wiederbekommen. Nur nicht den Mut verlieren.

Dass Du die Möglichkeit hast, Musik zu hören, verschafft Dir einen großen Vorteil mir gegenüber. Mir fehlt das so sehr. Im Januar kommt Weingartner her, und überhaupt gibt es jetzt mancherlei Konzerte, die ich brennend gerne hören würde. Aber wie soll ich es machen? Ich kann ja nicht deshalb nach Lissabon fahren, und wenn ich schon einmal da bin, dann gibt es nichts.

Muttilein, das ist ein langer Brief, und ich bitte Dich, mir so schnell zu antworten, wie Du kannst. Sprich mir von Dir, sag, mit was für Menschen Du zusammen bist, ob Du Freunde hast, rede von dem, was Dich angeht. Wir kommen schon wieder dahin, nichts voneinander zu wissen. Und das darf nicht sein.

Leb wohl, meine Gute, denk, dass ich große Sehnsucht habe nach Dir. Ich küsse Dich viele Male und schicke Dir meine Liebe.

Dein Peter

19. Dezember 1939

Meine kleine Angelika!

Zu Deinem Geburtstag, zu Weihnachten und dem neuen Jahr – zu allem zusammen wünsche ich Dir das Allerschönste, was ich weiß. Mein ganz besonderer Wunsch ist, dass Du bei unserer Mutti bleiben und ihr helfen kannst in ihrer schweren Zeit, und dass Du Freude hast daran.

Aber auch, wenn das nicht so sein sollte, musst Du nicht traurig sein, denn alles geht vorüber. Das sind so Zeiten, weißt Du, die uns allen geschehen und durch die wir hindurchmüssen und möglichst wenig klagen. Denn es kommen andere Zeiten, und Du wirst es Dir ja wohl denken: einmal werden wir alle wieder beisammen sein und dann, dann wiegt das Schlimme nicht mehr in unserer großen Freude. Nimm also alles Liebe und: hilf, wo Du kannst! Weißt Du, wie Du es machen musst: gar nicht an Dich denken und Dein kleines Leid, das wehtut.

Lass Dich küssen von Deinem Bruder
Peter

2. März 1940

Liebes Tinalein,

Also nun bekommst Du endlich den seit langem versprochenen Brief.

Du wirst zwar böse sein, dass es so lange dauerte. (Wie findest Du eigentlich rote Tinte? Ja, ja, ich werde jetzt vornehm!) Aber erstens macht es nichts, wenn Du böse bist, und zweitens sind viele böse deswegen. Das ist nun mal so.

Für Deine diversen Briefe vielen Dank. Ich muss dazu bemerken, dass Du eine ausgesprochen prägnante Art hast, Dich auszudrücken. Das soll bei Gott kein Tadel sein, sondern viel eher eine Anerkennung. Denn bei uns anderen, weißt Du, fehlt sie so manches Mal – die Prägnanz. Deshalb kommt es, dass wir viel (und auch ganz gern) so herumreden – etwas, was Du, wie ich von dritter Seite hörte, nicht so recht leiden magst. Aber lass Dich's nicht anfechten – das ist nun mal verschieden bei den Menschen. Was Deinen Freund Mizo angeht, so muss ich sagen, dass Du da geradezu erschreckend bündig bist. Ja, ich habe sogar den Eindruck, dass Du alles daransetzt, so schnell als möglich wieder vom Thema abzukommen. Aber warum das? Schau mal, wenn ich verliebt war oder bin – und Du bist es doch zweifellos –, dann war oder bin ich immer überglücklich, wenn ich da einen Menschen habe, mit dem ich mich so recht bekakeln kann über alles (ganz im Vertrauen sag' ich Dir, dass ich fürs Leben gern über das, was ich in dieser Welt liebe, spreche; das muss wohl Veranlagung sein). Und deshalb wundere ich mich ein wenig, dass Du so gar nicht mit der Sprache herauswillst, wo ich doch so gerne wüsste, wie das bei Dir so aussieht. Ja, und jetzt wirst Du ja wohl lachen und irgendeine ganz unziemliche Bemerkung machen, wenn Du der Mutti diese Stelle zitierst: aber ich bin auch etwas traurig darüber, dass ich vielleicht nicht der bin, mit dem Du kakelst oder kakeln möchtest, dass ich vielleicht so ein ferner und unbekannter Mensch bin, mit dem man doch über »so etwas« nicht sprechen kann. Na, und wäre das etwa kein Grund zur Traurigkeit? Denn sieh mal, Du bist mir nun mal ganz ungemein interessant (eben vielleicht darum, weil Du so prägnant bist); und nicht nur das! Du gehst mich auch in vieler Hinsicht sehr an. Ich kann Dir das jetzt nicht so genau erklären, warum Du mich eigentlich angehst (denn es ist doch klar, dass kein zwingender Grund vorliegt, dass es unbedingt so sein müsste!), aber es ist nun mal so, und Du musst es eben hinnehmen, wie es ist. Na ja, darum also meine Beharrlichkeit. Du musst mich nun jedoch nicht falsch verstehen: ich will nicht etwa amouröse Details wissen und bin wirklich weit davon entfernt, Dir mit Indiskretionen zur Last fallen zu wollen. Das, was ich möchte, ist nichts weiter, als ein Bild zu bekommen – ein Bild über Dich, die ich so gar nicht kenne und die ich so gerne kennenlernen möchte (siehe oben!). Wenn Dir allerdings schon dies als Indiskretion erscheint, muss ich mich geschlagen geben. Ich hoffe es jedoch nicht. –

In diesem Sinne weitergedacht, ist mir auch Deine Arbeit, Deine »Schule« von höchstem Interesse. Denn darüber sprichst Du ja noch weniger als über Mizo. Denk mal, ich weiß noch nicht einmal, was Du auf dieser Schule so treibst und was Du lernst? Kunstgewerbe? Zeichnen? Plastiken machen? Gar nichts weiß ich … Und was denkst Du so über all das? Ist es Dir eine Beschäftigung wie andere auch (denn irgendetwas muss man ja tun, nicht wahr?), wobei Du die Ferien mehr ersehnst als die Beschäftigung, oder ist es Dir irgendwie ernst damit? –

Also, Tinalein, schau mal zu, was Du für mich tun kannst. Vielleicht entdeckst Du doch einen Weg, mit mir zu »kakeln«, und zwar schriftlich. Denn, um Deine dauernde Frage zu »beantworten«: wann wird das sein, dass ich mal zu Euch komme? Es wäre ja himmlisch, ja, über alle Maßen himmlisch, aber glaubst Du im Ernst, dass ich Dir jetzt oder in Bälde sagen kann: in zwei Wochen bin ich da; haltet den Champagner kühl? Nein, nein, mein Gutes, damit müssen wir wohl noch etwas warten, wenn nicht etwas Außergewöhnliches geschieht. Jedoch einen Trost kann ich Dir geben: Wir leben in einer Zeit, in der nur Außergewöhnliches geschieht. Demnach also ... nur kann man eben nie wissen. – So, nun habe ich wieder lange »so herumgeredet« und laufe Gefahr, von Dir als heilloser Schwätzer verschrien zu werden. Aber sei es! Von mir gibt es nichts Neues zu sagen. Gut gehen tut's mir, und gefroren hab' ich in den vergangenen Monaten auch weidlich. Somit ist also alles in bester Ordnung. Warum willst Du denn eigentlich nicht nach Kuajewo gehen? Ist doch viel schöner draußen in einem eigenen Häuschen. Mutti hat vollkommen recht, und Du bist eben dumm. Denk mal, im Sommer ist das doch was ganz anderes als in der Stadt. Aber macht das unter Euch aus. Leb wohl, mein Kleines, und antworte mir bald, ja. Ich habe, notabene, seit Ewigkeiten nichts von Euch gehört.

Alles Liebe, und grüß den Mizo von mir.
Ich küsse Dich,

Dein Peter

Muttilein,

Ich danke Dir sehr für Deinen lieben Brief zu meinem Geburtstag und das bezaubernde Bildchen von Tina. Gott, ist sie hübsch. – Das hab' ich ja gar nicht gewusst. Außerdem genau Deine Augen. Küsse sie von mir! Ich kann Dir heute nur kurz schreiben, denn ich habe viel zu tun. Bitte, sei darüber nicht böse, in den nächsten Tagen schon bekommst Du einen ausführlichen Brief von mir. Ich will Dir nur kurz Nachricht geben, denn Du ängstigst Dich ja immer sofort, wenn ich mal ein paar Tage nicht schreibe. Dass zur Sorge nie der geringste Grund besteht, solltest Du endlich wissen. Auch mit der Möglichkeit, dass ich einmal krank werden könnte, brauchst Du Dich wirklich nicht zu beschäftigen. Es ist natürlich nicht ausgeschlossen, aber wenn Du wüsstest, wie viele Freunde ich hier habe, die mir zu helfen immer bereit sind, dann brauchtest Du Dich wirklich nicht zu beunruhigen. Ich bin hier wie zu Haus, und es gibt viele Menschen, die im Ernstfalle Sorge für mich tragen. Sei also ganz ruhig. Du wirst ja nun wieder etwas fröhlicher sein, wo Du Deine Mädels bei Dir hast. Schön, dass Ihr wieder beisammen seid! Wie ist das eigentlich mit Tina, kann sie nun immer dableiben? Oder gehen die Scherereien bald wieder los? Und wie geht's Angeli? Ist sie wieder gesund? Die Berge und der Schnee werden ihr ja wohl guttun, Euch allen übrigens. Fein, dass Ihr da heraufkönnt, erholt Euch also gut und seid fröhlich! –
Hier ist es auch Winter und wie überall grausam kalt. Ohne

Öfen ist das ja kein Spaß. Die Erfahrung des vorigen Winters hilft mir darüber genauso wie Du: ich lechze nach Sonne und Wärme und möchte am liebsten an den Äquator. Na, was sagst Du überhaupt zu dem Winter? So kalt war's doch seit Jahrzehnten nicht, wie man erzählt. Es ist, als ob eine höhere Kraft gegen den Krieg ankämpfte. Ein schöner Gedanke, aber ach ... auch ohnmächtig. Wir alle wissen ja, dass, wenn es erst einmal taut ... aber lieber nicht daran denken! –

Alles Liebe und Gute und Schöne für Euch und viel Sehnsucht von

Eurem Peter

*Peter war schon im Dezember 1939 aus politischen Gründen inhaftiert und drei Monate später des Landes verwiesen worden. Da er unserer Mutter, um sie nicht zu beunruhigen, kein Wort darüber mitgeteilt hatte und sie ahnungslos glaubte, schrieb er ihr erst nach seiner Entlassung einen Brief, in dem er die ganze Angelegenheit als Bagatelle hinstellte. Was er nicht wusste, war, dass unsere Mutter von einem befreundeten Ehepaar Wiener, mit dem sie ebenso wie Peter in schriftlicher Verbindung stand, über Peters Haft informiert worden war und in panischer Angst alles in Bewegung gesetzt hatte, um ihren Sohn zu befreien und ihm die Flucht nach Griechenland zu ermöglichen.*

Liebes Muttilein,

ich schreibe Dir erst heute, da es vorher keinen Sinn hatte. Ich bin also – ich weiß nicht, ob Du es schon weißt oder nicht – am achten aus Portugal fortgefahren. Ich war drei Tage in Barcelona und bin heute mit dem Flugzeug hier in Rom angekommen. Am Sonntag fahre ich weiter nach Brindisi und von dort nach Athen, wo ich dann bleibe. Ich habe ein Visum für mehrere Monate und hoffe, mir meinen Aufenthalt für länger bald zu regeln.

Über all das, was sich in Portugal getan hat, will ich jetzt nicht ausführlich sprechen, da das lange dauert, der Brief fortmuss, damit Du überhaupt einmal Nachricht von mir bekommst, und die ganze Geschichte auch im Augenblick nicht das Wichtigste ist. Es war ganz einfach so, dass man mir meinen Aufenthalt nicht verlängert hat und ich fort-musste wie viele, viele andere Ausländer auch. So bin ich denn gefahren. Die Reisekosten hat das jüdische Comité bezahlt. Geld für den Anfang in Athen habe ich auch. Von einer befreundeten Dame, die sehr, sehr viel für mich getan hat. Sie ist auch vom Comité.

Du musst verstehen, dass es nicht meine Schuld war, wenn Du Dir Sorgen gemacht hast. Ich habe Dir von all dem nichts gesagt, damit Du Dir nicht vollkommen unnötiger-weise Gedanken und Sorgen machst. Ich kenne Dich doch! Warum sollte ich Dich also mit meinem Kram beunruhi-gen? – Allerdings konnte ich nicht ahnen, dass Du diese blödsinnige Nachricht von Wieners bekommst. Gerade deshalb sage ich, dass es nicht meine Schuld war. Aber Schuld hin und Schuld her: es gibt keinen Anlass zu irgendwelchen Ängsten. Es geht mir gut, und ich mache eben mal wieder eine Reise, wenn auch eine unfreiwillige. Ich werde gut in Athen ankommen und werde dort arbeiten und leben wie in Portugal auch. Und das Herrliche, seit so langer Zeit Ersehnte und Herbeigewünschte wird eintreffen: wir werden uns sehen! Ach, wie ich mich freue ... Du wirst doch nach Athen kommen können, oder? Es ist doch nicht weit. –

Dieser Brief hat sich aus folgenden Gründen verzögert: ich las Deine Anfrage ans Comité in Lisboa drei Tage vor meiner Abfahrt. In diesen drei Tagen hatte ich nicht eine Minute Zeit, Dir zu schreiben, ganz abgesehen davon, dass ich Deinen direkten Brief an mich erst abwarten wollte. Er kam auch, und zwar am Tage meiner Abreise. Er wurde mir durch einen Boten geschickt und erreichte mich nicht mehr. Ich fuhr ohne ihn. –

Dann wollte ich Dir aus Spanien schreiben, überlegte mir aber, dass dann der Brief, wegen der dortigen Zensur, eine Woche sich verzögern würde. So wartete ich bis heute.

Meine Kleine, was wirst Du Dir nun aber wieder alles ausgedacht haben? So viel Unsinn? Schau, ich werde in Athen nicht nur sofort Stunden geben können, sondern habe auch eine Sardinen-Vertretung meiner Ex-Firma, womit ich viel Geld zu verdienen hoffe. Und Griechenland ist noch zehnmal billiger als Portugal.

Ich musste ein Flugzeug nehmen, da ich auf einem Schiff mit meinem deutschen Pass von den Alliierten heruntergeholt worden wäre. Jetzt ist aber die Gefahr vorbei, und ich werde gemütlich nach Hellas zuckeln. Der Flug war übrigens ebenso stinklangweilig wie die Bahnfahrt von Lisboa nach Madrid und Barcelona aufreibend war. Ein halber Tag und eine Nacht nach Madrid und in der nächsten Nacht sofort weitere vierzehn Stunden nach Barcelona. Alles dritter Klasse. – Du, ich hab' nicht mehr gewusst, wie ich überhaupt aufrecht stehen sollte. In Barcelona war ich dann drei Tage (na, das Spanien ist ja ein Land, es ist nicht zu beschreiben, wie grauenvoll), wo ich mich mit einem Freund und seiner Braut, die schon eine Woche früher aus gleichem Grund fortgefahren waren, traf. Ja, und für die hat das Comité nur bis Barcelona gezahlt und nicht weiter. Da sitzen sie nun – ohne Geld, ohne Arbeit und ohne Möglichkeit, dortzubleiben – und warten verzweifelt auf die Fahrkarten nach Athen (wir wollten ursprünglich zusammen fahren). Da muss ich nun ununterbrochen schreiben nach Lisboa und sehen, dass man etwas für sie arrangiert. Hoffentlich klappt's, denn es geht buchstäblich um die Existenz von den beiden. – Hier wollte ich auch erst warten auf sie, aber es geht nicht, und so fahre ich erst einmal vor. – in Griechenland wollen wir etwas zusammen machen. Mal sehen! Ich hoffe, meine Gute, Dich nun beruhigt zu haben, wenn Du überhaupt in Sorge schwebtest um Deinen teuren Sohn. Und alles, alles andere mündlich und hoffentlich das Mündliche bald. Wenn ich jetzt anfangen wollte zu erzählen – wo wollte ich da beginnen? –

Und bitte noch eines: Wenn Wieners irgendwelche Geschichten erzählt haben sollten von Unterstützung und es ginge mir schlecht und so: schlag Dir das ganz aus dem Kopf. Ich brauche nichts, und Du brauchst nicht sammeln zu gehen. Es ist alles in bester Ordnung. –

So küsse ich Dich denn viele Male und sag' Dir noch einmal, dass meine Freude auf Dich geradezu unbändig ist. Wenn ich Dich bloß erst bei mir hätte! Und sag den Kindern alles Liebe.

Adieu Muttilein und – auf bald!

Ich umarme Dich, Dein Peter

Wegen des Flugzeugs konnte ich nur einen Koffer mitnehmen. Mein ganzes Gepäck ist noch in Lisboa und wird von oben erwähnter Dame per Schiff nach Athen geschickt. Wenn das aber nicht gehen sollte (wegen der möglichen Beschlagnahme!), können die Sachen dann an Dich adressiert werden? Du brauchst sie nur in Empfang zu nehmen und zu »speichern«. Bezahlt wird alles in Lisboa! Ich schreibe Dir noch darüber.

Mein geliebtes Muttilein!

Ich bin heute Mittag – nach einer Reise von somit drei Wochen – in Athen angekommen und habe Deinen Brief erhalten. Da jetzt eine Unmenge zu erklären und zu besprechen ist, bitte ich Dich, nicht bös zu sein, wenn ich dies so kurz wie möglich tue. Alle Details und jetzt unwichtigen Dinge bleiben für später. Ich werde jetzt auf alles Punkt für Punkt antworten.

Zunächst einmal meine Reise: Es hat keinen Sinn mehr zu beschönigen, denn Du weißt ja nun über alles Bescheid. Ich weiß selber nicht, wie ich überhaupt durchgekommen bin, beginne aber, an einen Schutzengel zu glauben, der immer im entscheidenden Moment für mich einspringt. Denn ohne einen solchen Engel ist die ganze Angelegenheit eben unglaubhaft. Genug, ich bin in Athen, und es beginnt ein neuer Abschnitt.

Mein Brief aus Rom: er war so bagatellisierend, da ich heraustasten wollte, was Du nun eigentlich weißt und was nicht. Dass Du alles wusstest, war mir nicht bekannt. Es war, so wie die ganzen Monate vorher, meine Absicht, Dir jede nur mögliche Sorge und Angst zu ersparen, indem ich Dir nur das Nötigste schrieb und meine Lage als absolut passabel hinstellte. Jetzt kann ich Dir ja sagen, dass sie es weder war noch ist. Die dreieinhalb Monate in Lissabon waren eine arge Zeit, und ich habe eine Menge durchgemacht. Viel länger hätte ich es auch nicht mehr ausgehalten. Aber das alles später. Dass Du seit Anfang Februar über meine Haft orientiert warst, ist eine der großen Überraschungen Deines Briefes. Warum hast Du mir das nicht gleich gesagt? Ich erinnere mich nicht mehr, was für Briefe ich in dieser Zeit von Dir bekam, so viel aber ist sicher: Du hast nie die geringste Andeutung gemacht. Jetzt, da Du zugibst, in großen Sorgen und Ängsten um mich gewesen zu sein, sehe ich, wie berechtigt mein Schweigen war. Da ich der Meinung war, dass Du mir nicht helfen könntest, und außerdem bis zum letzten Moment hoffte, mit Hilfe des jüdischen Comités durchzukommen, hielt ich es für unnötig, Dich mit meinen Angelegenheiten zu belasten.

Die zweite Überraschung Deines heutigen Briefes ist, dass Du ans Comité und an Wieners geschrieben hast. Es war mir gänzlich unbekannt, dass Du überhaupt in Aktion getreten bist. Das Comité hat mir nicht ein Wort darüber gesagt. – Weder von Deinen Bemühungen noch von tatsächlicher finanzieller Hilfe. Ich war bis heute überzeugt, dass es das Comité war, das meine gesamte Reise finanziert hat.

Das Einzige, was ich im Zusammenhang mit Dir erfuhr, war eine Nachricht von Madame Mathilde Beusaude (jener Dame vom Comité, die so viel für mich getan hat), in der sie mir mitteilte, dass Du in einem Brief ans Lissaboner Comité um Auskunft über mich gebeten hättest. Nichts weiter. Hinsichtlich dieser Auskunft beschwor ich Madame Beusaude, Dir nichts Näheres über mich mitzuteilen, da ich das selber erledigen würde.

Wie über alles andere, so wurde ich auch nicht über Deine finanzielle Hilfe informiert. Es ist richtig, dass man mich ohne diese Hilfe nicht aus Portugal herausgelassen hätte. (Ich war bis zu dem Moment, wo ich im Zug saß, in Haft.) Aber dass Du nun um meinetwillen für mehrere Monate auf Deine eigene Unterstützung verzichten musst, ist für mich ein harter Schlag. Ich wusste es ja nicht und tat das alles nur, um Dir jegliche Belastung zu ersparen. Ich wollte vermeiden, dass das eintritt, was jetzt eingetreten ist. Nun, wo es geschehen ist und wo ich sehe, dass ich anders wohl nie zurande gekommen wäre und noch heute im Gefängnis säße, nimm bitte allen, allen Dank. Du hast mich buchstäblich gerettet.

Was Griechenland betrifft – ich habe es mir nicht ausgesucht. Es war die einzige Möglichkeit, überhaupt fortzukommen, nachdem aus Brasilien nichts geworden ist. Ich hatte nämlich für Brasilien seit langem eingereicht und dachte auch erst, es würde klappen. Das Visum ist aber abgelehnt worden, und zwar aus folgendem Grund: Der Polizeiagent, der mich zum Konsulat brachte, war dort bekannt, und somit wusste man, dass ich inhaftiert bin. Daraufhin erklärte sich nur noch der griechische Konsul bereit, mir ein Visum zu geben, und das auch nur aufgrund eines jugoslawischen Visums, das ich bereits in der Tasche hatte. Alles andere war ausgeschlossen und sinnlos.

Amerika – bin ich in die Quote eingeschrieben und komme vielleicht in ein paar Jahren dran, vorausgesetzt, dass ich ein gutes Affidavit habe. Spanien und Italien wollte ich aus offensichtlichen Gründen nicht. Südamerika und Zentralamerika sind unmöglich, wenn man kein Geld und keine Verwandten dort hat. (Das Mindeste, was überall verlangt wird, sind fünfhundert Dollar Vorzeigegeld.) Und mit Brasilien ist Folgendes: brennend gerne würde ich dort hingehen, aber jetzt gibt es zwei Hindernisse: erstens die Beförderung: ich komme als Deutscher mit einem »J«-losen Pass nicht durch die englische Kontrolle, und zweitens die Ablehnung des Visums durch das Lissaboner Konsulat. Es bleibt also nur der Balkan. Ich kann nach Jugoslawien und sicher auch zu Euch, denn ich nehme an, dass man hier leicht das bulgarische Visum bekommt. Das also wäre zu überlegen, doch nicht heute. Irgendwie wird sich schon etwas finden. Wenn du sagst, dass ich alles leicht und unbedacht abmache, so ist das barer Unsinn. Wenn es so wäre, dann wäre ich wohl viel besser dran. Aber es ist ganz und gar nicht so, und Du musst verstehen: es bleibt mir nichts anderes übrig, ich muss es versuchen auf Biegen und auf Brechen. Ich habe keine Wahl und muss jetzt durchkommen. Eins ist mehr als sicher: es ist verteufelt schwer, und ich weiß nicht, was werden soll. Ich bin in einer Situation, in der ich immer das Schlechteste annehmen muss und es auch tue. Ich habe keinen festen Halt mehr. Mit meiner Ausweisung aus Portugal hat das wildeste Abenteuer begonnen. Das Wichtigste ist, festen Fuß zu fassen, aber wie ich das in meiner Lage erreichen soll, ist mir bis jetzt schleierhaft. Versteh doch, Muttilein: in dem Moment, da ich irgendwo bleiben und nur irgendetwas arbeiten kann, komme ich durch, bin ich gerettet. Da es aber bis jetzt noch nicht so aussieht und der ganze Kampf nur ums Stehenbleiben-Können geht, muss ich gute Miene zum bösen Spiel machen und nehmen, was sich mir bietet. Wenn ich nicht hierbleiben kann, muss ich woanders hin, wenn nicht dort, wieder woanders, und so immer weiter, bis vielleicht mal ein Wunder geschieht, oder – der Krieg aus ist. Was soll ich Dir jetzt sagen? Ich werde tun, was in meinen Kräften steht, und werde versuchen, mich gut zu halten. Du sagst, man darf nicht ins Getriebe kommen. Sehr schön, aber ich bin im Getriebe und nicht durch meine Schuld. Man hat mich grundlos aus einem Land vertrieben, in dem ich eineinhalb Jahre ruhig und bescheiden lebte. Ich bin in ein Vakuum geraten (oder in ein Getriebe, wenn Du so willst) und muss jetzt sehen, ob ich was zu fassen kriege (ein kleines Sternchen vielleicht) oder nicht. Ich muss nehmen, was sich mir bietet. Aussuchen kann ich's mir nicht mehr. Somit kann also nicht die Rede von »leicht und unbedacht abmachen« sein (denk doch bloß nicht mehr an den Brief aus Rom), sondern es ist bitterster Ernst, und ich weiß es und kann Dich auch nicht mehr beruhigen – es sei denn damit: ich bin geschmeidig und im Großen und Ganzen nicht so leicht umzubringen. Ich habe ein relativ glückliches Temperament im Ertragen von Widerwärtigkeiten und außerdem keine Ansprüche mehr. Ich habe gelernt, mich bis zum Äußersten zu bescheiden. Wenn noch dazukommt, dass ich überall Menschen finde, die sich meiner annehmen und mir helfen, ist eigentlich kein Grund zu wirklicher Sorge gegeben.

Ich muss es durchstehen, und ich werde es durchstehen und ich gehe nicht daran kaputt. Das ist ganz sicher!

Es ist mein einziges Ziel, aus Europa fortzukommen. Ich verliere das nie aus den Augen, denke immer daran.

Dein Peter

Meine Gute!

Habe eben Deinen zweiten Brief erhalten. Ich habe etwas geschlafen und fühle mich besser. Der letzte Teil der Reise war unmenschlich. Fast drei Nächte hintereinander hatte ich nicht geschlafen. Gestern waren meine Beine aus Gummi. Töricht lächelnd, mit klappernden Augendeckeln, schritt ich durch die Straßen Athens. Also, dank Dir tausendmal für all das Liebe in Deinem Brief. Du Süße, wenn Du wüsstest, wie ich Dich liebe und wie groß meine Sehnsucht nach Dir ist ... Ach, komm doch bald, bitte, ist doch nicht weit. Was kostet es? Bekommst Du etwas Geld für hierher? Ich hab' keins, gar keins! Ich will Dir nun endlich die Wahrheit sagen und Dir berichten, wie es mit mir steht. Ich bin ohne einen Pfennig angekommen. Den letzten Teil der Reise (da ich einen großen Umweg machen musste und durch übermäßige Aufenthalte in Barcelona, Rom und Brindisi mein ganzes Geld aus Lissabon zum Teufel ging) hat mir der griechische Agent in Brindisi und ein Herr, den ich im Auto ganz im Norden von Griechenland traf, bezahlt. Das Nähere erzähle ich Dir später, es hat mit dem Schutzengel zu tun! Ich kam also an und ging sofort zum Comité. Obgleich kein Empfehlungsbrief aus Lissabon, den man mir hoch und heilig versprochen und um den ich noch einmal aus Rom dringlichst geschrieben hatte, da war, entschloss sich das Comité, mir zu helfen. (Du weißt, dass dies schwer ist, da ich doch nur Halbjude nichtjüdischer Religion bin und einen reichsdeutschen Pass ohne »J« habe, sodass man doch nicht weiß …) Man hat mir also etwas Geld gegeben und mich in ein Hotel geschickt, das das Comité bezahlt. Ich habe ein sauberes, anständiges Zimmer mit noch einem Herrn zusammen. Das Geld ist für Essen und andere Ausgaben, und man wird mich unterstützen, auch weiterhin. Arbeiten aber könne ich nicht, sagte man mir. Man braucht für alles eine Arbeitserlaubnis, und die bekomme ich nicht. Nun, das werde ich sehen. Stunden werde ich schon geben können – es braucht ja niemand zu wissen. Heute Abend werde ich mit einem Mann sprechen, zu dem mich mein Freund Morgan, der immer noch in Barcelona sitzt und nicht fortkann, geschickt hat. Ich werde ihn über Stunden und Sardinenvertretung fragen. Er wird mir schon etwas sagen können, ich habe den Mut nicht verloren.

Das Schwierige ist die Polizei, wo ich bald hinmuss. Ich habe ein Visum für drei Monate und hoffe, vorläufig, das heißt, die drei Monate, bleiben zu können. Ich brauche jeden Monat eine neue Aufenthaltserlaubnis. Man könnte mir Schwierigkeiten machen, da ich kein Geld habe. Wenn man welches zu sehen verlangt, werde ich mir von irgendwem zum Schein einen Packen geben lassen und den zeigen.

Auf Befragen sagte das Comité, man wüsste noch nicht, was man mit mir machen würde. Ob ich bleiben könne oder ob ich weitermüsste. Wenn's nicht anders geht, kann ich ja erst mal nach Jugoslawien. Jetzt brauche ich aber genaue Auskünfte über Bulgarien: ist es möglich, hinzukommen? Wie ist es mit Aufenthalt, wie mit Arbeitserlaubnis? Kann ich ohne Erlaubnis Stunden geben, Übersetzungen machen? Kann ich freier kaufmännischer Agent sein, das heißt, mit meiner Sardinen-Vertretung etwas anfangen? Bitte, antworte mir objektiv und sachlich. Wenn ich mit einem Besuchsvisum hinkomme, macht man mir dann große Schwierigkeiten, wenn ich bleiben will? Gibt es ein jüdisches Comité? Sprich mit ihm! Erkundige Dich über alles. Schreib mir umgehend. Du verstehst, wenn es hier ganz, ganz schlecht wird, so dass überhaupt nichts zu machen ist, wenn ich fortmuss und wenn es in Bulgarien auch nur um ein weniges besser ist, dann muss ich es versuchen. Können wir nicht zusammen etwas unternehmen? Irgendetwas aufmachen, ein Lokal oder so? Würdest Du einen Financier finden? Was mich betrifft, ich tue, was ich nur irgend tun kann. Ich spreche mehrere Sprachen: Englisch, Deutsch, Portugiesisch und ganz leidlich (für andere natürlich perfekt) Französisch. Kannst Du mit Kosmetik was anfangen? Du behandelst, ich mache den kaufmännischen Teil. Was hältst Du von einem Esslokal, hübsch aufgemacht, mit Spezialitäten-Küche, eventuell Musik? Irgendetwas sehr Hübsches, was es in Sofia nicht gibt, oder selten. Mit Geschmack gemacht, mit ein paar armen Künstlern in Verbindung kommen, ausmalen, mit Klavierspieler, irgendwas Originelles (grausiges Wort, aber Du weißt, was ich meine, so was wie Mikosch), verstehst schon. Kann doch nicht so schwer sein, wenn jemand Geld gibt. Oder was anderes, was immer geht. Ein ganz, ganz billiges Esslokal, ohne Tische, nur mit einer Bar. Nicht wie Quick, sondern richtiges Essen: Suppen, einfache Gerichte und so billig, dass alle die, die kein Geld haben, dort satt werden. Ich hab's wieder in Rom gesehen, so eine Tavola Calda. Das ist von morgens bis abends proppendickevoll, und man verdient damit. Und Einrichtung braucht man fast gar keine, also der Aufwand ist nicht so groß, es geht mit ganz kleinem Kapital. Überleg's Dir mal, Herrgott, mit etwas Mumm geht doch so was. Ich lass mir einen tollen Frack machen und mache die Honneurs (natürlich nur im ersten Fall!). Man muss bloß hinterher sein, Bulgarisch lerne ich schon. Oder eine Bar, das ist ja dann egal. – Vielleicht hast Du auch noch eine andere Idee, ich werde auch noch einmal scharf nachdenken. Nur einen Geldmann brauchen wir dann, den musst Du suchen. – Also, schreib mir umgehend und genau über Sofia, ja! –

Und hab keine Angst, meine Kleine, fürs Erste ist mir ja geholfen. Und ich werde schon weiterkommen. Natürlich tust Du mir Unrecht, wenn Du glaubst, dass ich irgendeine Schuld an meiner Ausweisung und Haft habe. Was in Portugal geschehen ist und geschieht, ist die größte Schweinerei. Dieses Land ist eine Höhle von Strauchräubern und unerzogenen Polizei-Schweinen – na, ich werde Dir alles erzählen. Aber in jedem Fall: ich bin vollkommen unschuldig! Kein Mensch kann mir Vorwürfe machen!

Lebensmittel brauchst Du mir nicht zu schicken. Vorläufig komme ich durch, das Comité hilft ja. Die nackte Existenz ist nicht das Schwierigste. Das Vorwärtskommen ist es, das Fortkommen. Aber im Moment geht's noch. Mach Dir keine Sorgen. Ich habe ein Zimmer und Essen. Mein Pass ist der alte ohne »J«. Sonst hätte ich das griechische Visum gar nicht bekommen.

Muttilein, komm her, so schnell, wie Du kannst. Wir müssen sprechen über alles und zusammen weitersehen, wo wir schon mal so nah voneinander sind. Komm gleich, es ist das Wichtigste, abgesehen von der Sehnsucht. Oder soll ich zu

Dir kommen? Wenn ja, bekomme ich das Reisegeld sicher vom Comité. Also schreib! Rio – ich wiederhole es – wäre das Beste. Palästina möchte ich nicht, wenn nicht unbedingt nötig. Wenn mir allerdings nichts anderes übrig bleibt, auch dahin. Schreib ruhig an Bruno oder an Hirschs – man kann nie wissen. –

Und nun Schluss. Dieser Brief ist ein Testament. – Leb wohl, meine Geliebte, und küsse mir die Kinder. –

In all meiner Liebe, Dein Peter

*Was in der nun folgenden einseitigen Korrespondenz nicht klar genug beleuchtet und von Peter auch gar nicht in seiner ganzen Schwere erkannt wurde, war die Situation, in der sich unsere Mutter damals befand. Wohl bot ihr der bulgarische Pass eine gewisse Sicherheit, aber nur so lange, wie sie sich ruhig verhielt und jedes Aufsehen vermied. Die Motive ihrer Eheschließung waren allzu leicht durchschaubar, und die Fragen, warum eine Frau wie unsere Mutter einen Mann wie Dimiter Lingorsky geheiratet hatte, wieso dieser Mann so selten in Erscheinung trat und nicht bei ihr, sondern bei einer Freundin wohnte und woher unsere Mutter das Geld nahm, um mit ihren zwei Kindern leben zu können, drängten sich auf. Es bestand immer die Gefahr der Denunziation, die dann auch prompt eintrat. Wie das Schlimmste verhindert wurde, weiß ich nicht. Auf jeden Fall verbrachten wir zwei Tage in heilloser Angst und Erwartung der Polizei. Besonders prekär wurde unsere Lage, als die deutschen Truppen einmarschierten und von den Bulgaren mit Enthusiasmus begrüßt wurden.*

*Zweifellos hätte unsere Mutter nichts lieber gehabt, als Peter zu uns kommen zu lassen, aber unter diesen Umständen hätte es unser aller Untergang bedeutet. Denn Peter, in seinem fanatischen Idealismus, wäre nicht zu bändigen gewesen, und keiner wusste das besser als unsere Mutter. Auch dass es ihr nicht gelang, ihn in Athen zu treffen, war nicht auf einen Mangel an Bemühungen zurückzuführen. Sie hatte Monate auf der Jagd nach all den erforderlichen Papieren zugebracht, aber immer wieder scheiterte es, mal an dieser Erlaubnis, mal an jenem Verbot und nicht zuletzt an der Knappheit ihrer Geldmittel. Dazu kam die ständige Angst, verdächtig zu werden und damit Bettina und mich zu gefährden. So kam es dann zu der Tragödie, dass Mutter und Sohn, nur eine Flugstunde voneinander entfernt, die letzte Gelegenheit, sich noch einmal zu sehen, verpassten.*

Athen, 5. April 1940

Muttilein, geliebtes!

Siehst Du, das kommt dabei heraus, wenn man offen mit Dir spricht! Du machst Dich meschugge vor Angst und … na überhaupt ist es ja ganz sinnlos, auf erste Briefe, d. h. auf erste Eindrücke etwas zu geben. Nie bleibt etwas so schlecht, wie man es zuerst sieht (mit der Schönheit ist's oft ähnlich, das nur nebenbei), und alles klärt sich mit der Zeit und den diversen Bemühungen um eine Position.

Also, nun mal konkret: Es ist alles viel besser in jeder Beziehung – toi-toi-toi! In dieser Woche, die ich nun hier bin, habe ich alle Beziehungen, alle Tipps, alle Anregungen verfolgt, und habe auch schon etwas erreicht. Ich habe vier

Sachen laufen, das heißt, man bemüht sich um mich in vier verschiedenen Richtungen. Ich habe eine Unmasse von Menschen kennengelernt, die alle rührend zu mir sind. Man tut, was man nur irgend kann, und wird es schaffen. Also hör zu: das Erste sind zwei Emigranten, Künstler, denen es hier ausgezeichnet geht und die die phantastischsten Beziehungen haben. Sie suchen für mich eine Firma, die mich eventuell beschäftigen will. Wenn man das erreicht, beantragt die Firma eine Arbeitserlaubnis, und wenn diese bewilligt ist, ist es mit dem Aufenthalt nicht mehr schwer (mit dem Aufenthalt ist es so: ich kann einen Monat hierbleiben, das heißt, bis zum sechsundzwanzigsten, ohne mich bei der Polizei zu melden; dann muss ich hin, und wie man mir sagte, macht der Aufenthalt für den zweiten Monat wenig Schwierigkeiten, später wird es dann schwieriger). Wenn alle Bemühungen dieser zwei Herren keinen Erfolg haben, so kennen sie einen Mann, der der Intimus des hiesigen Allerobersten (Du weißt schon wer) ist. Wenn dieser bereit ist zu helfen, genügt ein Gespräch, und alles kann für mich geregelt sein.

Das Zweite ist ein Großkaufmann, der sehr mit dem portugiesischen Konsulat liiert ist und mir in zwei Dingen hilft: erstens mit meiner Sardinen-Vertretung. Er verkauft an hiesige Firmen, und wenn er verkauft, bekomme ich Provision. Es ist so: ich bekomme die Offerten aus Portugal, gebe sie besagtem Herrn weiter, der nun Firmen dafür interessiert. Ich schreibe noch heute um alles Nötige an Cabecadas, der versprochen hat, mir behilflich zu sein. Wenn also wirklich Verkäufe zustande kommen, so ist das Eis erst einmal gebrochen, und es geht weiter. Dann verdiene ich auch. Zweitens hat dieser Großkaufmann zu mir gesagt:»Machen Sie sich keine Sorgen wegen Ihres Aufenthaltes. Geben Sie mir Ihren Pass kurz vor Ablauf der Frist, und ich mache das für Sie. Sie können bleiben, verlassen Sie sich darauf.«

Das Dritte ist ein anderer Herr, der Firmen, Export- und Importhäuser in Piräus für mich zu gewinnen sucht. Und das Vierte ist ein griechisches Ehepaar, das alles tut, um mich als Hauslehrer, Erzieher, Sprachlehrer, Chauffeur etc. in reiche Häuser zu bringen.

Du siehst also, Muttilein, wie viel für mich getan wird. Glaubst Du nicht auch, dass wenigstens eines klappen wird. Also, ich sag's Dir: ich bin wieder zuversichtlich und optimistisch und bereue nur meinen Brief, der Dich in so viele Sorgen gestürzt hat. Du siehst, dass mir alle Menschen helfen, und wenn Du bedenkst, dass vier Aktionen zu meinen Gunsten parallel laufen und man mir auf allen Seiten Hoffnungen macht, so kannst Du Dich nicht mehr ängstigen um mich. Ich komme schon weiter, wie bisher immer. Es ist im Übrigen die reine Wahrheit, die ich hier schreibe. Das ist nicht etwa, um Dich zu beruhigen. Ich hab' Dir doch gesagt, dass ich Dir jetzt alles mitteilen werde. Na ja – also, Du hast eine schreckliche Angst, dass ich nach Bulgarien komme. Sei ruhig, ich komme ja nicht. Ich wollte doch nur wissen, wie es da ist, denn man muss doch alle Möglichkeiten verfolgen. Ich verstehe vollkommen, dass es nicht geht, warte jetzt aber auf Deine sofortige Ankunft in Athen, Muttilein. Komm schnell, ja! –

Das Lissaboner Comité hat endlich an das hiesige Comité telegrafiert, dass alles, was ich gesagt habe, auf Wahrheit beruht und dass man mir helfen solle. Sie unterstützen mich nach wie vor, sind aber die Einzigen, die wegen Aufenthalt nichts machen können, da sie mich als fünfzig Prozent nicht eintragen (nur hundert Prozent) und mich somit auch nicht vor der Polizei vertreten können. Sie sagen: Sehen Sie zu, wie Sie zurande kommen. Sie haben ja jetzt viele Beziehungen – wir können nichts tun, selbst wenn wir wollten. Was die Unterstützung angeht, so seien Sie ruhig. Sie bekommen sie, bis Sie allein weiterkommen. Das ist also mehr oder weniger alles, was sich in der letzten Woche zugetragen hat. Im Resümee: viele neue Menschen, die alle bereit sind, mir zu helfen, mich zu unterstützen, mir zu raten etc. etc., wo immer sie nur können. Die allgemeine Ansicht ist, dass es schwer sein wird, sehr schwer sogar, alles ins Reine zu bekommen mit mir, aber dass kein Grund gegeben ist, die Hoffnung zu verlieren. Irgendetwas von all dem Unternommenen muss und wird klappen.

Ich wiederhole Dir immer wieder: Komm her, damit wir uns einmal von Grund auf aussprechen können. Komm, so schnell Du kannst, möglichst noch vor dem fünfundzwanzigsten April. Komm gleich, was hält Dich denn in Sofia? Die Kinder werden schon ein paar Tage ohne Dich fertig werden. Kannst sie auch mitbringen, wenn Du so viel Geld hast. Aber das Aller-aller-allerwichtigste ist, dass wir beide uns jetzt sehen. –

Wenn Du mit Bolivien etwas machen könntest, wäre wundervoll. Bitte, verfolg es weiter. Ich fahre umgehend, wenn ich die Möglichkeit habe. Wir wollen nicht den Fehler so vieler Emigranten machen, die Amerika fallenlassen, da es ihnen in den jeweiligen Ländern besser zu gehen beginnt. Ich bin vollkommen einig mit Dir: Griechenland ist nur Station. Allerdings muss ich mich schon so verhalten, als ob ich bleiben wolle, da man ja nie wissen kann. –

Ist es mit Brasilien denn ganz ausgeschlossen? Das wäre noch besser als Bolivien.

Es wäre natürlich schön, wenn ich einen ganz kleinen Zuschuss bekäme, da ich mit dem, was ich jetzt habe, nur mit Ach und Krach durchkomme. Ich hoffe aber, dass die Sardinen-Geschichte klappt, sodass von dort etwas Geld einkommt. Es wird schon alles werden. Nur etwas Geduld. Wenn die Sardinen sich gut anlassen, kann ich vielleicht ein eigenes Büro aufmachen. Die Räume hat man mir bereits kostenlos zur Verfügung gestellt. Du siehst also, was man alles für mich tut. Noch einmal: Sei wegen Bulgarien ganz unbesorgt. Erstens tue ich nichts, bevor ich mit Dir gesprochen habe, und zweitens, wenn es so ist, wie Du sagst, ist es ja noch besser hier. Und mach Dir wirklich keine Sorgen um mich. Es geht mir gut, ich esse richtig, schlafe ausgiebig und bin überhaupt schon wieder ganz obenauf. Von »Pflegen« kann keine Rede sein, da ich ganz gesund bin, nur halt ein wenig dünn, was ja erklärlich ist. Und die Kraft habe ich auch, um hier durchzuhalten – entweder zum Bleiben oder zum Weitergehen.

Also, Muttilein, ich komme auf keinen Fall zu Dir, werde Dich nicht ins »Unglück« stürzen, sondern warte jetzt auf Dich hier in Athen, wo alle Menschen lieb sind. Ich küsse Dich viele Male.

Dein Peter

Bis zum fünfundzwanzigsten ist gar keine Gefahr. Und dann werde ich ein gutes Stück weiter sein.

Mein Gutes,

ich warte auf Nachricht von Dir. Alle Post etc. muss
nach wie vor an Poste Restante gehen, da ich in den nächsten Tagen umziehe und meine neue Adresse noch nicht
weiß. Hörst Du, dies ist sehr, sehr wichtig:
Du musst unbedingt vor dem vierundzwanzigsten/fünfund-
zwanzigsten April hier sein. Ich habe Dir geschrieben, dass
dann ein bestimmter Termin abläuft, und es ist unerlässlich, dass ich vorher mit Dir spreche, um – wenn es verlangt
wird – bereits Bestimmtes über meine Projekte sagen zu
können. Es ist nämlich noch gar nichts erreicht hier, und
wenn man mir auch allerorten versichert, dass ich ganz ruhig
sein könnte, so sind die Dinge doch noch so in der Schwebe,
dass man unmöglich Definitives voraussehen kann. Komm
also sofort, und sage mir vor allem umgehend, wann ich
Dich hier erwarten kann. Ich muss Dich vor dem fünfundzwanzigsten sprechen.

Ich erwarte Dich mit unbeschreiblicher Sehnsucht und
küsse Dich.

Peter

Bitte gib Nachricht über die Geldsendung. Wann kommt
sie?

Mein Liebes,

bekomme eben Deinen Brief. Dass Du nun doch so schnell kommst, macht mich verrückt vor Freude. Du ahnst nicht, wie ich Dich erwarte, mein Geliebtes! Also, ich bin am Dienstag, den dreiundzwanzigsten, um achtzehn Uhr dreißig am Flugplatz. Sag mal, warum hast Du eigentlich Angst um mich? Das ist doch völlig unnötig! Wenn ich auch noch nicht viel erreicht habe, so laufen die Dinge – toi-toi-toi – doch so, dass man Grund hat, auch weiter optimistisch zu sein. Du musst nicht immer gar so schwarzsehen, es findet sich schon immer ein »modus vivendi«. Aber Näheres mündlich! Du, am Dienstag bist Du da!

Ich küsse Dich ungezählte Male,

Dein Peter

Sag mal, was ist eigentlich los? Ich warte schon den zweiten Abend, und Du kommst nicht! Und nicht eine Zeile bekomm' ich von Dir – keinen Brief, kein Telegramm – nichts. Ist Dir was geschehen? Bist Du krank? Warum gibst Du mir keine Nachricht? Ich hab' Dir doch geschrieben, dass ich Dich am Dienstag, also gestern, um sieben erwarte. Hast Du den Brief nicht erhalten? Ich versteh' nichts mehr und mach' mir Sorgen. Sag mir umgehend, was geschehen ist, hörst Du! Hast Du Schwierigkeiten? Schreib mir eingeschrieben, auf jeden Fall. Und sag mir genau, wo und wann Du ankommst. Zum Flugplatz kann ich nicht kommen. Du erhältst dort Instruktionen vom Flugleiter.

Küsse, und komm endlich!

Peter

Also, Muttilein, die ganze Sache ist nämlich so: am Sonnabend, den zwanzigsten, bekam ich Deine erste und einzige Ankündigung, dass Du am Dienstag (vermutlich) um sieben ankämest. Ich schrieb Dir am selben Tag eine Luftpostkarte, in der ich Dir sagte, dass ich Dich am Dienstag erwarte. Diese Karte ist also – da am Sonntag kein Flugzeug geht, was ich nicht in Betracht gezogen hatte – frühestens am Dienstag bei Dir angekommen. Ich erwartete Dich also am Dienstag, ich erwartete Dich gestern – aber keine Mutti kam und auch keine Nachricht. Da schrieb ich Dir die zweite Luftpostkarte. Heute nun bekomme ich drei Briefe von Dir: den ersten vom Montag heute Morgen (eineinhalb Tage Verspätung), den zweiten vom Dienstag (ein Tag Verspätung) und den dritten, den Express-Brief vom Mittwoch, eben jetzt (ein halber Tag Verspätung). Du siehst also, wie unzuverlässig die Verbindung ist. Jeder Brief bleibt erst einmal längere Zeit auf der Post oder sonst wo liegen, wie ich annehme, geöffnet und kontrolliert.

Zum ersten Deiner drei heute erhaltenen Briefe: Erstens. Anrufen konnte ich Dich am Montag oder Dienstag nicht. Heute ist Donnerstag, und ich scheue mich zu telefonieren, da ich fürchte, Dich nicht zu Hause zu erreichen. Ich wollte Dir nun erst ein Telegramm schicken und Dir sagen, dass Du mich heute Abend anrufen sollst, bin aber davon abgekommen, weil es hundertfünfzig Drachmen kostet. Rufe Du mich also bitte – unter der Nummer 30651, Athènes, am Freitagabend zwischen einundzwanzig und dreiundzwanzig Uhr an, wenn Dich dieser Brief noch am Freitagnachmittag erreicht, und wenn nicht, am Sonntagabend zu derselben Zeit. Zum zweiten Deiner Briefe: Natürlich bin ich enttäuscht, dass Du nun nicht gekommen bist. Ist aber nicht arg, wenn Du Anfang Mai kommst. Wenn's nicht anders geht, kann man nix machen. Regle nur rasch die Sachen mit den fünftausend Lewa, und komm dann (ich hab' mir ja schon gedacht, dass Du irgendwelche Schwierigkeiten in dieser Hinsicht hättest). –

Wegen mir brauchst Du gar keine Angst zu haben. Ich war bei der Polizei und bekomme am dreißigsten den Bescheid wegen meines Aufenthaltes für einen Monat. Es ist nicht anzunehmen, dass man mir ihn nicht bewilligt, da es das erste Mal ist und man beim ersten Mal eigentlich nie Schwierigkeiten macht. Ich will es nicht berufen, aber der eine Monat ist mir so gut wie sicher.

Ich habe für Dich ein Zimmer in einem Hotel reserviert für siebzig Drachmen täglich, wenn länger als zehn Tage, zehn Prozent Rabatt. Es ist unmöglich, ein annehmbares Hotel oder Pension für billigeres Geld zu finden. Sechzig Drachmen für Einzelzimmer ist das Äußerste. Nur Privatzimmer sind billiger. Wenn Dir aber der Hotelpreis zu hoch ist, kann man es so machen, dass Du in meinem Zimmer wohnst und ich in der Zeit in einem ganz billigen Hotel. Zweitens, wenn Du mit dem Flugzeug kommst, kann ich Dich höchstwahrscheinlich nicht vom Flugplatz abholen, da der Autobus der Fluggesellschaft nur für Passagiere ist und eine Taxe viel Geld kostet. Ein Privatauto aufzutreiben ist schwer. Wenn ich also nicht werde kommen können, fährst Du mit dem Autobus bis zum Hotel »Grande Bretagne« in der Stadt, wo ich Dich dann erwarten werde. –

So, das ist nun ungefähr alles. Es wäre herrlich, wenn die Sache mit Bolivien klappt. Ich mache Dich aber darauf aufmerksam, dass ich zu dieser Reise ein Passiervisum der Engländer brauche, da ich mit meinem »J«-losen Pass sonst vom Schiff heruntergeholt werde.

Hier ist es Frühling geworden und sehr warm – endlich! Im Sommer allerdings soll es unerträglich werden. Mir geht es gut, und ich leide nur darunter, nicht arbeiten zu können. Alle möglichen Dinge sind versucht, aber es will und will nichts herauskommen.

Deine tausend Lewa sind bereits aufgebraucht, fast alles ist für dringendste Kleidungsreparaturen, Wäschewaschen, Porto, Schulden etc. draufgegangen. Es kostet hier alles so viel, und wenn man mal nur ein wenig anständig essen will, ist das Geld vom Comité im Nu alle. Verschwenderisch bin ich weiß Gott nicht, das kannst Du mir glauben. –

Also, Schluss jetzt. Küss mir die Kinder und sei in größter Liebe und noch größerer Sehnsucht umarmt von

Deinem Peter

Schreibe mir bitte rechtzeitig Tag, Stunde und Ort Deiner Ankunft. Ich möchte nicht ein zweites Mal vergeblich warten. Es ist nämlich widerlich, so voll von Freude und Erwartung zu sein und dann enttäuscht zu werden. – Unter der Telefonnummer 30651 meldet sich das Hotel »King George«. Ich werde dort warten, da ich zu Hause kein Telefon habe.

Du, es war so schön, mit Dir zu sprechen! Obgleich Deine Stimme so traurig war, wegen der Enttäuschung. Aber schau, letzten Endes ist das doch eine Lappalie. Eine kleine Verzögerung – was macht die schon nach jahrelangem Warten! Du wirst bald – in zehn bis vierzehn Tagen – kommen, und dann wiegt das doch gar nicht mehr. Es wäre ja auch nebenbei mehr als seltsam, wenn die Sache diesmal so ohne Weiteres geklappt hätte. Was klappt denn überhaupt noch »ohne Weiteres«? – Also, ich danke Dir tausendmal, dass Du mich angerufen hast. Und nun komm!

Hier nichts Neues. Die fällige Angelegenheit ist noch nicht entschieden, übermorgen erst. Ich hab' was Neues laufen – mündlich Näheres – und bin irgendwie deprimiert, da ich schon wieder genug habe von der Stadt – nicht von Athen, sondern von Stadt, verstehst Du! Aber, ja, ja, danach geht's ja nicht. Vor allem, ich will Dich schnell sehen.

Viel Liebe, Peter

Küss die Kinder von mir – sie sollen mal schreiben!

Mein Liebes!

Ich dank' Dir für Deinen letzten Brief und glaube, dass Du anfängst, sonderlich zu werden. Jetzt willst Du also plötzlich wieder nicht kommen, weil es da bei Dir Menschen gibt, die Dir kleine Männchen ins Ohr setzen! Was hörst Du bloß immer so gut auf andere! Bist doch sonst so selbständig! Also, mein Gutes, ich will nicht viel Worte machen: es wird gefahren, und zwar allerschnellstens. Unternimm bitte umgehend alles Nötige und überwinde die diversen Schwierigkeiten. Ich will Dich jetzt endlich sehen – und Du willst es auch! Ich bitte Dich, zögere keinen Tag mehr, und komm so schnell, wie Du kannst. Was Dein Horoskop sagt, ist mir restlos gleichgültig, und Deinen Leuten da kannst Du bestellen, dass sie sich nicht um Dinge kümmern sollen, von denen sie nichts verstehen. Denn sie können unmöglich verstehen, wie wichtig und unumgänglich es ist, dass wir beide jetzt zusammenkommen. Selbst wenn es nur wegen der Sehnsucht wäre,genügt sie schon vollauf, um diese Reise zu rechtfertigen! Was ist denn eigentlich wichtig, zum Teufel? Was haben wir denn außer unserer Liebe in dieser Welt? Wovon sollen wir denn leben, wenn wir uns selbst in diesen Dingen Zwang auferlegen müssten? Nein, weißt Du, einmal muss dieses vernünftelnde Gerede von Klug-und-vorsichtig-Sein, von Ratsamkeit und von Ob-es-auch-richtig-ist aufhören. Es ist richtig und gut und nötig, weil wir es im Innersten wollen und brauchen. Nur diese Rechtfertigung gilt bei allen Dingen! Und nun Schluss damit, denn es ist ja geradezu lächerlich, große Überlegungen darüber anzustellen, ob zwei Menschen, die sich seit Jahren nicht gesehen haben und ein paar Stunden voneinander entfernt sind, zueinander kommen sollen oder nicht.

Dir auf Deine Frage, ob Du das Reisegeld nicht lieber mir zugutekommen lassen sollst, zu antworten, ist nun wohl überflüssig. Ich habe genug, komme aus und habe, wie ich Dir schon sagte, eine neue Sache laufen. Mach Dir bitte keine Sorgen um mich – wie oft soll ich es Dir noch sagen? Es ist gänzlich überflüssig. – Nur schnell kommen sollst Du – das ist das Einzige, was Dich zu beschäftigen hat. Dann wirst Du ja sehen, ob ich Dir wirklich so ähnlich bin, wie Du sagst … Warum waren denn die Kinder blass vor Aufregung, als ich mit Dir telefonierte? Waren sie dabei? Warum hast Du mich nicht einen Moment mit ihnen sprechen lassen?

Ich küsse sie tausendmal, und Dich umarme ich in meiner größten Liebe und Sehnsucht. Komm schnell!!!

Dein Peter

Sag mal – Verzeihung – aber was denkt sich Erich, wenn er sagt, ich solle zurückkommen? Ist das nur Gerede, oder versteht er immer noch nicht, wo ich stehe und was ich bin?

Mein Liebes,

ich habe seit Deinem letzten Brief vom 1. 5. keine Nachricht von Dir bekommen, warum schreibst Du nicht, was ist los? Irgendetwas nicht in Ordnung? Ich bitte Dich, mich umgehend von Euch hören zu lassen und mir nun definitiv zu sagen, wann Du kommst. Ich erwarte Dich bis allerspätestens zum fünfzehnten Mai, Es ist ungeheuer wichtig, dass Du jetzt kommst, sonst geht es nicht weiter. Krieg keine Angst, es ist nichts geschehen, alles wie immer, aber man muss doch jetzt endlich einmal einen Entschluss fassen. Denn wenn Du ewig nicht kommst, häng' ich in der Luft wie ein altes Hemd und weiß nicht, wie ich mich verhalten soll. Verstehst Du? Deshalb zögere bitte keinen Moment mehr und warte nicht auf alles Mögliche, sondern regle das Nötige und komm! Ich muss Dich jetzt sprechen, es ist geradezu lächerlich! Und schreib, hörst Du.

Alles Liebe und Millionen Küsse,
Dein Peter

Liebes Muttilein!

Ich danke Dir für Deine Briefe vom achten und zehnten und verstehe leider sehr gut, dass Du noch nicht kommen kannst. Ich möchte Dir jedoch wiederholen, dass – abgesehen von allen Gefühlen – es unvermeidlich und allerdringendst ist, dass wir uns einmal aussprechen. Ich kann Dir unmöglich alles schriftlich auseinandersetzen, da ich lieber vorsichtig sein will. Deshalb will ich Dich fragen, ob es nicht auf eine andere Weise zu machen ist, dass Du eher kommst, zum Beispiel mit einer Einladung und einer in diesem Sinne verpflichtenden Erklärung. In diesem Falle bekommst Du die Devisengenehmigung vielleicht leichter. Die Einladung werde ich Dir schnell beschaffen können. Ich hege große Zweifel, dass es Erich gelingen wird, hier hereinzukommen. Du weißt, dass die Bestimmungen für Ausländer (und natürlich hauptsächlich für Deutsche) sich von Tag zu Tag verschärfen. Wenn ich richtig informiert bin, lässt man überhaupt keine Deutschen mehr herein. – Und auch dies musst Du in Rechnung ziehen: Es kann jeden Tag auch hier losgehen*, und dann ist eine Reise natürlich illusorisch. Dann werden wir niemals mehr zusammenkommen. Also, das, was ich Dich bitte, ist ja nur, alles Nötige so zu regeln, so dass Du im gegebenen Moment keine Stunde mehr verlierst.

Nun etwas sehr Wichtiges: Ich habe die Möglichkeit, ein brasilianisches Visum zu bekommen ohne nennenswerte

---

* Die deutsche Offensive vom 10. Mai in Westeuropa.

Schwierigkeiten, Touristenvisum für sechs Monate, aber das genügt ja. Wenn ich erst einmal drüben bin, geht's schon weiter. Nun aber: woher bekäme ich das Geld für die Reise? Der Preis von Griechenland nach Rio ist ca. zweihundert Dollar. Landungs- oder Vorzeigegeld braucht man nicht, das heißt, etwas muss man natürlich haben, aber es ist keine bestimmte Summe vorgeschrieben. Die ganze Sache wäre sehr einfach, wenn die Frist nicht so kurz wäre. Wenn überhaupt, müsste ich alles in weniger als zwei Monaten abwickeln, das heißt, ich müsste spätestens Mitte/Ende Juli fahren, um allerspätestens gegen den fünfzehnten August in Brasilien anzukommen. Diese Zeitrechnung gilt im Übrigen auch für Bolivien. Es ist also so, dass ich jegliche Südamerika-Reise innerhalb von zwei Monaten vorbereiten muss. Danach könnte ich nicht mehr fahren (Erklärungen kann ich Dir nur mündlich geben). – Du siehst also jetzt, wie wir zu rechnen haben. Behalte es gut im Kopf! – Im Übrigen bitte ich Dich, mir jetzt nähere Mitteilungen über Bolivien zu machen.

Ich sehe nicht ein, warum Du Dich darüber ausschweigst. Und ich muss wissen, woran ich bin, um richtig kalkulieren zu können. Die Hauptsache ist, woher ich das Reisegeld bekommen könnte. Darüber bitte ich Dich um sofortige Mitteilungen. –

Was meine Aufenthaltsgenehmigung angeht, so ist noch nichts entschieden. Ich habe mich zur rechten Zeit bei der Polizei gemeldet und bekam einen Zettel, auf dem stand, wann ich wiederzukommen hätte. Ich ging also am festgesetzten Termin, erhielt aber nur die Auskunft, dass die Sache noch nicht erledigt sei und dass ich eine Benachrich-

tigung der Polizei abwarten müsse. Auf dieses Avis warte ich
nun schon zwei Wochen. –
In Deinem einen Brief hat mich etwas sehr erstaunt. Du
sprichst da (so ganz wie früher) von einer gewissen »Pflicht«
und einem gewissen »Recht« (Erich und Deutschland betreffend) und zeigst damit, wie furchtbar wenig Du mich
in allen meinen Handlungen verstanden hast. Ich will nicht
näher auf diesen Deinen bedauerlichen Standpunkt eingehen – denn dann würde ich ausfallend werden –, sondern
Dir nur dies sagen: Es gibt allerdings eine Pflicht, und eine
große dazu, aber die ist auf der anderen Seite. (Das »Recht«
und den »Schutz«, den Du meinst: – nun, darauf verzichte
ich! Schade, dass Du es noch nicht begriffen hast: Es sind
alle Brücken abgebrochen, innerlich wie äußerlich, nichts
mehr habe ich damit zu tun!) Und wenn Du mich recht verstehst, so wirst Du sehen, dass ich immer konsequent war
und bin und dass ich eben gerade hindurchgehe durch alles,
weil ich nicht anders kann. Und sei sicher: Auf der Seite, die
ich meine (und die man ja auch nur meinen kann), da weiß
ich, welches meine Pflicht ist und wie ich sie erfüllen muss.
Da will ich Dir dann schon Rechenschaft geben, wenn Du
bei mir bist. Und wir wollen sehen, ob Du dann noch den
Mut zu Deinen ewigen Kompromissen hast. Denn das ist es:
halb bist Du, und das ist Dein Unglück. Das ist es, was wie
eine uralte Last auf Dir liegt, und wenn es Dir schlecht geht
und Du leidest, so ist es, weil Du halb bist. Denn die Ganzen
ruhen in sich, und die Welt und der Sturm und die Verwirrung haben keine Gewalt über sie, da sie sich im Inneren
bewahren, woran nichts zu rühren vermag –: Den Willen
zu ihrem eigenen Schicksal und zu ihrem ureigentlichen

Leid. – Gut, gut, wir werden ausführlich darüber sprechen müssen.

Eben bekomme ich seit langer, langer Zeit wieder einen Brief von Liena. Ich habe mich unsagbar gefreut und besonders darüber, dass wir uns noch nah sind. Weißt Du, so schön ist das – diese sanfte, behutsame Zärtlichkeit für etwas, worauf man keinen Anspruch mehr hat, dieses so ganz freie Gefühl – frei geworden durch den Verzicht. – Das alle Gewalttätigkeit und auch die wilden und heftigen Schmerzen von früher löst in eine reine und unendlich innige Wehmut, aus der ein ganz neues Glück kommt. –

Muttilein, mein Gutes, es ist hier alles nach wie vor in Ordnung. Mach Dir keine Sorgen, sondern sieh zu, dass Du alles schnell regelst und nicht mehr zu lange warten musst. Und schreib mir bald!

Ich küsse Dich viele Male,

Dein Peter

Athen, 22. Mai 1940

Muttilein,

verzeih, dass ich Dir erst heute schreibe. Ich habe Deine Briefe und das Geld, für das ich Dir tausendmal danke, erhalten. Meine Situation hat sich noch immer nicht geklärt, da die Polizei mich noch nicht hat rufen lassen. Sei aber ruhig, es ist dies eher ein gutes als ein schlechtes Zeichen. – Nun sind verschiedene Dinge zu besprechen.

Erstens: Karte von Bruno: Ich schicke sie Dir anbei zurück. Ich werde nicht zu dem empfohlenen Herrn gehen, da – nach reiflicher Überlegung – Palästina für mich nicht in Frage kommt. Stoppe also bitte Deine eventuelle Aktion in diesem Sinne.

Zweitens: Brasilien-Projekt: Ich war nicht richtig informiert, die Erteilung des Visums macht doch Schwierigkeiten, und sie sind im Moment nicht zu beheben. Ganz abgesehen vom Reisegeld, das zu beschaffen ich völlig außerstande bin. Deine Erörterungen in dieser Hinsicht sind unsachlich. Ich bitte Dich also, nicht an alle Welt zu schreiben wegen des Reisegeldes. Es ist im Moment nutzlos. –

Drittens: Unsere Auseinandersetzung betreffend die »andere Seite«: Ich werde »ganze Arbeit« tun, wenn man sie mich nur irgend tun lässt. Dass mir diese Möglichkeit a priori offenstände – wie Du meinst – ist nicht richtig. Wie die Dinge heute aussehen –: Es besteht wenig Hoffnung. Aber ich werde nicht lockerlassen, da ja der Anfang schon gemacht ist. – Wenn Du mir aber, im Verfolg dieses Gedankenganges, vorwirfst, dass ich nach Südamerika wolle, so bist Du auch hier nicht sachlich. Wenn ich mich nämlich dazu entschlösse, so deshalb, weil mir andere Möglichkeiten versperrt sind und ich, um einem zweiten Portugal und einer daraus resultierenden völligen Ratlosigkeit zu entgehen, nichts anderes mehr werde tun können. Viertens: Deine Reise: Ich war auf der bulgarischen Gesandtschaft, und man hat mit dem hiesigen Außenministerium gesprochen. Es wird bei der griechischen Gesandtschaft in Sofia nachgefragt werden, warum man Dir das Visum nicht bewilligt, da die Sache mit den fünftausend zu hinterlegenden Lewa vollkommen neu und nur ein Vorwand ist. Höchstwahrscheinlich muss eine entsprechende Eingabe (auf Veranlassung der bulgarischen Gesandtschaft) gemacht werden, dass man Dich fahren lässt, da Du ja nichts weiter wolltest als Deinen Sohn besuchen. Gelingt dies, so bist Du von den fünftausend Lewa in Devisen entbunden.

Fünftens: Besuch von Erich: Ich muss Dir leider sagen, dass es nicht möglich ist, dass er mit Dir herkommt. Nähere Erklärungen kann ich Dir nicht geben, aber es ist vollkommen ausgeschlossen, er darf nicht kommen, wegen mir. Wenn Du ihn also abwarten willst, tue es und komm dann allein. Es ist dies sehr ernst, Mutti, und ich lehne es strikt ab, mit Erich in Verbindung zu kommen. Du wirst verstehen ...

So, alle anderen Fragen und Auseinandersetzungen mündlich. Ich habe viel mit Dir zu reden über bestimmte Dinge und muss Dir – wenn ich ehrlich bin – sagen, dass ich ziemlich traurig bin über Deine Denkungsart. Sonst aber in übergroßer Liebe,

Dein Peter

Wenn Du das nötige Geld nicht bekommst, sag's mir. Ich werde dann versuchen, dass die Gesandtschaft um die Zuteilung der nötigen Devisen ansucht, und zwar bei der Nationalbank in Sofia direkt. Auf der Gesandtschaft hier sind sie sehr freundlich.

Muttilein,

verzeih bitte, dass ich Dir mit meinen eigenmächtigen Aktionen Ungelegenheiten gemacht habe, aber ich hab' wirklich nicht gewusst, dass dies irgendwie schaden könnte. Sei ganz ruhig, es ist noch nichts geschehen. Man hat hier nur ganz allgemein nachgefragt, was das mit den fünftausend Lewa auf sich hätte, da es das erste Mal wäre, wie man sagte, dass Geld zur Visumerteilung verlangt würde. Nach Erhalt Deines Kabels war ich sofort auf der Gesandtschaft und habe gebeten, dass man sich nicht weiter bemühen solle, da Du jetzt sowieso nicht fahren könntest. Es ist also alles in Ordnung, und Du brauchst Dir keine Sorgen zu machen, auch darüber nicht, dass ich noch einmal eigenmächtig bin. Ich werde in Zukunft nur das tun, was Du mir sagst. Verzeih, Muttilein, ich wollte Dir doch nur alles erleichtern. Der Herr auf der Gesandtschaft war so nett und sagte mir, dass er das regeln würde. Na ja! –

Hier steht es leider nicht zum Besten. Das Comité hat mir die Unterstützung entzogen, ohne Nennung eines Grundes. Ich weiß natürlich, warum, kann ich Dir jetzt aber nicht alles auseinandersetzen. Es ist traurig, wie die Menschen heute denken und wie viel Gemeinheiten und Schmutz es auch bei denen auf der anderen Seite gibt. Weil sie selbst nicht mehr imstande sind, gerade zu denken, nehmen sie a priori an, dass auch alle anderen nur in Krümmungen und Windungen gehen, und vermuten hinter jeder unter ehrlichen und anständigen Menschen eindeutigen Handlung weiß Gott was für schiefe Sachen. Ich weiß nicht recht, wie ich nun weiterkommen soll, aber offen gesagt mache ich mir auch wenig Gedanken darum, da ich so schrecklich müde bin. Mutti, ich sage Dir, man muss ein Schwein sein, um heute durchzukommen. Mit meiner Denkungsart geht's nicht weit, aber was soll ich tun, wenn ich nun mal kein Talent zu Schweinereien habe? Ich bin halt »rührend einfältig«, wie neulich mal jemand von mir sagte, und – na egal ... es geht auch so weiter, da es ja immer weitergeht ...

Ja, hör zu, ich will mal offen mit Dir sprechen: entweder kann ich mich hier halten und vielleicht auch zu arbeiten anfangen, das wäre die eine Möglichkeit. Die zweite – nein, eigentlich die erste – wäre meine Annahme als Freiwilliger bei der englischen oder französischen Armee. Ich habe mich bei beiden Gesandtschaften gemeldet und bin in die Listen aufgenommen worden. In diesem Fall würde ich höchstwahrscheinlich nach Syrien kommen, da für die Front in Frankreich keine Freiwilligen angenommen werden. Wenn man mich wirklich nimmt für irgendwas und irgendwo, gehe ich sofort, und alle anderen Erörterungen sind dann hinfällig. Wenn man mich aber nicht nimmt, was nach Lage der Dinge leider das Wahrscheinlichste ist, und wenn es hier nicht weitergeht, dann bleiben nur noch zwei Möglichkeiten: erstens Bolivien, und zwar dann schnellstens und definitiv, und zweitens, wenn es gar nicht anders geht und ein zweites Portugal droht, Bulgarien. Erschrick nicht, es wäre dies nur im alleräußersten Notfall. Aber auf meinen bis jetzt noch »J«-losen Pass bekomme ich sofort ein bulgarisches Visum, und – wie mir der Herr auf der Gesandtschaft sagte –

ich könnte dann auch in Bulgarien bleiben fürs Erste, wenn ich nicht arbeite. Deshalb bitte ich Dich, mir noch einmal zu sagen, wie Du Dich dazu stellen würdest (ich wiederhole noch einmal: nur in der Not käme das infrage) und ob wirklich eine reelle Gefahr damit verbunden wäre, wenn ich mich in jeder Beziehung ruhig verhielte. Was die finanzielle Seite angeht, so glaube ich sicher, mir durch Stunden und andere Hilfeleistungen das verdienen zu können, was ich in Eurem Haushalt mehr kosten würde. Also versteh, ich will von Dir nur eine Auskunft, ob es nicht doch durchführbar ist, damit ich nachher nicht gezwungen bin, ohne Weiteres losfahren zu müssen, und dann stehen wir alle da. Wir brauchen uns doch nichts vorzumachen! Wie schwer hier alles ist, wirst Du verstehen, wenn ich Dir alles im Zusammenhang erklären kann. Deshalb ja auch nur mein Drängen, dass Du kommst.

In Liebe,
Dein Peter

Muttilein, geliebtes, was schreibst Du mir nun bloß wieder für einen Brief ... Du sollst Dir doch nicht solche Sorgen machen um mich und Dir lauter unsinnige Dinge ausdenken. Denn das, was Du da sagst, dass Du immer glaubtest, Schuld an allem zu haben, ist doch wirklich ganz und gar unsinnig. Ich weiß doch, dass Du keine Schuld hast, und hab' ich Dir das etwa jemals vorgeworfen? Nein, hör zu, von Schuld steht hier überhaupt nichts drin, und ich weiß sehr, sehr gut, wie schwer Du es hast, wenn ich auch manchmal so drüber weggehe in meinen Briefen; das tue ich aber nur, um so etwas wie Initiative in die Sache zu bringen, da Du doch so ängstlich bist. Na ja, Muttilein, ein riesiger Angsthase bist Du ja geworden! Aber nie und nimmer tue ich es, weil ich nicht begreife, dass Du einen schweren Stand hast. – Nun, und zanken tun wir uns doch auch nicht! Wenn Du mal einen ärgerlichen Brief schreibst, und ich Dir ab und zu mal widerspreche, so ist das doch noch kein Zanken. Na und überhaupt. Du weißt doch, wie das bei uns geht mit dem Bösesein: um fünf Uhr zähneknirschend mit fünftausendsechshundertachtundsiebzig Vorwürfen, und um fünf Uhr fünfundvierzig große Umarmung mit Längst-alles-wieder-vergessen-Haben! Das ist nun mal so mit uns, denn wir sind doch alte Streitböcke!

Und was nun die Liebe angeht – sag mal, weißt Du eigentlich, wie sehr ich Dich liebe? Nein, das weißt Du ganz bestimmt nicht, denn ich liebe Dich ja mehr als sonst Söhne ihre Mütter, weil ich Dich nicht nur als Mutter liebe, sondern auch als ... wie soll ich das sagen? ... als, nun, als

Frau, ja, als Frau, ich kann es nicht anders ausdrücken, aber Du verstehst mich bestimmt, und es liegt wohl daran, dass Du noch so jung bist und wir noch mehr oder weniger die gleiche Ebene haben, auf der wir stehen, und weil wir letzten Endes so schrecklich verwandt sind in unserem Innersten, aber verwandt nicht als Mutter und Sohn, sondern als zwei Freunde – Gott, wie soll ich es Dir erklären, wenn Du mich nun nicht verstehst … Denn schau, wo wir uns am nächsten sind, das ist in unserer rasanten, wildesten Unvernunft und Triebhaftigkeit … Da begreifen wir uns am besten, von Grund auf und ohne Rest. Und um das zu können, muss man mehr sein als Mutter und Sohn! Na ja, also ich hab' Angst, dass Du mich doch nicht ganz verstehst, aber egal … Verstehen wirst Du aber bestimmt, dass ich Dich unendlich liebhabe und Sehnsucht zum Zerspringen.

Für Deine finanzielle Hilfe weißt Du ja, wie sehr ich Dir danke. Aber, da das doch ein großes Opfer für Dich ist, schick mir nichts mehr oder wenigstens nicht mehr so viel. Denn schau, ich treib' hier schon Geld auf, und das mit dem Comité wird auch wieder geregelt. Aber ich will nicht, dass Du Dich wegen mir über die Maßen einschränkst. – Ich hab' schon, was ich brauche, und ich habe immer zu essen, verlass Dich drauf! Und Du musst doch auch sparen für die Reise. Anrufen tu auf keinen Fall, das kostet ein Vermögen und lohnt nicht den Aufwand, so herrlich es ist. Und sag selbst, jetzt kann's doch nicht mehr lange dauern, bis Du kommst, nicht wahr? –

Ob ich hier Menschen habe? Ja, ne ganze Masse. Was mir fehlt, ist eine Frau. Und die ist so furchtbar schwer zu bekommen. Apropos: Heute hat Liena Geburtstag, und vor zwei Jahren hatten wir uns verlobt. Wichtigkeiten. – Meine Koffer habe ich natürlich noch nicht bekommen, und ich höre überhaupt nichts aus Portugal, sehr praktisch. Das Buch von Zweig kenne ich nicht, aber das sind doch seine berühmten Essays, oder nicht? Davon kenne ich, glaube ich, Bruchstücke. Ich lese im Moment Frank Thiess, der manchmal etwas peinlich wird. Ist auch nur Verlegenheit, denn meine Bücher fehlen mir sehr.

Muttilein, mein Liebes, lass Dich küssen und glaub nie, dass es zwischen uns jemals etwas Trennendes geben kann.

Leb wohl, Muttilein,

Dein Peter

Meine liebe kleine Angelika!

Also weißt Du, von Dir höre ich ja überhaupt nichts, bist Du denn stumm? Kannst mir doch auch mal einen Schreibebrief schreiben und ein bisschen was erzählen! Oder hältst Du das nicht für nötig? Wie geht's Dir, was machst Du, bist Du wieder ganz gesund? Mutti sagte mir, Du gingest nicht in die Schule, womit beschäftigst Du Dich denn dann den ganzen Tag? Ich kann mir eigentlich gar nicht mehr so recht vorstellen, wie Ihr drei so zusammen lebt. Glaub mir, ich würde geradezu irrsinnig gerne einmal so überraschend bei Euch erscheinen (so wie früher zuweilen) und Eure erstaunten Gesichter mit den offenen Mündern sehen. Ha, was meinst Du, was das für ein Hallo geben würde! Vielleicht gerade so beim Abendessen, wenn Mutti unaufhörlich herumhantiert, Tina alberne Geschichten erzählt und Du Dich des längeren über irgendwelchen Brotbelag aufhältst ... dann möchte ich – als ewig Zuspätgekommener – in der Tür auftauchen, diesmal aber nicht indigniert auf meine Schwäche aufmerksam gemacht, sondern stürmisch und mit wirklicher Freude begrüßt werden. Ja, das wäre wohl sehr, sehr schön ...

Also, schreib mal, Dumme, und lass Dich küssen und liebhaben,

Dein Peter

Athen, 6. Juni 1940

Immer, immer wieder: Mach Dir keine völlig unnötigen
Sorgen um mich, meine Stimmung ist im Allgemeinen gar
nicht schlecht, nur manchmal bin ich, wie ich Dir sagte,
etwas müde. Aber das will nichts heißen, und es ist ja vollkommen klar, dass man manchmal wegen dieser oder jener
Sache etwas deprimiert ist und dann – vielleicht zu übertrie-
ben – davon spricht. Und dann weißt Du doch, dass ich ein
glückliches Temperament habe, sodass Verstimmungen nie
lange bei mir vorhalten. Auch haben diese mit meiner Entschlossenheit nichts zu tun. Die besteht und bleibt bestehen,
und ich hoffe nur, dass man mich etwas tun lässt. Es sieht
allerdings nicht so aus. – Was Du über Bulgarien sagst, ist
mir eigentlich neu, ich hatte so ganz andere Informationen.
Aber wenn dem so ist, muss ich diese Möglichkeit natürlich
ausschalten. Da hast Du recht. Ich hoffe im Übrigen sehr,
nicht in eine derartige Notlage zu kommen, die mich das
Letzte tun lassen müsste, da die Dinge hier – toi-toi-toi –
sich gar nicht so schlecht entwickeln. Es ist eine gewisse
Entspannung zu verzeichnen, und wenn ich mich nicht sehr
täusche, wird sich schon alles regeln lassen.

Was Du über Tina sagst, ist einerseits natürlich bedauerlich,
wenngleich ich doch glaube, dass man dies nicht gar so ernst
zu nehmen braucht. Sie ist in dem Alter, in dem sich junge
Menschen gewöhnlich überschätzen und – geblendet von ihren Erfolgen, einer gewissen Verwöhnung und dem Rausch
des Nicht-mehr-Kind-Seins (wie viel mehr bei einer Frau!) –
fast notwendigerweise oberflächlich sind, was jedoch nicht

heißen will, dass sie im Grunde wirklich oberflächlich sind. Das Sich-Fangen und eigentliche Bewusstwerden kommt erst später, und es ist durchaus noch nicht gesagt, dass es bei Tina nicht auch kommen wird. Auch ihr Un-Trieb zu Geistigem ist meiner Ansicht nach noch nicht weiter bedenklich. Denk doch, sie ist doch noch so jung und so an allem Anfang! Und sag mir, wie kannst Du bei ihr Bildung verlangen, wo sie doch eigentlich nie die Möglichkeit dazu hatte? Du musst ihr gerecht werden, Muttilein, und lass sie also jetzt einmal toben und töricht sein, das gibt sich auch einmal! –

Dein Vorschlag mit Bruno ist mir zwar etwas unklar, und ich brauchte nähere Auskünfte. Doch will ich Dir Folgendes dazu sagen: Wenn es sich um eine reine Vergnügungs-Angelegenheit handelt, zu der man keine Papiere benötigt (also Sammelpass), kann man erstens unmöglich dort bleiben, und zweitens haben wir, glaube ich, andere Sorgen als Vergnügungsreisen. Wenn Du glaubst, dass ich in Palästina bleiben könnte, und somit der Meinung bist, dass man mich hereinlässt, so irrst Du: Es ist für Inhaber von Pässen ohne »J« unmöglich, in englische Gebiete zu fahren, ganz abgesehen davon, dass man ohne legale Emigration nichts machen kann. In jedem Fall bitte ich Dich jedoch, mir umgehend Näheres über diese Angelegenheit zu sagen – vielleicht ist da doch eine unvorhergesehene Chance.

Leb wohl, meine Gute, und glaub mir, dass Du noch eine »berühmte« Mutti bist. Für mich wenigstens! Ich bin so unsagbar froh, Dich zu haben. Ich sende Dir mein ganzes Herz und küsse Dich,

Dein Peter

Sag mal, was ist los, warum höre ich nichts von Dir? Seit acht Tagen hast Du nicht geschrieben. Ist etwas geschehen? Ich bin unruhig. Bitte antworte mir umgehend! Und sag, wie ist das mit der angekündigten Geldsendung? Macht es Schwierigkeiten? Ich bin nämlich in großer Verlegenheit und weiß nicht, wie es weitergehen soll, wenn ich von Dir nichts bekomme. Verzeih, wenn ich Dich so dringend darum bitte, aber es geht nicht anders, denn – wie Du weißt – sind mir die Hände gebunden. Ich kann ja nicht für mich allein … denn wie soll ich, wenn man mich nicht lässt? Und mit dem Comité ist es endgültig aus. Gib mir gleich Nachricht, und bitte schick so schnell Du kannst.

Leb wohl und lass Dich küssen.

Dein Peter

Muttilein, Liebes!

Vier Briefe habe ich von Dir bekommen. Du bist ja wohl eine Komikerin: Da kann ich lange lauern auf Post, wenn Du Deine Briefe erst über Deutschland schickst. Was versprachst Du Dir davon, den Brief vom 12. nach Deutschland zu adressieren? Wolltest Du unbedingt, dass er geöffnet wird und fünfhundertachtundsiebzig kleine Nummern bekommt. Also geschehen ist beides mit ihm, und nur gut, dass er noch einigermaßen unverfänglich war. Aber lass es nächstens lieber!

Dass die Erteilung des griechischen Visums nun für vorläufig allgemein untersagt ist, hilft uns ja einerseits aus einer gewissen Kalamität, nämlich der, uns gegenseitig Vorwürfe zu machen. Andererseits warte ich sehnlichst darauf, dass das Verbot wieder aufgehoben wird und Du endlich, endlich einmal wirst kommen können! –

Von Omutter hatte ich einen Brief, und ich habe auch den Eindruck, dass es ihr ganz gut geht und sie im Großen und Ganzen eigentlich ausgeglichen und ruhig ist, was mich über die Maßen freut. Sie hat ja auch ein Plus vor uns. Die Dinge des Krieges, die uns so sehr angreifen, existieren gar nicht für sie. Sie ist nicht mehr imstande, da mitzudenken, und das ist ein Glück für sie. Wenn Du mich fragst, was wohl aus all unseren Leuten wird, so kann ich Dir nur sagen, dass ich ununterbrochen daran denke, obwohl es eigentlich ja gar nicht mehr erheblich (weil so zur Norm geworden) ist und vor dem großen Geschehen vollkommen verblasst. Aber trotzdem, weißt Du, bin ich sehr, sehr optimistisch und glaube an die Länder, an die man heute glauben muss. Es kann nur alles sehr, sehr lange dauern. Aber am Ausgang ändert sich nichts. Schreib bald, mein Gutes, und sag mir bitte, wann ich mit der Sendung rechnen kann.

Tausend Küsse und alle Liebe,
Dein Peter

Athen, 28. Juni 1940

Alles Gute, liebe kleine Mutti, und meine ganz große Liebe zu Dir und die inständigsten Gedanken und Sehnsucht, ein Meer von Sehnsucht ... Was soll ich Dir mehr sagen? Was mehr kann ich Dir sagen? Was bleibt uns heute, dass wir es weitergeben können? Ach, Du weißt es, und ich weiß es: nichts mehr von Wünschen, denn sie sind kraftlos und ohne Boden, blasphemisch – nichts mehr von tapferem Zusprechen und Mutmachen. Denn damit täuschen wir uns und wollen das Schreckliche, Drohende übertünchen, dass es nicht mehr schrecklich sei – sondern nur noch eine einzige maßlose Spannung, eine unheimlich stille Erwartung, ein riesiges Atemanhalten vor dem Spruch über uns, unser Leben, unsere Zukunft, unseren Sinn.

Zwei Wege. Der eine Rettung ... Erhaltung all unserer Werte, Wiedergabe der Luft, in der wir atmen können, Erfüllung unseres Glaubens an das Gute. Der andere Abgrund und Dunkel … endgültiges, für unser Leben unwiderrufbares Dunkel. Dann sind auch wir ausgelöscht, können nicht mehr existieren, sterben an Atemnot … Wenn das geschieht, wenn das wirklich geschehen kann, wenn dann nicht eine zweite Sintflut kommt, um das zu verhindern, oder ein Ausbrechen der Erde selbst … dann, ja dann haben wir unser Sprüchlein ausgesprochen. Denn wohin flüchten? Was hat die Flucht auch für einen Sinn? Wo entkämen wir denn den Krallen dieser Furie? Drüben im Westen? – Oh, lassen wir uns nicht täuschen! Nicht nur, dass es dann ja kein Aufhalten mehr gäbe … wie könnten wir dort drüben auch nur eine Minute leben, wenn wir wissen, dass hier ein Erdteil untergegangen ist, unser Erdteil. Denn wie kann ein Körper leben ohne Herz?

Also hiervor stehen wir, vor diesen beiden Wegen, ganz hart stehen wir davor. Und wir haben kein Gefühl: weder Furcht noch Zuversicht, weder fressende Hoffnungslosigkeit noch brennende Gewissheit – wir stehen davor, halten den Atem an. Können uns nicht bewegen, als hätten wir Blei in den Adern, und warten so, ganz in uns zusammengezogen, auf den gewaltigen Donnerschlag der Entscheidung. Und wenn er kommt, werden wir nicht erschrecken, sondern uns nur auf die Zeitungen, diese unsere neue Nahrung, stürzen.

Und erst dann, wenn wir es wissen und sicher sind, werden wir entweder mit glühenden Gesichtern einander umarmen und seit langem einmal wieder bedenkenlos und ausgelassen glücklich sein – oder wir werden langsam uns erheben, die Arme fallen lassen und wahllos in die Stadt, in die Welt gehen, egal wohin …

So weit sehen wir klar und wissen: Es geht jetzt um uns alle, die uns nahe sind im Geiste, um unser Heiligstes und Größtes, um den Bestand, dessen Erben wir sind.

Deshalb meine wenigen Worte, die Dir ja nur das eine, Einzige, was uns beiden in diesem Moment zu sagen bleibt (und wozu Dein Geburtstag ja nur ein geringfügiger Anlass ist, da alle persönlichen Feste geringfügiger und eigentlich läppischer Natur sind), wiederholen sollen: wir lieben uns und werden füreinander da sein, immer.

Ich küsse Dich sehr.
Dein Peter

NB. Deine Sendung ist noch nicht angekommen. Ebenso wenig eine weitere Nachricht von Dir. Ich höre auf zu begreifen, was gespielt wird. Ganz nebenbei brauche ich das Geld dringender als dringend, da … nun, was muss ich Dir sagen! Ich bitte Dich, mir per Luftpost, Express, Nachricht zu geben, was los ist, und falls das Geld erst verspätet bewilligt wurde, mir auch dieses per Luftpost Express zu schicken. Ich weiß sonst nicht, wovon ich leben soll. Bitte, verliere keine Minute, Mutti!

Muttilein, mein Gutes!

Ich dank' Dir für das Geld, das wirklich in allerletzter Minute kam. Und zwar hatte der Briefträger den Brief verloren – trotz eingeschrieben –, und so hab' ich ihn erst einige Tage später bekommen. Man fragte mich auf der Post, ob ich wolle, dass der Träger bestraft wird – als ob ich davon was hätte! Na ja, so ist das! Wenn ich ganz ehrlich sein soll, hatte ich eigentlich mit tausend gerechnet. Denn weißt Du, es ist so schwer hier, und ich kann doch nicht über meine Möglichkeiten. Wenn man nicht darf, darf man halt nicht! Ich bin also angewiesen auf jeden Zuschuss und wollte Dich fragen, ob es Dir möglich ist, mir jeden Monat die fünfhundert zu schicken. Sei versichert, Muttilein, dass ich Dich nicht darum bitten würde, wenn es nur irgend anders ginge, denn ich weiß doch, dass auch Du es sehr schwer hast. Aber meine Situation ist so – wir wollten uns doch nichts vormachen … dass ich keine Überlegungen mehr anstellen kann, ob … oder nicht. Ich muss … wie Tausende von Emigranten müssen.

Wirst Du denn überhaupt noch jemals herkommen können? Für die nähere Zukunft ist es wohl ganz unmöglich, was? Und was ist mit Bolivien? Stockt es, ist es in Vergessenheit geraten, geht's nicht mehr?

Muttilein, Du, ich hab' wieder Angst um Dich, Du schreibst so verzweifelt. Antworten kann ich Dir ja nichts, aber eines will ich Dir doch sagen: Denke an das große Leiden der anderen und stelle das Deine daneben! Ich hab' es nie geglaubt, aber jetzt weiß ich: Das verändert und hilft! Ich küsse Dich in größter Liebe und – bleib aufrecht, hörst Du!

Immer Dein Peter

Denn schau, man muss doch leben. Es ist doch nicht mehr so wie früher, wo es nur an der eigenen Kraft lag. Man hat uns doch die Hände gebunden.

Sag mal, wäre es nicht möglich, aus Rio oder Amerika, von Walter Slezak vielleicht, monatlich einen kleinen Zuschuss zu erhalten? Zehn bis fünfzehn Dollar würden schon genügen. Für mich ist es sehr, sehr viel und für Walter doch keine große Angelegenheit. Wenn Du vielleicht mal schreiben könntest deswegen, nur mal fragen?

Muttilein, liebes!

Ich sag' Dir, dass ich Essen und Schlafen habe und dass die Dinge hier vorangehen. Immer ein Schrittchen weiter. Es ist ganz unrichtig, wenn Du sagst, dass ich keine Kraft mehr habe. Ich bin noch intakt, und so was wie ich geht ja nicht unter. Man muss nur durchhalten und glauben. Ich tue beides. Nur eins bedrückt mich sehr: Ich kann nicht für mich schreiben. Meinst Du, ob das nur jetzt ist und wegen all der Scheußlichkeiten oder ob ich wirklich unfähig bin? Manchmal hab' ich so Angst, dass es so ist. Was wird dann? Das ist doch meine einzige Berechtigung zum Leben ...

Was Du da schreibst von »ehrenamtlich arbeiten«, ist illusorisch. Habe alles versucht, selbst das lässt man mich nicht. Ich habe damals dem Comité meine Dienste angeboten, man erklärte mir, ich dürfe mich nicht beschäftigen, auch nicht ohne Bezahlung. Aber es gibt schon so Kleinigkeiten, die mir helfen – Du verstehst. In kleinem Maßstab, wie in Portugal. Na ja.

Das mit Deiner Sendung und dass ich tausend erwartet hatte, war doch lediglich feststellend gemeint. Ich weiß doch, dass es nicht anders geht. Glaubst du etwa, ich machte Dir Vorwürfe? Auch dass Du gedacht hast, ich sei böse mit Dir und liebe Dich nicht, ist der reinste Unsinn, und was Du so überhaupt aus meinen Briefen herausliest! Du tust aus Gleichgültigkeit nicht genug für mich – na, Muttilein, sag mal selbst, das klingt doch wohl ein bisschen komisch! Du weißt doch sehr gut, wie sehr ich Dir danke für alles und dass ich Dich liebe, wie man einen Menschen überhaupt nur lieben kann. Also, lass so was! Mit solchen Erörterungen brauchen wir uns doch weiß Gott nicht abzugeben. – Gesundheitlich geht's mir gut. Es ist unerträglich heiß hier – viel heißer als in Portugal –, und ich leide ziemlich darunter. – Nun ist also Onkel Schrobsdorff bei Euch, und Ihr seid sicher sehr glücklich. Lasst es Euch gut gehen und seid vergnügt, soweit dies möglich ist. Und Du antwortest mir bald, meine Liebe.

Tausend Küsse und alle, alle Liebe.

Dein Peter

Wenn Walter nicht antwortet, kann man vielleicht an Ernst Lubitsch, Hollywood, schreiben. Der ist doch ein Freund von Walter und hat sicher seine Adresse.

Mein liebes Muttilein!

Es geht mir sehr gut, und ich hoffe, es wird so bleiben. Vier Monate hab' ich zwar gebraucht, aber mal schafft's ein jeder. Zu den Geschehnissen in der Welt, wie Du sie siehst, kurz Folgendes: Elementare Umwälzungen hin und elementare Umwälzungen her – sie gehen mich nichts an und lassen mich vollkommen kalt. Sozialismus ist ein mir fremdes Problem. Mein sozialistisches Gefühl erschöpft sich in dem Wunsch, dass man es dem Proletariat nicht unnütz schwermachen soll, man soll ihm sogar alle Erleichterungen zum Aufstieg geben. Das ist aber auch alles. Zu mehr kann ich mein Interesse nicht zwingen. Wenn also aus diesem Krieg nebenher eine Verbesserung seiner Lage hervorgehen sollte, so soll es mich so lange ehrlich freuen, als die bestehende Gesellschaftsordnung der Freiheit, der Gleichheit und der Demokratie, in der ein jeder (also auch der Proletarier) freies Selbstbestimmungsrecht genießt und – ich wiederhole es – die freie Möglichkeit zur Entfaltung seiner Fähigkeiten hat, die Gesellschaftsordnung also, die ich für durchaus gut befinde, nicht dadurch berührt wird.

Die Hauptfrage aber ist – entgegen Deiner Ansicht – einzig und allein die des Sieges und der Niederlage. Das Einzige, was heute zählt, das Einzige, was ich denken kann, was ich fühlen kann, was ich so heiß wünsche wie nur irgendetwas – das ist der englische Sieg! Der Sieg der Kultur über die Barbarei, der Sieg des menschlichen Wertes und der menschlichen Würde über den Stiefel, der Sieg der guten, der heiligen und – ich scheue mich nicht, es auszusprechen – der göttlichen Sache über das Verabscheuenswürdigste und Ekelerregendste an schrankenloser Tyrannei, was es gibt. In England, dort, wo jetzt die Entscheidung fallen wird, kämpft die Avantgarde der gesittetsten Menschheit, und alle Bewunderung, deren ich fähig bin, gilt denen, die dort ihr Alles geben und die siegen werden, weil sie siegen müssen. Um zuletzt auf mich zu kommen, so kann ich Dir versichern, dass ich nie »beidrehen« werde, wie Du es nennst. Ganz abgesehen davon, dass ich des festen und unerschütterlichen Glaubens bin, dass all das, wofür wir leben: die Schönheit, die Kunst, die Natur und über allem die Freiheit, Würde und Größe der Individualität, dass all dies wiederkommen, oder besser, als höchster Wert in der Welt nach einer Zeit der Prüfung, in seiner ganzen Herrlichkeit erhalten bleiben wird – ich bliebe selbst in der Gewissheit der Zerstörung all dessen immer noch der Gleiche und also der, für den auch nur ein Schritt in die »Einreihung in die neue Welt« Selbstaufgabe bedeutete und folglich unmöglich ist. Denn dies – und hier liegt dein logischer Fehler – ist nicht eine Frage von Jugend und Alter. Hier steht Lebensform gegen Lebensform, und wenn man einmal weiß, welchen Weg man geht und von seinem Innersten bestimmt wird zu gehen, dann gibt es kein Vorwärts und kein Zurück mehr. Es gibt nur eine Welt, in der ich leben kann, und wenn diese Welt untergeht, so werde auch ich untergehen, falls es keine Flucht mehr gibt, auf eine entfernte Insel vielleicht oder in die völlige Einkapselung. Aber niemals werde ich auch nur den Hauch eines Gedankens auf die Möglichkeit einer Umkehr verwenden oder gar den Versuch machen, aufgrund praktischer Erwägungen und des so beliebten »Was-soll-ich-schon-machen? – Es-geht-halt-nicht-anders-und-ich-kann-doch-nicht-den-Anschluss-verpassen« mich in das Neue finden. Denn nichts widert mich mehr an als all diese Menschen, die mit dem Neuen zu paktieren beginnen und – um ihres erbärmlichen Vorteils willen – nach einer Recht-fertigung für seine Existenz suchen. Und so sehr Chauvinist bin ich noch, um all diese »Halben« und sich Windenden mit dem übrigen Gelichter auf eine Stufe zu stellen und sie maßlos zu verachten. Denn der, der sich auch nur ein-lässt in Diskussionen über den Wert des »Neuen«, gehört schon nicht mehr zu uns. Und schon gar nicht der, der seine »Objektivität« wie einen Schild vor sich hält und vermeint, von ihr geschützt zu sein. Es gibt keine Objektivität mehr, sondern nur noch Unbedingtheit, Hass und Handlung!

So also stellen sich die Dinge mir dar, und glaube mir, dass ich viel dafür gäbe, nicht mehr untätig sein zu müssen und das tun zu dürfen, was ich – und das soll meine einzige und letzte Antwort an die Adresse der Menschen in Deutschland sein – für meine Pflicht halte. –

So, nun habe ich wieder viel geredet, vielleicht zu viel, aber das ist mir ja letzten Endes scheißegal. –

Muttilein, mein Liebes, sei nicht bös', dass der Brief so spät kommt. Und Du red nicht immer solchen Quatsch von »Essen wichtiger als Gefühl«, sondern komm endlich einmal her. Das ist das Wichtigste! Ich ziehe immer um, weil alle Wirtinnen hier Luder sind!

Ich küsse Dich sehr, sehr oft und bin immer bei Dir.
Dein Peter

Liebes Muttilein!

Tausend Dank für Deinen lieben Brief und die reizenden Bilder von den Kindern. Der Mann mit Tina, ist das ihr Be... oh pardon, jetzt hätte ich beinahe was über die Maßen Obszönes gesagt! Ist mir bloß so geläufig, war ein Lieblingsausdruck von Liena! Na egal, also ist das der Vielgepriesene? Sieht nett und sympathisch aus, und Bärtchen hat er auch. Schau, schau!

Was Angelika angeht, so entwickelt sie sich immer mehr zu einer Lukrezia Borgia: engelsgleich und verworfen, sanft und herrschsüchtig, von zarter blonder und zerbrechlicher Schönheit und robustem, skrupellosem und intrigantem Geist! Apartes Wesen, das neugierig macht. Und traurig, dass man es nicht beobachten kann, wie es wächst. Denn was sollte man denn beobachten, wenn nicht das? Das Fesselndste auf Erden sind und bleiben ja doch die Menschen von Persönlichkeit und Eigenwilligkeit! – Hier im Orient nichts Neues. Melonen und Trauben gibt's wie bei Euch, bloß sind sie nicht angehend so billig. Hier kostet nämlich alles, außer Freiluftkino. – Mit der Sprache stehe ich noch auf Kriegsfuß. Ich lerne nicht systematisch, das heißt, überhaupt nicht, aus Mangel an einem richtigen Buch, und muss mich somit auf das beschränken, was mir der Wind zuträgt. Meine Kenntnisse rekrutieren sich ausschließlich aus Lebensmittel-Bezeichnungen, was ja auch das Wichtigste ist. Sonst hapert's sehr. – Was unsere Debatte angeht, so will ich abschließend sagen, dass es zu dem, was wir beide ersehnen, gar kein Wunder braucht und dass ich so sicher nicht enttäuscht werde, wie die Sonne am Himmel scheint. Und wenn Du meine Ansicht primitiv findest, so wohl deshalb, weil sie stark, einfach und unbedenklich ist wie die Dinge selbst, um die es geht. In diesem Sinne soll nun ruhig alles »primitiv« sein – es ist kein Schade! – Hast Du Nachrichten aus Amerika? Wann wird das Geld hier eintreffen? Bis jetzt habe ich noch nichts erhalten. Alles Liebe und tausend Küsse,

Dein Peter

Athen, 7. September 1940

Mein liebes Muttilein!

Ich wurschtele mich hier so weiter, und meine optimistischen Prognosen im vorletzten Brief waren leider etwas verfrüht. Es geht doch nie so, wie man will, und der Kampf ist nicht leicht, da die Menschen hier über die Maßen unzuverlässig sind. Ich hoffe jedoch, dass der Oktober ein besserer Monat und der Winter im Ganzen befriedigender werden wird. Ich habe jetzt hier so eine kleine Engländerin, das heißt, eigentlich Australierin, die ganz lieb und nett ist. Sie ist allerdings eine »vierge«*, was an und für sich ja nicht so be-

* Jungfrau.

trüblich wäre (weil leicht zu beheben), wenn sie nicht Jungfrau aus Prinzip wäre. Das kompliziert den Fall natürlich um
ein Bedeutendes. Du kennst vielleicht solche Mädchen. Sie
denken, dass gerade diese Unterscheidung von anderen (und
der ausgesprochenen Mehrheit) ihrer Art das Wichtigste auf
Erden sei, und sind eifersüchtig in einer seltsamen Art von
Eitelkeit und eben »aus Prinzip« darauf bedacht, sich ihren
Nimbus zu bewahren. Sie wissen natürlich, dass dies nicht
lange dauern kann, was jedoch den Reiz für sie nur noch
erhöht.

Meine Engländerin, die übrigens meinen sämtlichen Anschauungen über weibliche Schönheit und femininen Reiz
mit ihrer körperlichen Beschaffenheit glatt ins Gesicht
schlägt, ist also eine solche! Nun, ich schlage mich tapfer und
halte mich im Allgemeinen wacker. – Muttilein, schreib bald
und lass Dich viele Male küssen und umarmen von Deinem

Peter

*Mit dem »unerfreulichen Verhältnis« zwischen unserer Mutter und
Bettina hatte es folgende Bewandtnis:*
*Bettina, ein damals renitentes Mädchen von neunzehn Jahren, war
unter dem unheilvollen Einfluss ihres ersten Freundes und späteren
Mannes, eines mazedonischen Faschisten, zu einer pronazistischen
Einstellung gekommen. Diese Einstellung – von der sie wusste, wie
tief sie unsere Mutter verletzte – stellte sie bei jeder Gelegenheit
auf die unverschämteste Art zur Schau. So trug sie zum Beispiel,
als die deutschen Truppen siegreich vorwärtsstürmten, ein rotes*

*V (ein Abzeichen, mit dem man seine Freude am deutschen Sieg*
*bekundete) am Kragen ihres Kleides, oder sie schaltete das Radio*
*an, wenn Hitler eine Rede hielt, und erhob sich, wenn die deutsche*
*Hymne gespielt wurde. Es kam zu furchtbaren Krächen und Szenen*
*zwischen Mutter und Tochter.*

Athen, 18. September 1940

Meine liebe Tina!

In ihrem letzten Brief spricht Mutti von dem unerfreulichen Verhältnis zwischen ihr und Dir. Nicht, dass sie sich
etwa wehleidig darüber beklagte! Du weißt, das ist nicht
ihre Art. Sie gibt mir nur einen ganz sachlichen Bericht über
Eure Beziehungen, wie das ja auch ganz in der Ordnung ist.
Und dazu will ich Dir ein paar Worte sagen, mit welchem
Recht auch immer, sei es mit dem meines höheren Alters
und meiner somit größeren Beurteilungs- und Urteilsfähig-
keit, mit dem meiner uneingeschränkten Liebe und Verehrung für Mutti oder auch nur mit dem eines objektiven
Beobachters, der sich gegen das Schlechte wendet und das
Gute gutheißt, das Schwache vor dem Starken schützt, egal
mit welcher Berechtigung. Also: Ich verbiete Dir, Mutti zu
quälen, zu kränken, zu bedrücken oder auch nur zu beunruhigen. Ich verbiete Dir, roh gegen sie zu sein, rücksichtslos,
schlechten Willens oder auch nur uneinsichtig!
Ich will die Beweggründe, die Vorgeschichte, die Einzel-
heiten Eurer Animosität weder wissen noch diskutieren.

Wie Mutti mir die Dinge darstellt und wie ich sie unbesehen glaube, ist nur dies eine wichtig: Du wendest Dich gegen Mutti in einer Mischung von Verachtung, Brutalität und jener mir so wohlbekannten Renitenz, tust es aus Dummheit, Unwissenheit und Ignoranz. Und das ist noch gelinde gesagt! Die Folgen jedoch sind eine Kette von Streitereien, Beleidigung, Feindschaft und eine große Entfremdung. Darunter leidet Mutti.

Du wirst mir vielleicht vorhalten, dass ich in Deinem Alter die gleichen Komplikationen mit Mutti hatte. Nun, ich will Dir Folgendes entgegnen: Der größte Teil unserer Differenzen entstand aus dem Aufeinanderprall zweier gleichartiger Temperamente, in einem Moment ungestüm aufbrausend, im anderen ebenso abflauend und alles wieder vergessend; einmal himmelhoch jauchzend, das andere Mal zu Tode betrübt; heute intolerant chauvinistisch, zynisch, morgen der Liebe voll, nachgiebig und weich, am Vormittag von ingeniösem Elan, am Nachmittag indifferent und müde –: So sind wir, wie Mutti einmal so richtig sagte, Strohfeuer-Existenzen! Leben nur solche Menschen beieinander, so gibt es nur allzu viel Anlässe zu Streit und Gegeneinander-Anrennen. Aber wie verhielt ich mich dabei? Vor allem achtungsvoll und wie ein Gegner, der zwar schreit, tobt und den anderen beschimpft, jedoch all dies nur zum Zwecke der Offensive, der Verfechtung der eigenen Meinung, und nie, hörst Du, nie aus Eingenommenheit gegen die andere Person oder aus Verachtung für sie. Das meinte ich mit »achtungsvoll«. Nie kam es mir in den Sinn, gegen Mutti als Menschen irgendwelches Ressentiment geltend zu machen, nie dachte ich auch nur einen Augenblick schlecht von ihr, mochte ich mich auch noch so wild gebärden! So war das Ende unserer Auseinandersetzungen immer die Versöhnung und das hochlöbliche Versprechen zur Besserung (das ja dann allerdings nicht lange vorhielt), denn – und das ist der springende Punkt – ich war ja immer ausgleichsbereit, immer zugänglich, und auf ein weiches Wort hin fiel ich sozusagen stehenden Fußes um, wurde gerührt und dachte nur noch an Umarmung! So war eben alles Strohfeuer, und nichts war eigentlich ernst. Das ist das eine …

Ein anderer Beweggrund unserer Streitereien war meine Sucht nach unbeschränkter Freiheit. Hohl, läppisch, liederlich, wie ich damals war, verstand ich dies Wort noch falsch und wandte es auf mich in ärgster Verdrehung seiner Bedeutung an. So stießen wir aufeinander, da Mutti mich eines Besseren belehren wollte, als es offensichtlich noch nicht an der Zeit war. Um nach der Saat auch zu ernten, braucht man fruchtbaren Boden! Aber das wiederum Ausschlaggebende bei meinem Verhalten war, dass ich Mutti damit weder kränken wollte noch es darauf anlegte, ihr aus »Spaß an der Sache« sozusagen entgegenzuhandeln. Ich ging vielmehr fort, wo ich konnte, und suchte auf jegliche Weise mich einer Kontroverse zu entziehen. Du verstehst, was ich damit sagen will: Ich griff Mutti nicht an, weil sie anders dachte als ich, sondern war lediglich »auf meine Freiheit« bedacht und verfocht somit nur meinen Standpunkt …

Ein drittes hierher gehöriges (und das weitaus wichtigste) Faktum ist Muttis jetzige Verfassung. Damals war sie noch stark und widerstandsfähig, voll von Verve und Überfluss an Initiative und Kampfkraft, und litt infolgedessen nicht annähernd so unter unserem Kriegszustand, wie sie heute in einem analogen Fall notgedrungen leiden muss. Denn heute ist sie schwach und verfügt über keine Reserven mehr. Sie braucht Ruhe, Ausgeglichenheit und höchste Rücksicht. Sie steht mit uns Starken nicht mehr auf gleich und gleich wie früher. Weshalb, brauche ich Dir wohl kaum auseinanderzusetzen, auch Du wirst ja wohl begriffen haben, was gespielt wird …

Du siehst also, Tina, wie schief ein Vergleich zwischen uns wäre, wolltest Du ihn anstellen, denn all das, was für mich galt, gilt ja nicht für Dich, da Du von vollkommen anderer Beschaffenheit bist. Wie ich Dich kenne und beurteile, ist es nicht Dein Temperament, was mit Dir durchgeht, nicht Dein Egoismus, der Dich im Gegensatz zu anderen Menschen setzt … Du besitzt nicht den inneren Ausgleich, der die schroffen äußerlichen Wirkungen aufwiegt. Du bist weder versöhnlich noch nachgiebig, weder gibt es bei Dir Erkenntnis von Schuld und Gefühle von Reue, noch hast Du jene Liebe, die sich nach Ruhe und Eintracht sehnt (wenn es auch nicht recht gelingen will, sie zu erreichen) und Dir jeden Streit am Ende zu einer Bagatelle werden lässt, da das Gefühl füreinander übermächtig aufschießt, sodass das Einzige, was noch bleibt, die Scham über die gewechselten harten Worte ist. Nein, bei Dir liegt alles viel tiefer und irgendwie unergründlicher, und Deine Aggressivität ist nicht Momentsache, sondern ein Zustand, der von Deinem Charakter bestimmt wird. Ich erinnere mich eines einzigen Males, wo ein wirkliches Zerwürfnis zwischen Mutti und mir bestand und uns beide vergiftete. Worum es ging, weiß ich nicht mehr recht, ich weiß nur, dass ich schlecht zu ihr war und dass sie am Vorabend meines Geburtstages in mein

Zimmer kam und mir ohne ein Wort einen Brief gab. Sie sah versorgt und gequält aus, und wie sie da im Nachthemd so klein und irgendwie hilflos vor mir stand, überkam mich ein so übermächtiges Gefühl von Scham, Reue und Liebe, dass ich, nachdem sie gegangen war und ich den Brief hastig gelesen hatte, hemmungslos und eine lange Zeit weinte und tausend Schwüre tat, mich von Grund auf zu ändern und nur noch liebevoll zu ihr zu sein …

Und zum Schluss und wieder zum Beginn dieses Briefes zu kommen, höre gut, was ich Dir sage: ändere Deine Haltung Mutti gegenüber, ändere sie sofort und bedingungslos! Denke nach über das, was ich Dir gesagt habe, denke überhaupt etwas nach über Dich und andere! Ich drohe nicht gerne, aber das kann ich Dir versichern: Wird das alles nicht schnellstens anders, dann bekommst Du es mit mir zu tun! Ich dulde nicht, dass irgendjemand, wer es auch sei, auf irgendwelche Weise, welche es auch sei, Mutti das Leben schwerer macht, als es schon ohnehin ist, und ihr wehtut. Ich werde sie schützen vor jedem und jeglichem, und glaube nicht, dass ich die Macht dazu nicht hätte, da ich weit weg bin!

Denn weißt Du überhaupt, wer das ist. Deine Mutter? Ich will es Dir sagen: eine Frau, wie es nicht viele gibt, bewundernswert und verehrungswürdig trotz all ihrer Schwächen, unendlich gut, menschlich bescheiden, überaus klug, unbemessen einsehend und erkennend und immer aus dem Vollen gebend –: so ist sie eine ganz und gar ungewöhnliche Frau, freigeistig, über alle Maßen großzügig, dauernd hilfsbereit, mehr als verständnisvoll für alles, was Menschen und Dinge angeht, ohne Vorurteile ihren Kindern gegenüber und liebend, immer wieder liebend –: so ist sie eine Mutter, die viele sich wünschen könnten! Solch einen Menschen bewusst und andauernd zu verletzen – geschehe es aus Dummheit, aus Nicht-verstehen-Wollen oder aus welchem Grund auch immer – ist kläglich und jämmerlich! Denke, was Mutti Dir gibt, und Du ihr gibst – da solltest Du in die Erde versinken vor Scham über Dein Benehmen! Und über allem, und solltest Du selbst hinweggehen über derartige Überlegungen: denke an all das Grauenvolle und die unmenschliche Zerstörung in der Welt und dass uns von diesem nur eins bleibt: zusammenstehen, zusammenhalten, in der gemeinsamen Kraft den Mut finden, sich zu behaupten, und alles Persönliche, alle Wünsche und Eitelkeiten zurückstellen vor dem: sich gegenseitig zu helfen und zu stützen und gut zueinander zu sein, sehr, sehr gut und sehr, sehr nachsichtig und schonungsvoll und immer bereit, sein Teil zu geben. Das ist es, was ich Dir sagen wollte. Ich hoffe, ich habe nicht umsonst gesprochen. Wenn Du mir etwas zu erwidern hast, tue es. Ob Du Mutti von diesem Brief Mitteilung machst oder nicht, bleibt Deine Sache.

Dein Peter

Mein liebes Muttilein!

Tausend Dank für die Photos und besonders für Deines.
Sehr viel sieht man ja nicht, und ich würde gern eins haben,
wo nur Dein Gesicht drauf ist, aber ich habe es auf jeden
Fall in mein Taschenbuch getan, wo ich es nun von Zeit zu
Zeit verstohlen betrachte.
Was Du über Tina sagst, ist sehr, sehr betrüblich. Ich habe
ihr – Dein Einverständnis vorausgesetzt – einen langen Brief
geschrieben, möchte Dich aber bitten, ihn nicht zu verlangen, wenn sie ihn Dir nicht von selbst gibt. Ich glaube, dass
Du überhaupt keine Schuld hast und dass zum größten Teil
Tinas Jugend und über die Maßen Beschäftigtsein mit ihrem
neuen Gefühl der Grund ihres Benehmens ist, aber auch ein
wenig ihre schwere, unaufgeschlossene Mentalität. Deshalb
ist es etwas bedenklich. Was die Art ihrer Äußerung angeht,
so glaube ich, dass das völlige Fehlen von innerem Maß und
äußerem Maßstab schuld daran ist. Sie überschlägt sich ge-
danken- und bedenkenlos, wenn ich die Dinge richtig sehe.
Aber das kann sie ändern, muss und wird sie ändern. Das
dumpfe, nicht-herankommen-lassende Bäuerische in ihr,
wie Du sagst, ist das eigentlich Problematische. Verzeih bitte,
wenn ich dies ausspreche, aber glaubst Du nicht auch, dass
darin der Vater ans Licht kommt? Ich weiß nicht, ich hab' so
das Gefühl. – Ich kann Dir zu dem ganzen Fall nicht sehr viel
sagen, da mir Tina nicht mehr gegenwärtig ist. Der Vergleich
mit mir ist schief, wenn man ihn anstellen wollte, da Tina und
ich völlig verschieden sind und die Bedingungen und Voraus-

setzungen, die zu Differenzen zwischen mir und Dir führten und jetzt bei Tina führen, gänzlich andere sind. Bei mir war alles äußerlich und konnte meiner innersten Stellung zu Dir nichts anhaben. Bei Tina liegt alles viel tiefer, und wenn sie hart und roh ist, kommt das leider von innen. Ich bin zwar der Heftige und wild Gestikulierende, aber auch der mit den offenen Armen! So bin ich in meinen Feindschaften und Kontroversen im Grunde völlig unseriös. Tina ist mit Gebärden und Ausbrüchen sparsam, aber auch im Herzen sparsam. Äußerlich unbeweglich, ist sie auch innen vernagelt und verstockt. Ich weiß nicht, wie sie sich in der Liebe benimmt, aber mache einmal den Vergleich zwischen ihr und mir in dieser Beziehung! Du kennst mich ja und meine Liaisons, und Du weißt, wie Sturm und Hingebung darin wechselten. Nun ja, nimm alles nicht zu tragisch, sie ist ja noch so an allem Anfang! Dir etwas zu Deinem Verhalten ihr gegenüber zu sagen, ist sehr schwer. Vielleicht solltest Du sie auch etwas Verachtung und Kaltsein spüren lassen und sie nicht mit überströmender Liebe und Um-jeden-Preis-zu-einem-Ausgleich-kommen-Wollen bedenken. Vielleicht merkt sie auf diese Weise, dass sie im Unrecht ist. Auf jeden Fall aber: lass ihr freie Hand, das ist das Wichtigste. Du kannst sie doch nicht zwingen, und sie ist stärker als Du. –

Ich spreche hier so sachlich und einlenkend, aber im Grunde geht es mir unendlich nahe, dass da jemand ist, der Dir wehtut. Du hast dies nicht verdient, und es macht mich wütend. Ich habe auch sehr bestimmt an Tina geschrieben und hoffe nur, dass sie so viel auf mich gibt, dass es von Erfolg ist. Ich bin ja sonst machtlos. Wäre ich bei Euch, dann würde sie sich schon in Acht nehmen, dessen sei sicher.

Über Angeli zu hören, dass sie »Werther« liest, ist ebenso überraschend wie begrüßenswert. Zu meiner Schande muss ich gestehen, dass ich mich da noch nicht herangetraut habe! Siehst Du, sie ist mir also schon über! Wie soll das weitergehen? Über ihre »Kompliziertheit« mach Dir keine Sorgen, sie ist eine starke Natur, und die Gegensätze in ihr sind nur scheinbar. Über den Fall Tina–Mizo: Wenn »er« wirklich so ist, wie Du von ihm sagst, warum nicht? Der Altersunterschied? Nun, es gibt Schlimmeres! Und dass Tina mit aller Erstmaligkeit und Heftigkeit liebt, ist doch etwas durchaus Erfreuliches. Wie steht es denn mit den intimen Beziehungen? Hat sich schon irgendetwas ereignet? Wie stehst Du eigentlich dazu, nun, wo es um Deine Tochter geht? Willst Du es zu verhindern versuchen, oder lässt Du ihr auch darin Freiheit? Ich bin absolut für das Letztere, denn verhindern kannst Du erstens doch nichts, und zweitens ist es durchaus gut, wenn Mädchen sich diese Frage allein stellen. –

Aber nun genug des Geschwätzes! Schreib bald, mein Liebes, ich warte schon wieder sehr. Bei mir nichts Neues. Sage mir bitte umgehend, was mit dem Geld aus Amerika ist. Ist etwas abgeschickt, wird etwas abgeschickt, hat man Dich dieserhalb irgendwie benachrichtigt? Hier nichts angekommen bis heute. Küsse und viel, viel Liebe,

Dein Peter

Mein Liebes!

Beunruhige Dich bitte nicht, es ist soweit noch alles in Ordnung. Wissen kann man allerdings nicht, was kommt, aber wie man allgemein annimmt, sind äußere und insbesondere lokale Veränderungen für uns nicht zu erwarten. Unberufen! Möglich, dass die Verbindung zwischen uns beiden bald unterbrochen wird, in diesem Fall mache Dir aber auch keine unnötigen Sorgen, es kann und wird mir nichts geschehen. Hoffen wir nur, wie immer, auf den guten Ausgang! Schreib mir bitte gleich, solange noch Post geht. Wichtiges werde ich Dir umgehend mitteilen, wenn ich es kann.

Sei geküsst und viele Male umarmt von Deinem

Peter

Den Kindern alles Liebe

*Im November 1940 erklärte Bulgarien Amerika und England den Krieg.*

Athen, 23. November 1940

Mein Liebes!

Seit Kriegsausbruch habe ich nichts von Dir gehört. Es war zwar die lange Pause, wo es keine Post gab, aber seit mehreren Tagen ist es doch wieder einigermaßen normal, und ich habe von vielen Bekannten gehört, dass sie Auslandspost hatten. Warum bekomme ich also nichts? Mir geht es unverändert gut, gesundheitlich und auch sonst. Angenommen hat man mich leider noch nirgends, ich muss noch warten. Hier ist alles vollkommen ruhig, und Du brauchst Dir keine Sorgen zu machen.

Ich hoffe sehr, dass Ihr alle gesund seid, und bitte Dich dringendst, sofort zu schreiben, damit ich endlich einmal Nachricht von Euch bekomme. Ich schicke Euch meine Liebe und küsse Dich ungezählte Male. Hab Mut, es wird alles gut.

Dein Peter

Mein geliebtes Muttilein!

Denk Dir, wie maßlos ich mich gefreut habe, als Deine Karte vom 25.12. am Abend meines Geburtstages ankam! Dass es noch solch liebe Zufälle gibt, ist doch eigentlich tröstlich! Meinen allerinnigsten Dank, Du Gute, für alles, was Du mir sagst. Es braucht so wenig Worte, Liebe und Wünsche auszudrücken, wenn sie besonders tief und stark sind, und mit dieser Karte bist Du mir näher als in tausend Briefen. Wie schön, wie unsagbar schön, Dich so nah, so bis ins Innerste nah zu wissen! Welch anderes Gefühl könnte es auf der Welt geben, das diesem gleichkäme? Darüber hinaus kann kein Mensch fühlen! Ich danke Dir, meine Geliebte, denn wenn ich noch Stärke und Zuversicht brauchte, so machst Du mich so stark und so zuversichtlich durch Deine Liebe, wie nur je einer sein kann. Sei deshalb ruhig über all das, was geschieht und geschehen wird! Ich bin behütet!

Hier ist alles beim Alten, etwas Erfreuliches gibt es sogar: ich habe die Arbeitserlaubnis bekommen. Ja, denk mal, und nun suche ich mit allen Kräften Arbeit, was allerdings nicht leicht ist. Aber ich werde es schaffen und endlich wieder einmal selbständig sein, was wahrhaft nottut.

Leb wohl, liebe, liebe Mutti, und seid auch Ihr mir behütet! All meine Gedanken und meine grenzenlose Liebe sind bei Dir und den Kindern.

Ich küsse Euch ungezählte Male.
Peter

Muttilein, mein Geliebtes!

Ich küsse Dich für Deine liebe Karte, die nun doch wieder dreiundzwanzig Tage gebraucht hat; man müsste die Briefmarken allein schicken, vielleicht ging's dann schneller. Ich bin heute traurig, denn ich habe seit langer Zeit wieder ganz tief meine Einsamkeit gespürt. Der Anlass war geringfügig und ist des Berichtes nicht wert, aber wie eine heiße Welle kam es plötzlich auf und war sehr stark. In den letzten Monaten – seit mehr als einem Jahr eigentlich – haben die äußerlichen Dinge alles übertönt, und bei richtiger Besinnung war man eigentlich nie. Empfindungen, Wünsche, Reminiszenzen verloren sich in den Notwendigkeiten unseres Lebens, das entweder irr oder sehr sinnvoll ist. Seit Portugal habe ich nichts geschrieben, und wenn ich auch nicht sagen kann, dass damals irgendetwas Ganzes hervorgebracht wurde – wenn nicht in der Vorstellung – so war meine Ohnmacht (mit diesem fressenden Gefühl von einer Art von Versäumnis) doch nie so offensichtlich wie gerade jetzt. Sie begreifen und sogar erklären zu können ändert nichts an dem Zustand. Und mal muss es doch sein – wann bloß, wann? Und so ist die Einsamkeit auch anders gefühlt als damals, als sie eingeordnet war, angenommen, anerkannt und sozusagen legitim. Heute ist sie einzeln, absolut und wie ein alter Turm in einer Ebene, der irgendwie kränkt.

Aber sonst, mein Liebes, ist alles in bester Ordnung mit mir. Alles geht seinen Gang, ich gebe Stunden und will dankbar

sein, dass ich im großen Ganzen mehr hab' als viele andere.
Neues gar nichts.

Alles, alles für Euch, Millionen Küsse für Dich und die
Kinder und für Dich meine zärtlichste Liebe,

Dein Peter

Athen, 17. Februar 1941

Muttilein, mein sehr liebes!

Tausend Dank für Deine beiden Karten und das bezaubernde Foto von Angeli. Was ist sie hübsch! Und nun
hört das auch schon wieder auf, Kind zu sein. Wie das so
alles geht ... Mein Gutes, ich bin so froh für Dich, dass Du
Menschen um Dich hast und auch ein wenig Zerstreuung.
Hoffentlich gibt Dir dieser und jener auch etwas und ist
nicht nur eine Verlegenheit. Ach, wenn ich bei Dir sein
könnte – was hätten wir viel zu reden, und wie glücklich
wären wir miteinander! Ich weiß ganz bestimmt, dass wir es
sein würden – diese zweieinhalb Jahre haben viel zwischen
uns getan. Es gibt keinen Menschen, der auch nur annähernd in die Nähe käme, mit der Du bei mir bist. Du Süße,
ich hab' Dich lieb über alles Maß. Sag, geht es Euch gut,
und seid Ihr in Ruhe? Dass Ihr es bloß bleibt! Hier alles in
Ordnung, keine Veränderung. Es wird wieder wärmer, und
ich erwarte den Frühling.

Alle meine Gedanken und alle meine Liebe.
Lebt wohl.

Euer Peter

Muttilein, mein geliebtes,

ich hab' Dir gestern ein Telegramm geschickt und wiederhole Dir's: Sei ganz, ganz ruhig über mich, auch wenn Du dann nichts mehr von mir hörst. Es geht alles in Ordnung, wir müssen halt rüber über eine gewisse Zeit, und wir werden rüberkommen. Ich bin so zuversichtlich wie noch nie und weiß, dass das, was ich tue, das Richtige ist. Bei Euch bin ich mit meinem ganzen Herzen und mit viel Sorge. Seid mir behütet, Ihr Geliebten, und steht's durch! Mehr als dies kann ich ja nicht tun: für Euch zu beten und Euch in meiner Liebe so nahe zu sein, wie es nur je ein Mensch dem anderen sein kann.

Ich küsse Dich und die Kinder sehr, sehr.

Peter

Athen, 14. März 1941

Mein geliebtes Muttilein!

Noch ein Versuch, Dir von mir zu sagen, dass es mir immer und in jeder Beziehung gut geht und dass Du um mich in Zukunft ganz, ganz ruhig sein sollst. Ich habe Dein Telegramm erhalten und bin glücklich, von Euch Gutes zu hören. Dass es so bleibe, ist wohl mein innigster Wunsch. Ich bin immer bei Euch mit meinem ganzen Herzen und weiß, dass auch Du mir nah bist wie nie zuvor – und das gibt mir mehr Kraft als all meine Entschlossenheit, und ich danke Dir, danke Dir für alles, was Du bist, was Du für mich bist: mehr als meine Mutter, das Größte, das Höchste ...

Ich küsse Dich, Du.

Peter

*Mit dieser Karte, die, wie auch schon die vorletzte, eine beklemmende Ahnung aufkommen lässt, bricht die Verbindung ab. Erst Monate später erhält unsere Mutter eine kurze Rot-Kreuz-Nachricht von ihrem Sohn. Er teilt ihr mit, dass er bei einer gemeinsamen Freundin, Ilse Hirsch, in Palästina sei und dass es ihm gut gehe. Diese Nachrichten wiederholen sich in großen, unregelmäßigen Abständen und bleiben jahrelang die einzige Verbindung.*
*Dann, kurz nach Kriegsende, am 30. Juni 1945 (phantastischerweise war das gerade der Geburtstag unserer Mutter) erreichte sie ein dreizehn Seiten langer Brief folgenden Inhalts:*

Mutti, Bettina, Angelika, meine Geliebten –

Ich kauere unter einem Zelt inmitten eines Waldes. Ich
habe meine Decke um mich gewickelt, mir ist kalt, es regnet,
es ist Herbst. Der Wald ist in Frankreich, irgendwo an der
Westfront. wir sind an der Front, und gegenüber sind die
Deutschen. Von weitem, zwei-dreihundert Meter ungefähr,
können wir sie von Zeit zu Zeit sehen ... Ab und zu ein paar
Schüsse, zwischenhinein das Donnern der Artillerie; aber
im Allgemeinen ist es ruhig. Es ist ruhig, und es regnet, und
mir ist kalt, und ich schreibe Euch meinen ersten Brief, seit
vier Jahren ...
Ich habe Zeit dazu gebraucht, es ist wahr. Als ich die große
Neuigkeit* erfuhr, als die Sache sicher war, schrieb ich sofort,
aber ich hörte beinahe gleich wieder auf. Denn das war ja
nicht ich, das war ein fremdes Wesen, welches sprach, ein
Fremder. Der Schwung, der Schwung ungestümer Stunden,
der war doch immer in mir gewesen ...
Aber jetzt hatte der Vogel keine Flügel. – Dann wollte
ich Tag für Tag ein wenig schreiben. Ich habe versucht zu
schreiben, ich habe versucht, ich selbst zu sein – immer
wurde es nichts. Sieh mal, weil da die vier Jahre dazwischen
sind, weil ich Euch in einer Sprache schreibe, die wir nie zusammen gesprochen haben**, und weil es so viele Dinge zu

---

\* Der Einzug der Roten Armee in Sofia am 9. September 1944.

\*\* Peter hatte seinen Brief auf Französisch geschrieben. Die hier abgedruckte
deutsche Fassung ist eine spätere Übersetzung, die die Mutter für ihre
Töchter und Freunde gemacht hat.

sagen gibt. Und die stürzen sich, werfen sich auf mich, alle auf einmal, ballen sich, stoßen sich, entmutigend, verwirrend, so dass man zuerst ordnen muss, klarsehen, weniger verworren fühlen und dann den Ton von früher finden, den Kontakt, die gewohnte Wärme und eine Sprache, die nicht falsch klingt; denn wir haben uns einer vom anderen entwöhnt, jeder ist anders geworden, mehr geworden in diesen vier Jahren, die der andere nicht kennt. Und auch, weil ich seltsame Veränderungen durchgemacht habe, weil ich eine Unfähigkeit fühle, die mich schon lange erstaunt und beunruhigt. – Ich habe zu schreiben, ja selbst zu sprechen verlernt. Es ist unheimlich, was ich für Schwierigkeiten haben kann, einen Brief zu schreiben, mir fehlt alles; die Ruhe zur Konzentration, die Leichtigkeit des Ausdrucks, und alles um mich ist Hindernis und Verhinderung; kurzum, ich bin stumm geworden während dieser Kriegsjahre.

Ich habe also Zeit verrinnen lassen, denn alles braucht seine Zeit, und die richtige Stunde kommt zuweilen sehr spät. Sie ist nun vielleicht gekommen – ich schreibe, ich schreibe Euch, ich schreibe Euch meinen ersten Brief ... an Dich, meine kleine Mutti, welche ich über alle Worte liebe, und zu der alle meine Liebe, meine Sehnsucht geht, die übergroß ist, schwer und warm in meinem ganzen Ich; an Dich, geliebte Bettina, die groß geworden ist – groß –, die das Bild überholt und zerbrochen hat, das ich gewohnt war, die Frau geworden ist, eine Frau, die ich nicht kenne, die ich niemals gesehen habe und vor der meine Vorstellungskraft zurückschreckt, sich weigert, sich bäumt; an Dich, kleine liebe Angelika, die ich im Gegenteil so deutlich vor mir sehe, trotz Deiner ungewohnten siebzehn Jahre, und obgleich Du nun ein junges Mädchen geworden bist, gewiss voll Sicherheit, sehr entschlossen; oh, ich sehe Dich, ich errate Dich, ich weiß, wie Du gehst, wie Du Dich hältst, wie Du schaust, welcher Art Deine Grazie und Dein Charme ist, denn Dein Charakter, Deine Persönlichkeit hat sich schon alle Zeit offenbart; Deine Art zu sein war schon sehr bestimmt gezeichnet, klar, sichtbar, und Du gingst so gerade vor Dich hin, dass es jetzt nichts so Überraschendes und Außergewöhnliches gibt bei dem Gedanken, dass Du eine fix und fertige kleine Person bist ...

Also, ich schreibe Euch, ja, aber wie soll ich Euch je sagen, wie kann ich es Euch sagen, was diese vier Jahre waren, was sie an Gedanken und Traurigkeit enthalten haben, an Wünschen und Kummer, als wir – eines schönen Tages – abgeschnitten voneinander waren, und als es von nun an keine Verbindung, keine Briefe mehr gab, nur Botschaften ... nichts als Botschaften, die eine Welt voller Willkür uns nur gerade bewilligte dank einer barmherzigen internationalen Organisation. – Diese Botschaften mit »25 Worten höchstens« unaussprechlich langsam, immer schrecklich verspätet. Und doch waren sie alles für uns: unser ganzes Leben, unsere ganze Hoffnung; erwartet mit einer Ungeduld, einer Angst, wie man ein Urteil erwartet; fünfundzwanzig arme Worte, in die man eine ganze Welt von Bedeutung, Unendlichkeit des Gefühls, das Äußerste an Beruhigung hineinzulegen versuchte ... Wie soll ich Euch sagen, bis zu welchem Grade die Trennung mir lang wurde, lastend, unerträglich, wie die Monate sich folgten, sich häuften, ohne dass das Ende näher und fühlbarer erschien; wie die Jahre sich schleppten, von Sehnsucht und Heimweh beschwert, wie der Wunsch, dass es zu Ende sein möge, sich verschärfte, immer dringender wurde – wie Euch sagen, wie Dir sagen, Mutti, all dieses und alles, was in mir vorging: all meine Unruhe, Ängste und Befürchtungen; all diese Augenblicke, wo ich nicht mehr wusste, wo Ihr seid; der unaufhörliche dringende Wunsch, Euch zu helfen, Euch Beistand zu leisten, nahe bei Euch zu sein, wenn Ihr mich nötig hattet, wissend, dass es unmöglich war; all meine Liebe, mit der ich Euch einhüllte, wie um Euch zu schützen; all meine Hoffnung, die auf den Tag zuging, wo endlich dieses Leben seinen Kurs ändern, wo die Feindseligkeiten zu Ende sein, wo ich Euch wieder auf normale Art erreichen und wo – wundervoller Gedanke – ich Euch wiedersehen würde! –

Und also, da ist er! Noch nicht der ganz große Tag, aber der erste Tag, der Anfang vom Ende, die Wiederaufnahme, die Wiedererrichtung der Verbindung mit Euch … Ich war in irgendeinem kleinen Dorf in Frankreich, als ich sagen hörte:»Unsere russischen Alliierten sind in Bulgarien einmarschiert und gehen schnell vor.« – Welche Nachricht! Welch herrliche Nachricht! Mutti! Ich war verrückt vor Freude! Dann beruhigte ich mich etwas und verarbeitete die Neuigkeit, wendete sie hin und her und kam am Ende zu gewissen Befürchtungen und Zweifeln. Ich wartete ungeduldig auf den Abschluss der Sache. Er kam einige Tage später: Sofia war befreit. Ihr wart heraus aus dem verbrecherischen Kreis, Ihr wart in unserer Welt – frei, ja, frei; frei, die Wahrheit zu sagen, frei, sie zu hören, frei von der Unterdrückung, vor der Ihr einmal geflohen seid und die Euch wiederholt eingeholt hatte, da Ihr in einem Land der »Achse« lebtet; befreit von diesem geistigen Zwang, der schlimmer ist als der physische – befreit von den unaufhörlichen Erniedrigungen, der beständigen Bedrohung einer Macht, einer willkürlichen Macht, die hinter allem stand und Eure Existenz mehr und mehr unsicher, immer unbeständiger und gefährlicher machte ... befreit endlich, zu sprechen, zu mir zu sprechen und mich zu hören. Und nun erheben sich schon die Zweifel und die Ungewissheit, deren ich gerade vorher Erwähnung getan habe, und setzen sich in meinem Kopf fest: ist es wirklich so? Seid Ihr zusammen, seid Ihr an Ort und Stelle geblieben? Wo befindet sich jede Einzelne von Euch? Und was für Folgen hat diese neue Konstellation für die eine oder andere? Wer und was ist Bettinas Mann? Wie ist Eure pekuniäre Lage? Seid Ihr vor Not geschützt? Ist es Euch möglich, frei mit mir zu verkehren und sofort? Können wir ohne Schwierigkeiten Briefe, Telegramme etc. wechseln?

Die Angaben über Eure materielle Lage, die ich erhalten habe, und die Schlüsse, die ich daraus ziehen konnte, waren mehr als unbestimmt, wenn auch nicht direkt beunruhigend. Nichtsdestoweniger müsst Ihr mich sofort über alles aufklären!

Nun, Muttilein, ich glaube, jetzt muss ich Dir ein bisschen erzählen ...

Also fange ich an mit dem, was Du schon wusstest, als die Bühne ins Dunkel tauchte ...

Du weißt, dass ich seit Kriegsanfang unzählige Versuche machte, als Volontär in die alliierte Armee aufgenommen zu werden. Du weißt, was mich zu diesem Entschluss geführt hat und dass dieser nur die direkte, logische und selbstverständliche Folge meiner Haltung war – einer unerschütterlichen Haltung, in der ich es nie vermied, eine klare und unzweideutige Stellung zu beziehen, wenn es sein musste. Es ist also nicht nötig, auf diesen Punkt wieder einzugehen. Du kennst meine Gedanken und meine Auffassung der Dinge, du weißt auch, dass es mir – bis zu dem Augenblick, da wir die Verbindung verloren – nicht gelungen war, in die englische Armee einzutreten, da sehr strenge Bestimmungen die Aufnahme von Fremden, außer denen, die in Palästina oder England selbst lebten, ausschloss. Du weißt es, weil ich Dir mehrmals von meinen Bemühungen, Rückschlägen und Schwierigkeiten sprach, was übrigens – ich erinnere mich – eine gewisse Nervosität bei Dir hervorrief, weil ich, wie Du sagtest,»zu offen und zu wenig vorsichtig sei«.

Was Du nicht weißt, aber was Du, ich bin sicher, geahnt hast in all der Zeit, ist, dass es mir zum Schluss doch noch gelang, die letzte Konsequenz zu ziehen.

Im Dezember vierzig verpflichtete ich mich für die Dauer des Krieges als fremder Volontär in der französischen Freiheitsbewegung des General de Gaulle, dieser damals ganz kleinen Armee, die, vereinigt mit der britischen Armee, im Juni vierzig den Waffenstillstand Frankreichs nicht angenommen hatte und den Krieg fortsetzte. Nach Bestätigung meiner Aufnahme und noch einigen Monaten des Wartens fuhr ich Ende März einundvierzig nach Ägypten und wurde Soldat …

Also ich habe gekämpft und kämpfe noch, mehr als drei und ein halbes Jahr auf allen Kriegsschauplätzen: Syrien gegen die Vichy-Armee vom Mai bis Juli einundvierzig, wo ich noch ein»Anfänger« war, ein junger Rekrut und die Sache lernen musste; dann Libyen: Januar bis Juni zweiundvierzig die Wüste, der Sand während langer, langer Monate, durchquert in allen Richtungen, von einer Seite zur anderen – eintönig immer; zunächst der Vormarsch, dann der Rückzug, dann die Verteidigung der Tobruk-Linie, welche mit dem Zusammenbruch von Bir-Hakeim endete. Vierzehn Tage Widerstand auf einem kleinen Kreis Sand, der sich von der übrigen Wüste durch nichts unterschied, in fürchterlicher Hitze, beinahe ohne Nahrung, mit zuerst ungenügendem, dann gar keinem Wasser, in einem unaufhörlichen Bombardement, das nach und nach die ganze Stellung aufrieb. Dann der Abzug in der Nacht von denen, die übrig geblieben waren, quer durch das Feuer der Herren vom Afrika-Korps; noch einmal Libyen, und dann Tunesien. Von Oktober zweiundvierzig bis Mai dreiundvierzig immer noch Wüste, an die wir schon so gewöhnt waren, mit ihrer bleiernen Hitze, ihren kalten Nächten, unter einer ungeheuren Himmelskuppel, mit ihrem Wind, ihren Sandstürmen, ihrer deprimierenden, aber manchmal grandiosen Eintönigkeit: die Schlacht von El Alamein, der Durchbruch von Montgomery, der große Vorstoß, unaufhaltsam, unerbittlich, pausenlos: Tobruk, Derna, Bengasi, Tripolis. Dann eine Zeit der Ruhe in der Nähe von Tripolis, dieser Stadt im Grünen, Bäume, Farmen, und unsere Wonne über Vegetation und Fruchtbarkeit nach all der Dürre. Dann wieder vorwärts, die Mareth-Linie, wieder ein anderes Land, Olivenhaine, so weit das Auge reicht, Gebirge, viel Städte. Dann die Schlacht bei Cap Bon, Tunis. Hier kam ein Stillstand. Nach einigem Hin und Her verließen wir die 8. Armee, die Engländer, mit denen wir bis hierher zusammengegangen waren – diese Wüstenarmee, von der Churchill gesagt hat: »Wenn dich einer fragt, wo du gekämpft hast, dann sage ihm: Ich war einer von der 8. Armee – das genügt!« Und von nun an, vervollständigt durch eine neue französische Armee, was einige Veränderungen mit sich brachte, blieben wir monatelang in einem kleinen Dorf ungefähr zehn Kilometer von Tunis entfernt ... Dann der italienische Feldzug von Mai bis Juli dieses Jahres; die Ankunft in Neapel, die Erstürmung der Gustav-Linie; darauf der Durchbruch der Hitler-Linie und der große Vorstoß bis nördlich von Rom, an dem ich jedoch nicht teilnahm, weil ich am sechzehnten Mai bei einer Attacke verwundet wurde; es war eine leichte Verwundung, eine Kugel durch die linke Schulter – keine Komplikationen, richtig und vollständig ausgeheilt – ich verbrachte die folgenden Wochen in einem amerikanischen Lazarett, was mich zu meinem größten Bedauern verhinderte, Rom wiederzusehen, das ich kannte und so sehr liebte seit meiner Durchreise durch Italien auf dem Weg nach Griechenland ...

Und endlich: Frankreich, das große, so lang erwartete, so heiß ersehnte Ereignis, die große Landung, die Invasion am sechzehnten August an der Côte d'Azur; die Kämpfe in Richtung Toulon, vor Toulon; dann die Verfolgung das Rhônetal herauf, quer durch unzählige Dörfer und Städte der Provence, des Languedoc, des Lyonnais, der Bourgogne, Aix-en-Provence, Arles, Nîmes, St. Etienne, Lyon, Chalon-sur-Saône; und dann wieder »irgendwo in Frankreich«, die Front, Angriffe, Gegenangriffe, Patrouillen, Nachtwachen, zerstörte Dörfer, die Wälder, der Regen, die Kälte, und es dauert ... Aber das Ende ist nahe. Dort vor uns ist Deutschland, es ist nicht mehr weit, wir werden bald da sein. Sollen sie noch widerstehen – die Boches –, sollen sie sich bis zum Äußersten wehren, sollen sie noch den Erfolg haben, uns von Zeit zu Zeit zu blockieren an einer oder der anderen Front – das war vorauszusehen. Aber das ist nichts mehr, das wird sie nicht retten! Sie sind bei ihren letzten Hilfsquellen angelangt, während unsere Kraft ständig wächst. Der Teich trocknet aus – unerbittlich – Holland, Luxemburg, Lothringen, Elsass, die Alpen bis Mentone, Memel, Ostpreußen, Warschau, Tschechoslowakei, Budapest, Jugoslawien bis Griechenland … In einigen Monaten sind ihnen dreizehn Hauptstädte entrissen worden: Rom, Paris, Luxemburg, Brüssel, Helsinki, Reval, Riga, Kaunas, Bukarest, Sofia, Belgrad, Athen – und jetzt Budapest … Die erste größere deutsche Stadt, Aix-la-Chapelle (Aachen), ist in unserer Hand. Die Luftangriffe werden von Tag zu Tag mächtiger … Ja, sie werden zerquetscht werden, sie werden ausgelöscht werden, eine Stadt nach der anderen, wenn es sein muss, Gericht wird gehalten werden. Die Menschlichkeit wird sich rächen, wird sich ihr Recht wiedererobern. Und sie werden leiden, wie sie andere haben leiden lassen – alle, die Nazis und die Nichtnazis auch! Denn alle sind verantwortlich, alle sind schuldig, außer ein paar Ausnahmen, die schwache Minderheit derer, die ins Exil gegangen sind und ihre Kraft für die gute Sache hingegeben haben; oder derer, die nicht flüchten konnten, aber niemals das elende Spiel mitgespielt, die jeder Versuchung widerstanden haben und unantastbar und sauber geblieben sind. Aber die anderen werden bezahlen, und sie werden hart bezahlen, denn sie haben es so gewollt, und die Stunde der Abrechnung ist nahe. Und nahe ist auch unsere Befreiung, das Ende dieses Hundelebens, denn das ist es – das Kriegführen …

Glaubt mir, auf die Dauer ist das absolut nicht komisch,

und ich persönlich habe genug davon; ich habe getan, was ich konnte, und überreichlich dazu. Es ist Zeit, dass es zu Ende geht, dass man zu einem anständigen Leben zurückkehrt. Wenn es anfängt, sich in die Länge zu ziehen, wird es ernst … Na, einige Wochen noch, selbst einige Monate, bis zum Schluss, das will ich gern noch mitmachen. Und was ich vor allem will: Ich will bis Berlin kommen! Um meine Befriedigung, meine Rechtfertigung und meine Rache zu haben. Ich weiß nicht, ob ich dessen fähig sein werde, vielleicht nicht, aber ich will da sein, zur rechten Zeit, zu der Stunde, wenn man die Abrechnung macht. Dann will ich fortgehen, um niemals wiederzukommen … Glaube nicht, Mutti, dass ich bedaure. Ich bedaure die Zeit, all diese Jahre, um die ich betrogen worden bin, die wieder einzuholen nicht leicht sein wird, da ich ja nun bald dreißig Jahre alt bin.

Aber ich bedaure nicht, so gehandelt zu haben, wie ich es getan habe, umso mehr, als ich einfach meine Pflicht tat, meine Pflicht als freier Mensch, für den gewisse Prinzipien elementar sind – die Grundlage seines Lebens selbst. Ich könnte mein Leben nicht leben in dem Bewusstsein, gezögert zu haben. Ich musste ihre Verteidigung übernehmen, mithelfen und zu ihrem Sieg beitragen. Aber über all das sprechen wir noch, man kann wirklich nicht alles auf einmal in einem ersten Brief sagen …

Jetzt will ich Dir von Ils'chen und Walter erzählen, von unseren wiedergefundenen Freunden, meinen sehr lieben, meinen besten Freunden. Ich sah sie zum ersten Mal im Herbst einundvierzig wieder, nach dem syrischen Feldzug. Ich hatte endlich erreicht – nach einigen Schwierigkeiten, denn ich glaubte sie in Tel-Aviv –, ihre Adresse in Jerusalem ausfindig zu machen und mit ihnen zu korrespondieren. – Und eines schönen Tages klingelte ich an ihrer Tür. Ils'chen öffnete, stieß ihren bekannten hohen Schrei aus, und wir stürzten uns in die Arme, verrückt vor Freude und so glücklich … Von da ab war ihr Haus mein »Zuhause«. Jeden Urlaub habe ich bei ihnen verbracht. Und die gute alte Zeit tauchte wieder auf. Wahre Freunde, die man von Grund auf kennt; lange Gespräche, in denen man aufrichtig sein kann ohne Zurückhaltung, wo das gegenseitige Verständnis da ist, wo die Nuancen so vertraut sind, die Betonungen ohne Zweideutigkeit, die Urteile ohne Schärfe; ein fröhliches, leichtes Beisammensein ohne tote Punkte, voller Wärme und Wohlwollen; Bindungen, aus so viel gemeinsamen Erfahrungen und Interessen entstanden; ein gleicher Lebensstil, dieselbe Auffassung der Dinge, diese innige Verwandtschaft derer, die eines Blutes sind … Und unsere Erinnerungen waren unzählige … An Ils'chen war ich durch eine tiefe Zuneigung gebunden, wir hatten wunderbare Zeiten zusammen; Walter und ich haben uns in einer guten Freundschaft gefunden, und mehr als einmal hat er mir geholfen, die Dinge in ihrem wahren Licht zu sehen. Er hat gegen meine instinktiven Neigungen angekämpft, wenn diese sich in übertriebenen Zweifeln und Skrupeln äußerten.

Nun, es ist jetzt mehr als ein Jahr, dass ich sie das letzte Mal sah, und Gott weiß, wann ich sie wiedersehen werde … Vorher, in Afrika, war es leicht, ich konnte oft nach Palästina fahren. Aber jetzt von hier, von Europa aus ist es nicht mehr dasselbe, jetzt sind sie weit …

Was Liena anbetrifft, nun, ich habe sie nicht vergessen. So stark war die Bindung, trotz allem, dass sie nach mehr als sechs Jahren immer noch in mir lebt. Ihr Bild ist unverwischt, unverändert und stark in mir, nicht nur geistig hervorgerufen, sondern – wie sage ich es – fast wesentlich, wirklich, gegenwärtig – allgegenwärtig. Ich kann mich noch in ihr verlieren und wiederfinden, eigentlich nur in ihr, obgleich das nur ein Gefühl ist, obgleich ich doch von ihr losgelöst bin auf eine sichere und definitive Weise: Ich bewege mich mit ihr – wenn ich so sagen darf – auf einer anderen Ebene, wo alles sich ins Unendliche dehnt, ins Allgemeine, Elementare, und wo sie selbst irgendwie unpersönlich wird, durchscheinend, aufgehend im Ganzen. – Das ist schwer zu erklären, aber vielleicht verstehst Du, was ich sagen will … ich zähle darauf, sie wiederzusehen, ich werde sie wiedersehen.

Und ich werde andere wiedersehen … meinen Vater zum Beispiel. Aber daran denke ich noch nicht, daran will ich noch nicht denken, ich verweigere mir jede Vorwegnahme. Ich habe nicht gern, im Dunkeln zu tappen – ich weiß nichts von ihm. Man wird sehen – ich werde sehen …

Jetzt sage mir, was mit Omutter passiert ist? Lebt sie? Wenn ja, wo ist sie? Ich habe Dich schon einmal gefragt, und Du hast mir die lakonische Antwort gegeben: »Pas de nouvelle depuis un an.«* Ich habe in meinen Botschaften nicht darauf bestehen können, aber jetzt bestehe ich darauf: wie kommt es, dass Ihr keine Nachrichten habt? Wie kommt es vor allem, dass Ihr sie dort ganz allein gelassen habt, dass Ihr sie verlassen habt, obgleich Ihr wusstet, was das bedeutet? Ist sie etwa verschickt worden wie die anderen? Konntet Ihr sie wirklich nicht zu Euch holen? »Keine Nachrichten!« Aber,

---

* Keine Nachricht seit einem Jahr.

lieber Gott, Euch ist es doch gelungen, fortzugehen, allen dreien, und sie, die arme, alte Frau, hat dort allein bleiben müssen, ohne Stütze, ohne Lebensmöglichkeit vielleicht? Ich kann es nicht verstehen … Wenn ich denke, dass sie dasselbe Schicksal gehabt hat wie so viele andere – und dass man es hätte vermeiden können –, werde ich verrückt! Und siehst Du, Mutti, was man unseren Leuten getan hat, allen den anderen Juden, die kein Glück gehabt haben und nicht flüchten konnten – was man ihnen getan hat dort in den polnischen Lagern, wenn nicht schon vorher! Was diese Boches, die Deutschen, Repräsentanten ihres Volkes, Männer aller Klassen, aus allen Teilen des Landes, jeden Charakters und Temperaments getan haben! Wie sie sie gequält, gemordet haben, systematisch ausgerottet, kalt vernichtet! Das verlangt eine so schreckliche Rache. Die Verantwortlichen dieser Scheußlichkeiten werden gerichtet werden … Aber wer sind die Verantwortlichen? Verantwortlich ist das Volk, aus dem solche Kreaturen hervorgehen. Verantwortlich ist der Geist und das Blut, die zu solchen Extremen führen konnten. Verantwortlich ist die menschliche Gesellschaft, die erlaubte, dass so etwas existiert, dass so was lebt, sich vermehrt, handelt, sich äußert.

Wer ist verantwortlich? Das Volk natürlich, das solche Exponenten hat, denn es handelt sich bei diesen Vorfällen um etwas anderes als nur um die Exponenten eines allgemeinen Übels, oder um einen außergewöhnlichen Fall allgemeiner Niedrigkeit – unter denen von Lublin, denen der Gaskammern, den Tausenden, die überall kalt getötet haben, erschossen, lebend begraben, lebend verbrannt; bei diesem Pöbel, der die Fensterscheiben zerschlug, die Häuser aus-

plünderte, misshandelte, erniedrigte, die Schutzlosen über-
wältigte; und dann die Leute, die von nichts wussten, die
alles ruhig geschehen ließen, die die Augen zukniffen, um
nichts zu sehen, und die sich wenig kümmerten um das, was
geschah; und die ganze indifferente Masse, unberührt von
dem Schimpf, von dem Unrecht, das anderen angetan wurde – ach, es sind nur Gradunterschiede. Wir haben gelernt,
dass man die Verbrecher nicht nach ihren Verbrechen beurteilen, sondern versuchen soll, sie zu verstehen; dass man
ihrer Umgebung, den Einflüssen, den Deformationen und
Degenerationen, denen sie unterworfen sind, Rechnung
tragen muss. Nun ja, die Analogie ist augenscheinlich …
Und dieselbe Überlegung gilt für diesen Krieg. Die Hauptsache ist nicht, dass sich noch ein Krieg abgespielt hat, dass
er vorbereitet und entfesselt wurde durch eine rohe und
grausame Nation, sondern dass diese Nation die Veranlagung a priori in sich trägt. Eine Veranlagung, so zu handeln,
immer so zu handeln – jedes Mal –, sobald die Umstände
es erlauben; dass sie sich durch eine Mentalität von den
anderen Nationen unterscheidet, die – um nicht mehr zu sagen – den Krieg hinnimmt wie eine positive Sache, wie einen
ergänzenden Teil, eine nicht zu diskutierende Kundgebung
der menschlichen Natur; die, wenn sie den Krieg vielleicht
auch fürchtet, doch fähig ist, ihn mit kalter Sachlichkeit zu
betrachten, objektiv, wie einen wissenschaftlichen Streitfall,
der ebenso viel gilt wie ein anderer auch; eine Nation endlich, die nach genügender Vorbereitung unweigerlich beim
Krieg enden muss, bei der entfesselten Vergewaltigung, bei
der schrecklichsten aller menschlichen Verirrungen. Nein,
schuldig ist hier ein ganzes Volk – schuldig durch seine

Geisteshaltung, durch seine Indolenz, seine Indifferenz, seine Verachtung sogar der wahren Zivilisation gegenüber, durch seine Unfähigkeit, seine spezifischen Instinkte zu beherrschen, durch seine angeborene Barbarei, welche, bald verborgen, bald in vollem Ausbruch, aus dem Deutschen einen Boche macht ... denn vergessen wir nicht: Hitler ist kein Zufall, er ist ein Symbol. Wenn er es mit anständigen Menschen zu tun gehabt hätte, würde er geblieben sein, was er war: ein Scharlatan. Aber er wusste, für wen er seine schmutzigen Lieder sang, und wir wissen es: für die Boches sang er, und sie antworteten im Chor, in einem mächtigen, gleichgestimmten Chor, weil er bis in ihre Seelen hineinsang, wo sie schlecht und schrecklich waren und wo sein Ruf tausend- und tausendfach widerhallte ...

Ich komme zum Ende. Dieser Brief ist in mehreren Tagen geschrieben worden, er hat zahlreiche Unterbrechungen erfahren. Ich habe ihn im Regen begonnen, an der Seite eines Ofens, während einiger kostbarer Stunden der Ruhe und Wärme, fortgesetzt, und ich beende ihn im Schnee. Wir haben unsere Stellungen gewechselt und sind in siebenhundert Meter Höhe. Es ist kalt, kalt, kalt, und ich bin erstarrt die ganzen langen Tage. Man lebt in Höhlen, vergraben im Schnee, und es ist eine wirkliche Heldentat, zu schreiben – die Hände erfroren und jämmerlich zitternd. Wie ich mich sehne nach all den warmen Städten des Orients und Afrikas, die sich an den Küsten des Mittelmeeres aneinanderreihen und mich im Krieg begleiteten: Beirut, Damaskus, Tripolis, Sfax, Sousse, Tunis, Algier, Casablanca. Aber nein, ich bedaure nichts – ich bin jetzt näher bei Euch als jemals. Der Krieg geht zu Ende, und eines Tages werde ich von meinem

Schneethron heruntersteigen. Während ich darauf warte, habe ich Euch einen langen Brief schreiben können – das ist schon viel. Oh, Mutti, ich fühle jetzt, dass es nicht mehr lange dauert, dass ich Euch bald, bald sehen werde, Dich, Bettina, Angelika … Was soll ich dazu noch sagen? Kann man von Dingen sprechen, die wie eine warme Welle in einem hochsteigen und mit unbeschreiblichem Glück erfüllen? Alles in mir ist Erwartung, liebe …

Lebt wohl, meine Vielgeliebten, und wartet noch ein wenig. Jetzt seid Ihr in Sicherheit – ich kann ruhig sein, nicht wahr? Sag mir, Mutti, dass ich ruhig sein kann! Schreib mir gleich! Erzähl mir alles! Ich weiß so wenig von Euch … Du musst mir alles sagen …

Auf Wiedersehen, meine Geliebten, ich sage Euch auf Wiedersehen … Denn jetzt ist es nicht mehr lange. Es darf nicht mehr lange sein! Es darf nicht! Wir haben viele Jahre durchgehalten, wir haben uns gut gehalten – nun ist es Zeit, dass es zu Ende geht. Auf Wiedersehen, meine Geliebten, alles verliert sich in einer ungeheuren Hoffnung …

Ich liebe Euch, ich küsse Euch tausendmal –
Dich, Mutti
Dich, Bettina
Dich, Angelika

Peter

*Peter fiel am 7. Januar 1945, ungefähr fünf Wochen, nachdem er diesen Brief geschrieben hatte, kurz vor der deutschen Grenze. Er wurde von einer Granate zerrissen.*
*Dieser Brief ist der letzte, den er schrieb. Als ihn unsere Mutter an ihrem Geburtstag erhält, ist er bereits ein halbes Jahr tot. Sie antwortet, nicht ahnend, dass ihr Sohn längst nicht mehr am Leben ist.*

Sofia, 1. Juli 1945

Peter, mein kleiner Peter,

ich kann es Dir in der französischen Sprache* nicht so sagen, wie ich möchte. Es ist so schwer, Dir alle meine Liebe in einer Sprache zu sagen, die nicht die meine ist. Mir ist, als wäre nicht ich es, die spricht. Wenn ich nur ein so gutes und schönes Französisch spräche wie Du!

Höre: am Morgen des dreißigsten Juni lag ich im Bett, träumte so vor mich hin und dachte, wenn jemand käme und mich fragen würde, was ich mir am sehnlichsten zu meinem Geburtstag wünsche, so würde ich sagen: einen Brief von Peter!

Eine Stunde später läutete es, und der Briefträger brachte mir Deinen langen Brief, den ersten nach vier Jahren!

Ich habe niemals einen so schönen und bewegenden Brief bekommen. Ich bin verrückt vor Liebe, Bewunderung und Sehnsucht. Ich fühlte: Du bist mein Sohn, gehörst ganz mir. Du denkst meine Gedanken, fühlst meine Gefühle, sprichst

* Der Brief ist im Original auf Französisch geschrieben.

meine Sprache. Meine Töchter, die ich ebenso liebe wie Dich, sind trotzdem nicht wie Du. Ich fürchte, sie lieben mich auch nicht, wie Du es tust, sie verstehen mich nicht, wie Du mich verstehst. Sie sind immer in der Opposition. Vor allem Bettina ist gegen mich, oder vielleicht tut sie es, um mich ein bisschen zu ärgern. Du kennst sie, sie verhärtete sich, um nicht ihr sanftes Herz zu zeigen. Angelika ist eine strenge Kritikerin, und manchmal hat sie recht. Auf jeden Fall sind beide anders als ich – in ihrem Wesen, ihrem Temperament, ihren Anschauungen. Sie haben keinen großen Respekt vor mir und machen sich oft lustig über mich. Sie sind mit Recht verärgert, wenn ich nervös bin und wenn ich schimpfe und schreie. Du weißt, es war immer mein größter Fehler, zu schreien. Auch mit Dir habe ich geschrien. Und ich bereue jedes Wort, das nicht ein Wort der Liebe war. Wenn ich jetzt nervös bin, kann man es vielleicht verstehen und verzeihen. Aber früher, als wir noch alle beisammen waren, als ich alle meine Kinder um mich hatte, meine Freunde, keine Sorgen, Musik, Bücher, alles eben, da war ich hässlich, verwöhnt, undankbar, statt glücklich zu sein, gut zu jedermann und dankbar. Und dafür muss man bezahlen, Peterlein, und es ist gerecht so. Ich habe schlecht und egoistisch gehandelt, alle meine Pflichten vernachlässigt, sogar gegen meine so geliebten Kinder. Warum schreibe ich Dir das? Weil ich Dich, nachdem ich Deinen Brief bekommen habe, um Verzeihung bitten will, mein Peterlein. Weil ich Angst habe, dass Du mich zu sehr liebst und ich es nicht verdiene. Weil ich, wenn ich an die vergangenen Zeiten denke, nur meine Fehler sehe, und das quält mich unaufhörlich. Nun habe ich genug von mir geschrieben, von Dir muss ich sprechen, von Dir, der Du ein Mann geworden bist, der mehr gelitten hat als ich, der gezeigt hat, dass er nicht nur schöne Worte sprechen und schreiben, sondern das Leben und Gesundheit für seine Ideale geben kann. Du, der gezeigt hat, dass er seiner Mutter und seinen Großeltern – deren Liebe zu uns so groß war – aufs Tiefste verbunden ist. Wie klein fühle ich mich vor ihnen und Dir! Ich kann nicht alles in diesem Brief aufklären. Einmal werden wir über all das sprechen, nicht wahr, Peterlein?

Ils'chen schrieb mir, dass Deine letzte Nachricht ein Telegramm aus Paris gewesen sei. Du wolltest mich nach Jerusalem kommen lassen, um mich zu sehen. Und seit dieser Zeit hat sie keine Nachricht mehr von Dir und ich auch nicht. Wir haben so entsetzliche Angst. Ich habe alle möglichen Karten und Briefe geschrieben, über die englische, die französische Botschaft. Ich wusste nicht, wo Du bist, und glaubte Dich immer in Jerusalem oder Syrien. Ich hatte Deine Militäradresse, aber ich wusste nichts. Jetzt weiß ich es! Gott hat mir erspart, mich vier lange Jahre zu ängstigen und zu quälen. Aber warum haben wir nun seit sechs Monaten keine Nachricht von Dir? Du hast so viele Gefahren überstanden, Du warst verwundet – aber Du hast immer geschrieben. Und jetzt, wo der Krieg zu Ende ist, schweigst Du. Aber der Krieg dauerte noch von Dezember bis Mai. Ich habe so Angst, Peter.

Du hast nicht verstanden, was man mit Omutter gemacht hat? Man hat sie nach Polen geschickt, wie alle anderen auch, und seit August dreiundvierzig haben wir nie wieder von ihr gehört. Die ersten waren Marie und Evchen. Und dann alle anderen: Habermanns, Kirschs, eben alle. Ernst Saulmann und seine Mutter haben sich umgebracht, viele haben das getan. Dein Vater und Enie haben geholfen, wo sie konnten. Sie waren sehr sauber und haben viel gelitten. Du sprichst gar nicht von Erich? Ich weiß wohl, warum. Er war sehr gut zu Omutter und uns. Du machst mir Omutters wegen Vorwürfe, aber ich konnte sie nicht zu mir nehmen, Peterlein. Es gab keine Möglichkeit. Selbst ich konnte Deutschland nur verlassen, weil ich eine Scheinehe geschlossen habe. Wir hatten keine Pässe mehr, niemals hätte man meine Mutter herausgelassen. Es ist nicht mehr darüber zu sagen, Peterlein. Ich werde nie verstehen, wie das alles geschehen konnte. Ich kann die Menschen nicht verstehen. Alle die, die das gemacht haben, werden bestraft werden – so schlimm, wie man es sich gar nicht vorstellen kann. Aber damit kann man die, die sie getötet haben, nicht wieder lebendig machen. Tausend Mal habe ich mir das Ende des Krieges vorgestellt, das Ende der Nazis. Und nun, zu meinem größten Erstaunen, ist es wirklich so gekommen, wie ich es geträumt und mit allen Kräften gewünscht habe. Ich hatte immer den festen Glauben daran, und trotzdem kamen manchmal Zweifel. Denn es ist wirklich selten, dass etwas so kommt, wie man es träumt. Ich habe wie Du von meiner Rache geträumt. Ich wollte mich rächen an allen, die mich beleidigt, die mich erniedrigt und mir so viel Böses getan haben. Die mir alles genommen haben – Sohn, Mutter, Mann, das Land. Die meine Kinder unglücklich gemacht haben, die es dazu gebracht haben, dass ich meine Kinder unglücklich machen musste – meine Kinder, die ich wie sonst nichts auf der Welt liebe. Das war das Schlimmste! Trotzdem will ich den Wunsch nach Rache bekämpfen, und ich will nicht mehr hassen. Was ich möchte, ist: in meiner Heimat arbeiten, mit den Alliierten und für sie. Ich kenne das Land, die Sprache, ich habe gelernt zu arbeiten, bescheiden zu leben, nichts mehr zu wollen außer ein bisschen Frieden, ein wenig Ruhe. Ich bitte nur um eins: keine Angst mehr haben zu brauchen und nicht mehr allein in einem fremden Land leben zu müssen. Und vor allem möchte ich meine drei Kinder haben, gerettet, in Sicherheit und glücklich. Ich möchte sie um mich haben, das ist mein Gebet, jeden Morgen und Abend.

Mein Peterlein, ich umarme Dich und küsse Dich. Ich bin stolz auf Dich, mon petit.

Mutti

Die Kinder umarmen Dich. Angelika möchte, dass Du zu uns kommst. Kommst Du, Peter? Manchmal kann ich nicht mehr. Es war zu viel.

In mir ist alles dunkel. Wenn Du doch kommen könntest …

*Zwei Wochen später erhielt unsere Mutter durch einen Brief von Ilse Hirsch, datiert am 12. Juni 1945, die Todesnachricht ihres Sohnes. Ilse hatte selbst gerade die folgende Mitteilung bekommen, eine späte Antwort auf die Nachforschungen, die sie angestellt hatte. Sie fügte eine Kopie davon ihrem Brief bei.*

Madame,

aufgrund ständiger Truppenverschiebungen ist es mir
erst heute möglich, auf Ihren Brief zu antworten, den mir
der Kommandant der Kompanie von Peter Schwiefert
weitergegeben hat. Ich weiß nicht, in welchem Verwandt-
schaftsverhältnis Sie zu unserem Kameraden stehen, aber
falls Sie mit seinen Eltern in Verbindung sind, bitte ich Sie,
ihnen die schmerzliche Mitteilung vom Tod unseres Kameraden zu machen. Pierre Schwiefert wurde am 7. Januar von
Granatsplittern in der Nähe des elsässischen Dorfes Ross-
feld getötet. Seine Kompanie stellte sich den Deutschen
entgegen, die nach Straßburg vorrückten und die Verteidi-
gungslinie durchbrachen, die unsere Brigade zwischen dem
Rhein im Osten und dem Fluss Ill im Westen hielt. Pierre
war in Stellung in einem Schützenloch, als eine Granate neben ihm einschlug. Er war sofort tot. Ich habe seine Leiche
gesehen, und sein Gesicht war nicht entstellt.

Der junge Schwiefert war einer der Ältesten des Bataillons,
sehr mutig und ein guter Kamerad. Ich habe ihn schon in
Beirut gekannt. Er hatte alles Mögliche unternommen, um
seine Familie wiederzusehen, in Bulgarien, glaube ich, und
er freute sich sehr darauf, nach Palästina zurückzukommen.
Ach, leider hat Gott zugelassen, dass er uns genommen
wurde. Ich bin sicher, dass Gott diesen jungen Mann belohnt
haben wird, der so für sein Ideal gekämpft hat, seit seiner
Flucht aus Berlin bis zu seinem Tod.

Mit dem Ausdruck meiner vorzüglichen Hochachtung, Madame, bitte ich Sie, der Familie mein aufrichtiges Beileid zu übermitteln.

Jean Starcky
Militärkaplan des B. I. M. P.
(Bataillon d'Infanterie de Marine et du Pacifique*)

P. S.
Pierre Schwiefert ist auf dem Militärfriedhof von Châtenois im Elsass** begraben. Seine Hinterlassenschaften können im Service des Successions militaires, 22 Boulevard de la Bastille, Paris 12$^e$, angefordert werden.

---

* Peter gehörte zur 3. Kompanie des B. I. M. P., einer Einheit, die nach Bir-Hakeim durch die Zusammenlegung des Pazifik-Bataillons mit einem Infanterie-Bataillon der Marine (dem Peter vorher angehört hatte) gebildet wurde. Beide hatten beträchtliche Verluste erlitten.

** Die sterblichen Überreste von Peter sind jetzt woanders hingebracht worden. Bettina wurde davon in Kenntnis gesetzt mit dem folgenden Schreiben vom Ministerium für Kriegsveteranen und Kriegsopfer (Brief vom 10. Februar 1972): »Madame, Sie haben den Wunsch geäußert, den Bestattungsort Ihres Bruders, des Soldaten Peter Schwiefert, geb. den 5. Januar 1917 in Berlin zu erfahren. Ich habe die Ehre, Ihnen mitzuteilen, dass die sterblichen Überreste des Soldaten, der am 7. Januar 1945 ›für Frankreich gestorben ist‹, in der Nähe von Benfeld (Bas-Rhin) auf dem Militärfriedhof von Straßburg-Kronenburg (Bas-Rhin) ruhen. Grab Nr. 24, Reihe 5, Karree E. Hochachtungsvoll ... (Unterschrift unlesbar), der Direktor des Büros für nationale Friedhöfe und Herausgabe von Leichnamen.« Vor einigen Monaten bin ich mit Angelika zusammen nach Straßburg-Kronenburg gefahren, wo wir tatsächlich die Grabstätte von Peter gefunden haben. Das Grab war mit einem Kreuz versehen, auf der Plakette war der Name falsch geschrieben: Schwerrert anstelle von Schwiefert. Für die Orthographie und für das Kreuz wurde das Notwendige veranlasst. C. L.

Sofia, 17.7.1945

Liebes Ils'chen,

ich danke dir für alles. Eine Hoffnung ist tot – mein Junge, den ich nun endlich bald wiedersehen sollte. Sieben Jahre quält er sich, und als es fast überstanden ist, stirbt er. Vier Jahre überlebt er sämtliche Gefahren, um vier Monate vor Kriegsende zu fallen. Ich habe schon seine Hand gespürt und sein Haar und seine Haut – bald, dachte ich, werde ich alles halten und küssen. Kein Peterlein mehr. Ich beneide dich sehr. Du hast ihn noch bis kurz vor seinen Tod gesehen und gesprochen. Ich habe ihn sieben Jahre nicht mehr gesehen und gesprochen, darum ist da keine physische Lücke für mich, er ist mir genauso nah oder fern wie bisher. Aber da, wo meine Gedanken immer hingingen, da ist jetzt eine große Leere und keine Hoffnung. Mein schöner, begabter Junge. Ich wollte mit ihm zusammenleben.

Ich kann das alles nur dir sagen, weil du mir jetzt die Nächste bist. Ich möchte dich sehen und anfassen, weil an dir noch etwas von Peter ist. Ils'chen, erzähl mir von ihm, erzähl mir alles! Du schreibst: er sah so wunderbar aus. Wie hat er ausgesehen? Beschreib ihn mir ganz genau. War er noch so fröhlich und lebendig wie früher? Hatte er ein Mädchen? Sind keine Photos von ihm da? Schick mir alles von ihm, Ils'chen, bitte.

Mir ist so bitter, viele sind durchgekommen, warum nicht

er? Er hat es doch verdient. Hat er über die Möglichkeit seines Todes gesprochen? Hat er vorausgeahnt, dass ihm etwas passieren wird? War er vergnügt? Ich mache mir so viele Vorwürfe. Wie oft habe ich mit ihm geschimpft, habe an der Aufrichtigkeit seiner Worte gezweifelt. Habe ich ihn enttäuscht? War er sehr unglücklich damals, als ich nicht nach Griechenland kam? Er wartete schon am Bahnhof auf mich, und ich hätte es vielleicht geschafft, wenn ich energischer gewesen wäre. Aber ich war so unsicher und in Angst um meine Töchter. Wäre ich doch nur gefahren und hätte ihn ein letztes Mal gesehen. Nie hatte ich wirklich Angst um Peter, nur in den letzten Monaten hatte ich so eine Leere in mir. War er oft traurig? Hat er gelitten? Du hast ihn auch verloren, aber doch tut's dir nicht so weh.

Kinder, auch wenn sie erwachsen sind, hängen noch immer an der Nabelschnur der Mutter, und da zerren sie und zerren, ob bewusst oder unbewusst, und das geht mitten ins Herz.

Meine Mutter hat ihren Sohn im letzten Monat des Ersten Weltkrieges verloren, und sie hat sich nie davon erholt. Ich weiß eigentlich gar nicht, was aus mir werden soll.

Schon ein halbes Jahr ist mein Junge nicht mehr da, und ich wusste es nicht. Zwei Tage nach seinem 27. Geburtstag ist er gefallen*. Nie ist mir der Gedanke gekommen, dass Peterlein im Krieg getötet werden könne, jetzt, ein halbes Jahr zu spät, fange ich an zu weinen.

Es ist alles so verkehrt. Niemand war bei ihm, als er starb,

---

* Peter ist am 5. Januar 1917 geboren und starb am 7. Januar 1945.

seine Mutti war nicht bei ihm. Zu nichts bin ich gut, zu gar nichts. Nur Unglück kann ich über alle Menschen bringen.

Ils'chen, schreib mir und nimm viele Grüße,
Deine Schnuff.

In welcher Sprache habt ihr miteinander gesprochen? Wie lange war er in Jerusalem? Hat er bei euch gewohnt? Was für eine Uniform trug er? Wie oft war er in Urlaub? Hat er nur die Rote-Kreuz-Nachrichten von mir bekommen und meine Briefe und Karten nicht mehr? Er wird an mir gezweifelt haben. Ich habe nicht oft genug geschrieben, und er hatte so große Angst um uns.

18.7.1945

Hast du es nicht schon früher gewusst, dass Peterlein nicht mehr da ist? Wolltest du mich nur langsam vorbereiten? Warum hat er mich eigentlich liebgehabt? Ich habe ja nie etwas für ihn getan. In meiner Antwort auf seinen langen, schönen Brief konnte ich ihm zum ersten Mal sagen, wie sehr ich ihn liebe, achte und bewundere; dass ich ihm danke und um Verzeihung bitte. Und all das wird er nun nie erfahren. Für mich ist er gestorben, und er hat nicht gewusst, wie lieb ich ihn habe.

Jerusalem, 1. August 1945

Meine liebe Else,

ich werde mich jetzt bemühen, alle Deine Fragen so
genau wie möglich zu beantworten;
Als Erstes: Ich hatte es nicht früher gewusst! Peterchen
schrieb ungeheuer unregelmäßig all die Jahre, besonders
zuletzt. Erst als seiner Nachricht, dass er schon fast auf dem
Weg hierher sei, wochenlang nichts mehr folgte, wusste ich,
dass ihm etwas zugestoßen sein musste. Nur hatte ich immer
noch die Hoffnung, dass er bloß verwundet sei. Im vorigen
Jahr, um dieselbe Zeit, hatte er einen Schulterschuss und lag
in einem amerikanischen Hospital. Damals kam auch sehr
lange kein Brief.
Aber nun zu Peterchen. Er war, wenn wir zusammen waren, immer sehr vergnügt und behauptete, dass wir beide
»nur Unsinn im Kopf« hätten. Nachdem er monatelang
unter den schwersten Umständen und Entbehrungen in
der Wüste gekämpft hatte, kam er zu uns auf Urlaub. Ich
werde nie unser erstes gemeinsames Mittagessen vergessen.
Es gab Fleisch, Gemüse, Salat, und ich hatte unvorsich-
tigerweise auf die Salatteller verzichtet. Peter setzte sich,
musterte den Tisch und fragte vorwurfsvoll: »Gibt es keine
Salatteller in diesem Haus?« Es war so bezeichnend für
Peter! Kaum zu Hause, war er sogleich wieder der kleine,
verwöhnte Junge, der mindestens zehn Bediente um sich
haben musste. Er nahm unser Mädchen vollauf in An-

spruch. Seine Uniform musste aufs Sorgfältigste gebügelt sein und seine Schuhe glänzen, wenn er ausging. Er sah einfach großartig aus. Ich habe nie vorher und nie nachher einen so schönen Menschen gesehen. Er war eine Ausnahme. Ein fein geschnittenes Gesicht, dichtes, dunkelblondes Haar, eine wunderschöne Figur. Alle Leute auf der Straße sahen sich nach ihm um.

Er hatte ein Mädchen in jedem Hafen, überall »die Schönste des Dorfes« – wie er immer sagte –, aber er liebte keine. In den letzten Jahren behauptete er, ich wäre die einzige Frau, die er liebte. Ich wusste aber, dass er in Wirklichkeit nur Dich liebte und an mir nur so hing wegen unserer – Deiner und meiner – alten Freundschaft. Ich habe ihm die Liebe zu mir sozusagen wieder ausgeredet, worüber er zuerst ein wenig gekränkt war und hoffte, er würde es mir eines Tages – wenn der Krieg zu Ende sei – beweisen können.

Nein, er hat nie im Mindesten daran gezweifelt, dass er den Krieg heil überstehen würde. Im Gegenteil – ich habe immer geschrieben, dass wir uns nie mehr wiedersehen würden, aber doch nur, weil ich dachte, dass er nach dem Krieg nach Amerika gehen würde. Aber er hat immer gesagt: »Du wirst sehen, Ils'chen, bald, bald sind wir wieder zusammen.«

Und das Wiedersehen mit Dir hat er sich in allen Farben ausgemalt. Er trug Dein Bild, auch das seiner Schwestern, immer bei sich. Er hat Dich sehr geliebt, Else. Nicht nur als Mutter, sondern auch als Frau warst Du ihm immer ungeheuer deutlich und lebhaft vor Augen. Er wusste, dass Ihr Euch sehr ähnlich seid, und glaubte, dass es bei Eurem Wiedersehen zwar zu einer großen Auseinandersetzung, dann aber zu innigem Verständnis kommen würde. Er wollte unbedingt wissen, wo Du (übrigens auch die Schwestern, plus Mann) stehst.

Jude, nicht Jude und so. Er hat die verzweifeltsten Anstrengungen gemacht, voll und ganz Jude zu werden, was ihm aber nicht gelungen ist. Zu einer »Operation« brauchte er die Genehmigung der militärischen Behörden, und die hat er nicht bekommen. Nun ja, es war bei ihm eine fixe Idee. Nach dem Krieg wollte er nach Amerika, Schriftsteller und Journalist werden und so oft wie möglich nach Palästina kommen. Er war kein Zionist, liebte aber Palästina sehr. Es war seine Heimat. Er hielt alle jüdischen Feiertage ein (ließ sich dazu sogar Urlaub vom Militär geben), las die Bibel, war zwar keineswegs fromm, aber hatte viel für den Glauben übrig. Er war in entsetzlichen Konflikten, was er tun solle, wenn er zufällig auf seinen Vater stoßen würde. Aber sein Hass war so groß, dass es nach längeren Überlegungen gar kein Konflikt mehr war.

Wir haben immer deutsch miteinander gesprochen, Peter und ich, aber geschrieben haben wir uns auf Englisch. Mit meinen Kindern hat er ein paar Brocken Hebräisch geredet. Einmal war er drei Wochen bei uns und einmal sechs Wochen. Natürlich hat er bei uns gewohnt, und das war immer sehr lustig – so wie in Pätz*. Er trug die Uniform der Free French Army, Khaki, und die kleine, dunkelblaue, schiefe Mütze. Wie gesagt, er war bildschön und so gepflegt. Außerdem hatte er wunderbare Hände. Einmal hat er drei Tage

---

* Ein Dorf in der Nähe von Berlin, wo sich das Landhaus der Schrobsdorffs befand.

bei meinen Eltern in Tel Aviv gewohnt, und da wurde er sehr verwöhnt. Meine Eltern waren stolz auf ihn. Einen einzigen richtigen Brief hat er von Dir bekommen – ganz zum Schluss. Da war er verrückt vor Freude und schrieb mir, wie glücklich er sei*. Er hatte wirklich schreckliche Angst um Euch und wollte Euch unbedingt nach Palästina holen. Ich sollte Visen beschaffen. Die Antwort, dass das ganz unmöglich sei**, hat er schon nicht mehr bekommen. Armes Peterchen! Else, es ist genug für heute, meine Augen fallen mir zu. Hier nehmen alle Menschen Anteil an Peters tragischem Schicksal, und doch tut es mir gut, einmal nur mit Dir darüber zu reden. Am vierundzwanzigsten Dezember war Peter auf Urlaub in Paris. Da schrieb er mir, dass er kommen würde, falls er nicht sofort an die Front zurückmüsste. Am dritten Januar bekam ich ein Telegramm von ihm. Er teilte mir mit, dass er mehr oder weniger auf dem Weg nach Palästina sei und

---

\* Nach der Befreiung von Sofia und im selben Moment, in dem Peter an sie geschrieben hat, hatte Else ihrerseits spontan einen richtigen Brief an ihn abgeschickt. Auf diesen Brief, den Ilse Hirsch weitergegeben hatte, bezieht sie sich hier. Peter muss ihn wenige Tage später erhalten haben, nachdem er seinen eigenen vom 27. November abgeschickt hatte: Er erzählt Ilse davon in einer seiner letzten Nachrichten, die er ihr am 8. Dezember 1944 zukommen ließ. Leider ist der Brief von Else, wie alle, die er von ihr erhalten hat, nicht mehr vorhanden. Angelika, die ihn gelesen und auch ein Postskriptum dazu geschrieben hatte, erinnert sich daran, dass ihre Mutter darin ihre Angst ausdrückte vor dem Schock, der Peter bei ihrem Anblick erfassen würde: Sie bereitete ihn darauf vor, dass ihre Schönheit dahin sei, sie habe graues Haar bekommen, und ihr Gesicht sei entstellt durch die Gesichtslähmung. Sie erzählte auch von Bettinas Heirat, von dem wahrscheinlichen Tod ihrer Mutter, aber vor allem stellte sie ihm unendlich viele Fragen über sein eigenes Leben – das sie sich in Jerusalem vorstellte.

\*\* Wegen der Einreisebeschränkungen für Juden durch die Engländer.

Dich hier sehen wolle. Der erklärende Brief dazu kam am fünfzehnten Januar. Es schien alles glattzugehen. Dann kam die Offensive* ... Eigentlich warte ich immer noch auf die Nachricht, dass er kommt, Peterchen ... Nein, ich kann es noch nicht fassen. Er hatte doch so viel vor! Ich sehe mir sein Bild an – es hängt mir gegenüber.

Schreib mir, Else, dann werde ich Dir weiter erzählen.

Deine Ilse

*Else an ihren ersten Mann, Fritz Schwiefert, Peters Vater*

Sofia, 15. Juli 1946

Pitt,

ich danke dir für deinen lieben Brief. Wäre er früher gekommen, hätte er mir vielleicht eine Hilfe sein können**. Es hat lange gedauert, bis mir klar wurde, was mich, neben dem Gedanken, ihn nicht mehr zu haben, so schrecklich quält an Peters Tod. Das bohrte und bohrte, und ich war zu verwirrt und hilflos, um es durchdenken zu können. Nun

---

* Die letzte deutsche Offensive vom Januar 1945, während deren Peter fiel.

** Durch Erich Schrobsdorff war Fritz Schwiefert verspätet vom Tod seines Sohnes informiert worden.

hast du es deutlich gesagt – wie du es eben kannst – schön und klar. Da war keine Lücke wie sonst, wenn ein geliebter Mensch stirbt. Da war keine Krankheit, kein Sterben. Da war gar nichts, ein Loch – früher kein Peter, jetzt kein Peter. Ich habe ihn nicht mehr gepflegt, ihm nicht mehr geholfen, ihn nicht mehr gestreichelt, ihn nicht mehr gehalten, einfach – es gibt keinen Peter mehr. Wie du suche ich wie ein Hund die Spur, du vielleicht mehr im geistigen Sinne, ich auch körperlich, denn ich bin ja seine Mutter. Wenn ich nur wüsste, wie seine Hände, seine Haare sich angefühlt haben, wenn ich nur seine Wärme noch einmal hätte spüren können, seine Haut, seinen Mund, wenn ich nur noch einmal seinen Geruch hätte atmen können. Ich fasse manchmal sein Bild an, etwas von Peter muss doch spürbar sein. Aber es ist kalt, und es ist ja auch Sentimentalität. Man kann machen, was man will, es ist alles überflüssig. Er kommt nie wieder.

Wenn ich richtig weinen könnte, wäre es vielleicht besser. Aber ich kann nicht. Wenn ich mir alles so vorstelle, und es tut zu weh, dann kann ich aufhören, daran zu denken. Vor anderen Leuten bin ich wie sonst, ich gehe auch nicht in schwarzen Kleidern. Es ist ja alles so egal. Kannst du mir vielleicht auch erklären, warum ich nicht daran zugrunde gehe? Eigentlich müsste ich doch längst zugrunde gegangen sein nach all dem. Bin ich schon völlig abgestumpft, oder liebte ich ihn nicht genug, oder ist es Selbsterhaltungstrieb? Denn wenn ich mich einmal gehen ließe, das weiß ich, dann würde ich schreien, schreien. Aber ich schreie eben nicht. Warum weine ich nicht Tag und Nacht wie meine Mutter damals, als ihr Sohn starb? Es wäre leichter, glaube ich, so würgt es und würgt.

Das Schlimmste ist aber nicht, dass Peter für uns tot ist, sondern dass er, jung, gesund und am Anfang seines Lebens, nichts mehr davon hat. Alles war umsonst. Umsonst die Qual, umsonst die Sehnsucht, die Hoffnung auf das Ende, umsonst hat er seine große Liebe für uns gezeigt, indem er sich geopfert hat. Er kann unsere noch größere Liebe dafür nicht mehr empfangen. Er wollte anfangen zu leben, er liebte das Leben, die Sonne, den Sommer, die Mädchen. Du wirst das alles verstehen, wenn du seinen Brief liest, den ersten und letzten an mich, nach vier Jahren Schweigen. Er kam genau am 30. Juni, meinem Geburtstag, und ich empfand ihn wie ein Geschenk des Himmels. Und als ich ihn las, dachte ich: Es hat sich gelohnt, durchzuhalten, die Angst, die Qual, die Not, die Verzweiflung – alles hat sich gelohnt für diesen wunderschönen Brief, für das Wiedersehen mit meinem Sohn. Und da war Peter schon ein halbes Jahr tot.

Ich habe nichts gespürt, habe wie du nie Angst um Peter gehabt. Ich glaubte ihn in Sicherheit in Palästina. Als ich den Brief las und erkannte, dass er schon vier Jahre in höchster Gefahr gewesen war, da war ich so dankbar, dass mir die Angst um ihn erspart geblieben war. Denn nun, dachte ich, ist ja alles überstanden – und vierzehn Tage später kam die Nachricht. In der Nachricht steht, dass Peter von einer Granate getroffen wurde. Er war sofort tot. Sein Gesicht war entstellt, heißt es*. Er hatte Auszeichnungen, er war einer

---

* Nach Aussage des Militärkaplans war Peter durch Granatsplitter getötet worden und sah nicht entstellt aus. Aber die Mutter bezieht sich doch gerade auf dessen Brief. Ich konnte diesen Widerspruch nicht auflösen; man kann sich vielleicht vorstellen, dass der Kaplan sich einer frommen Lüge bedient hat und dass Else inzwischen andere Informationen bekommen hatte. C. L.

von den Ältesten in der Armee de Gaulle, ein mutiger Soldat und ein guter Kamerad. Er ist in der Nähe von Straßburg begraben, und ein paar Sachen, die er bei sich hatte, liegen in Paris. Wenn du seine Briefe lesen wirst, den letzten, den ich an meinem Geburtstag erhielt, und die, die er mir aus der Emigration schrieb, dann die Briefe an Ilse Hirsch, bei der er alle seine Urlaube verbrachte, und die Briefe von Ilse an mich, in denen sie mir von Peter erzählt, dann wirst du deinen Sohn ein bisschen kennenlernen. Vielleicht ein bisschen wiederfinden. Aber es ist wenig. Ich warte schon monatelang auf seine Sachen aus Paris, vielleicht ist etwas Geschriebenes darunter. Aber ich glaube es nicht, er hatte es zu schwer. Er wollte, wenn alles überstanden war, schreiben, sagt Ilse, es war sein größter Wunsch. Also das ist nun alles, was von unserem begabten, tapferen, schönen Jungen übrig geblieben ist. Ein paar Sachen, die man mir in einem Päckchen zuschicken wird. Ilse schreibt:»Er war der schönste Mensch, den ich kannte.«

Dein Brief hat mir wohlgetan, und ich liebe dich sehr, denn du bist Peters Vater. Darum habe ich hier auch Dinge geschrieben, die ich sonst keinem Menschen anvertraut habe. Niemand braucht zu wissen, wie mir wirklich zumute ist.
Leb wohl!

Deine Else

Schicke mir die Briefe zurück, Pitt.

Lieber Pitt,

man hat mich auf das französische Konsulat gerufen und mir Peterleins hinterlassene Sachen übergeben. Alles war in ein seidenes Tuch gebunden. Ein Stoß Briefe von Liena, von Ilse, von uns. Dazwischen versteckt und versiegelt ausländisches Geld, sein Verlobungsring und ein kleiner goldener Anhänger von Ellen: »Everybody loves you«. Verschiedene Brieftaschen mit Orden, Kamm, Füllfederhalter, ein Büschelchen Haare von Liena. Ein kleines Album mit Bildern von uns, viele Photos von Liena, Sergette und ihm (kleine Passbilder). Eine ganze Tasche Abzeichen aus allen Ländern, sicher von Gefallenen – auch Hakenkreuz und Reichsadler. Zwei Taschenuhren, zwei Gebetbücher, zwei andere Bücher. Briefe an uns, seine Pässe und Dokumente.

Schreib mir, Pitt. Ich glaube, Du musst mir doch mal helfen. Ich werde es nicht aushalten.

Immer Deine Else

Jetzt sind es über drei Jahre.

---

[*] Else war einige Monate zuvor nach Deutschland zurückgekommen und lebte jetzt in Garmisch-Partenkirchen bei Erich Schrobsdorff.

Peter als Kind mit seiner Mutter Else in Berlin, ca. 1925

Peter, Angelika, Bettina und ihre Mutter Else, ca. 1931

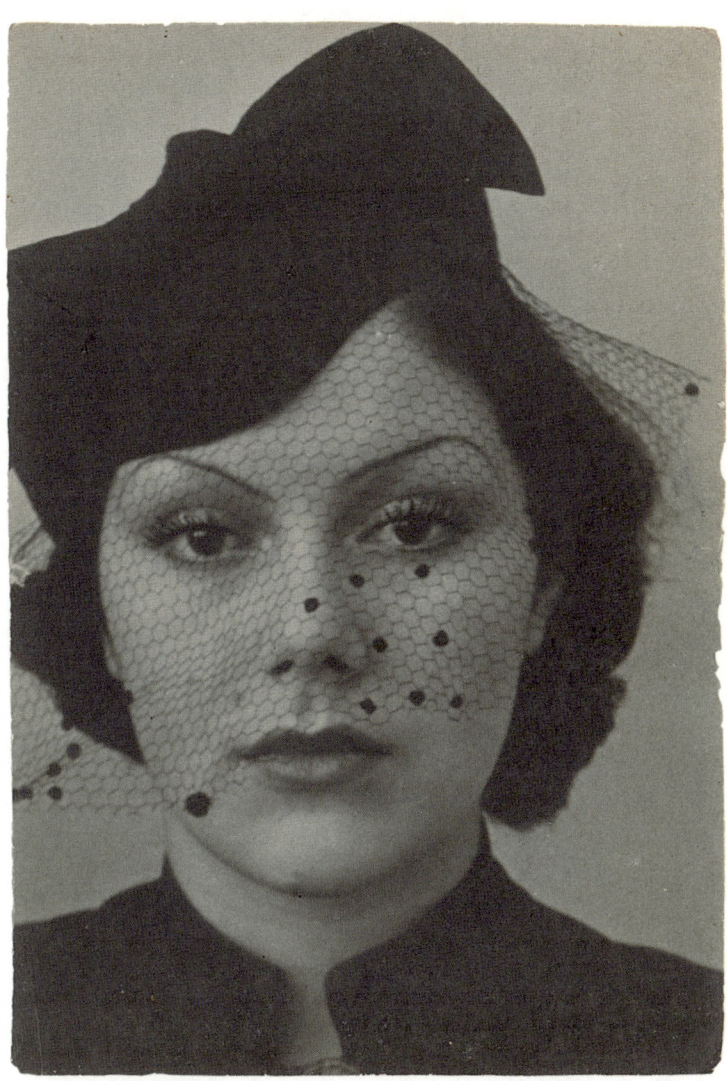

Liena, Peters Freundin

Angelika in Bulgarien, ca. 1940

Fritz Schwiefert, Peters Vater

Peter im Alter von fünf Jahren

Peter 1937, ein Jahr bevor er Berlin verlassen hat

Angelika mit ihrem Vater Erich Schrobsdorff, ca. 1938

Die Mutter in Berlin, 1936

Ilse Hirsch in Berlin, 1933

Daniel Kirschner,
Peters Großvater mütterlicherseits

Postkarte von Peter aus Athen an seine Mutter in Sofia

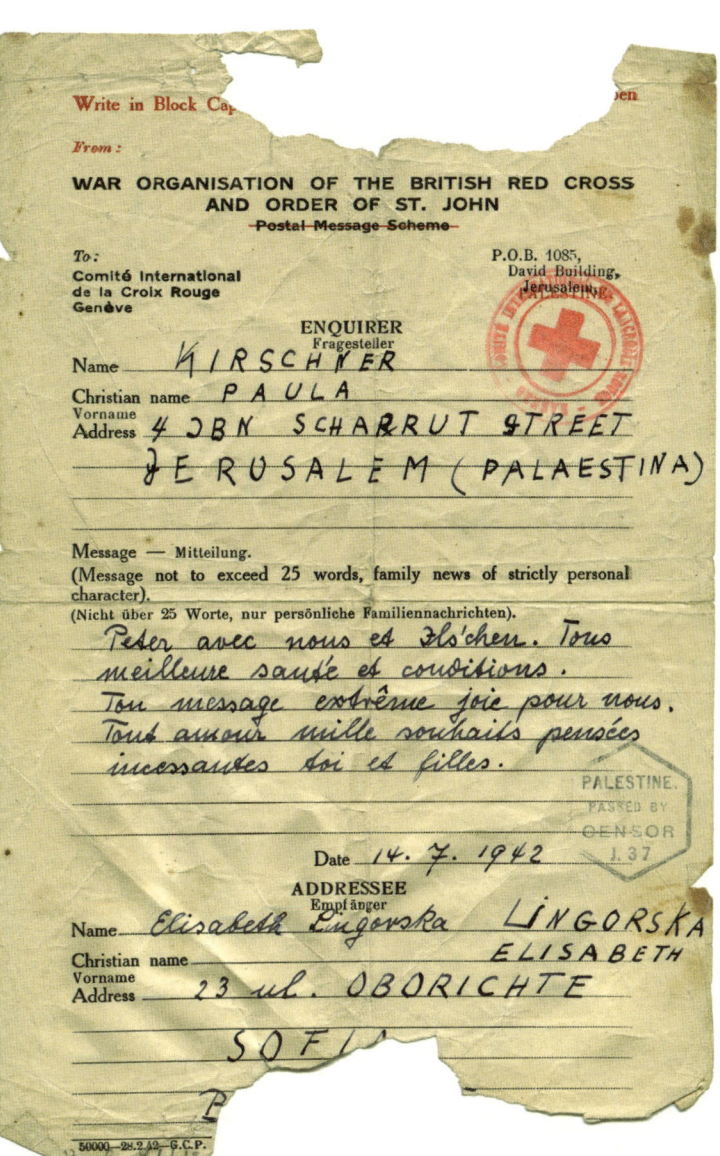

From:

# WAR ORGANISATION OF THE BRITISH RED CROSS
## AND ORDER OF ST. JOHN
### —Postal Message Scheme—

To:
Comité International
de la Croix Rouge
Genève

P.O.B. 1085,
David Building,
Jerusalem

### ENQUIRER
Fragesteller

Name _KIRSCHNER_

Christian name _PAULA_
Vorname

Address _4 JBN SCHARRUT STREET_

_JERUSALEM ( PALAESTINA )_

Message — Mitteilung.
(Message not to exceed 25 words, family news of strictly personal character).
(Nicht über 25 Worte, nur persönliche Familiennachrichten).

_Peter avec nous et Ils'chen. Tous meilleure santé et conditions. Ton message extrême joie pour nous. Tout amour mille souhaits pensées incessantes toi et filles._

PALESTINE.
PASSED BY
CENSOR
J. 37

Date _14. 7. 1942_

### ADDRESSEE
Empfänger

Name _Elisabeth Lingorska_ LINGORSKA

Christian name ELISABETH
Vorname

Address _23 ul. OBORICHTE_

_SOFI..._

50000—28.2.42—G.C.P.

Rot-Kreuz-Nachricht von Paula Kirschner aus Jerusalem an Else (Elisabeth Lingorska) in Sofia. Sie schreibt, dass Peter bei ihnen und bei Ilse Hirsch ist, und dass es ihm gut geht.

17/1/41

Meine liebe Tina und Angelika!

Ich antworte Euch umgehend auf Euren lieben Geburtstagsbrief, für den ich Euch meinen schönsten Dank sage. Von Geburtstag stand ja zwar nicht viel drin, aber das ist ja ziemlich gleichgültig. Umso mehr hat es mich jedoch gefreut, daß Ihr Weihnachten und Angelis Geburtstag so schön verbracht habt und, wie ich meine, auch Sylvester. Daß wir alles wieder einmal zusammen werden feiern können, ist, wie Ihr wißt, auch mein innigster Wunsch. Nun, noch etwas Geteiltes. — Auf Tinas Passage, meinen bewußten Brief betreffend, habe ich folgendes zu antworten: ich habe mich allerdings, und nicht nur hierin, sehr verändert, auch wenn man davon "noch nicht sehr viel" bemerkt hat. Der ziemlich einfache Grund ist erst einmal, daß ich älter geworden bin und dementsprechend, gedanklich, nicht mehr von der Hand in den Mund lebe. Ob ich Mutti so sehr ähnele, würde ich jetzt nicht so einfach zu sagen. — Dieses vorausgeschickt, ist es zwar richtig, daß man aus der Ferne im allgemeinen gut reden hat, doch ist es auf der anderen Seite auch wieder so, daß man, wenn man die Objekte seiner Betrachtung nur genügend kennt, auch aus der Ferne ein ganz gutes Urteil haben kann. Und wenn man mir nun entgegenhält, daß ich mich in natura vielleicht auch nicht ganz so gut mit Mutti verstehen würde wie Ihr es Euch vorstellen tut, so muß ich erwidern, daß man dies "aus der Ferne" wohl nicht so gut beurteilen kann, da ich mich ja, wie gesagt, so "unbemerkt" verändert habe. Denn — und dies glaube ich unbesehen versichern zu können, ich würde mich mit Mutti nicht nur gut verstehen, sondern wir würden auch, wären wir beieinander, so viel tiefes Verständnis (zu allem anderen dann) füreinander haben, daß die Erklärung: Mutti ist meine Mutter, und ich bin Muttis Sohn schon garnicht mehr ausreichte... und das aus dem ziemlich einfachen Grunde, daß ich

[linker Rand, schwer lesbar]

Postkarte von Peter an seine Schwestern Angelika und Bettina in Sofia, 17.1.41

Postkarte von Peter an seine Schwestern Angelika und Bettina in Sofia, 17.1.41

ΕΛΛΑΣ · GRÈCE
ΠΑΓΚΟΣΜΙΟΣ ΤΑΧΥΔΡΟΜΙΚΗ ΕΝΩΣΙΣ
UNION POSTALE UNIVERSELLE
ΕΠΙΣΤΟΛΙΚΟΝ ΔΕΛΤΑΡΙΟΝ
CARTE POSTALE

Mlles. Bettina Schwiefert & Angelika Schrobsdorff
c/o Mme. E.D. Lingorska
ul. Oborisчte 23
Sofia
BΟΥΛΓΑΡΙΑ

מברק TELEGRAM رقية

| This form must accompany any enquiry respecting this telegram. | Service Instructions | |
| --- | --- | --- |

= SS SS 160 127 ALGER 43 24 1800 UNPAS EGYPT 1MPL

To   NLT ISLE HIRSCH 15 GAZAROAD JERUSALEM =

ENVOIE IMMEDIATEMENT TELEGRAMME SUIVANT STOP ELISABETH LINGORSKA 23 OBORICHTE
SOFIA STOP PETER VIENDRA EN CONGE STOP DEMANDEZ IMMEDIATEMENT VISA PALESTINE
SANS FIXER DATE STOP TELEGRAPHIEZ RESULTAT PUIS ATTENDEZ PRECISIONS STOP ISLE
THIRSCH 15 GAZAROAD JERUSALEM =

PETER SCWIEFERT =

Telegramm von Peter an Ilse Hirsch in Jerusalem mit der Bitte, seiner Mutter in Sofia mitzuteilen, dass er demnächst nach Palästina auf Urlaub komme und sie sich ein Visum für Palästina besorgen solle, um ihn zu sehen. Dieses Telegramm ist am 31.12.1944 in Jerusalem angekommen, 7 Tage vor Peters Tod.

N° **6372** Date **30.DEC.1941**

## CARTE D'IDENTITE

### HOMME DE TROUPE

FORCES FRANÇAISES LIBRES
AU LEVANT

Délivrée sous l'autorité du Général d'Armée
Commandant en Chef les F.F.L. au Levant
(ETAT-MAJOR — 2° Bureau)

Le Général d'Armée
Cdt en Chef les F.F.L. au Levant
P.O. Le Chef d'Etat-Major

Cachet :

Nom.......: SCHWIEFERT

Prénoms....: Peter

N° Matricule : 10738

Grade .....: 2 ème Classe

Unité ......: 1 er B.I.M. 2 ème C/e

Signalement :

Taille ......: 1 m 75

Couleur des yeux...: Verts

Couleur des cheveux : Blonds

Modèle N° 15 / F.F.L.

Photographie

4 cm × 4 cm

Signature
de l'intéressé :

Peter Schwiefert

Personalausweis der Forces Françaises Libres

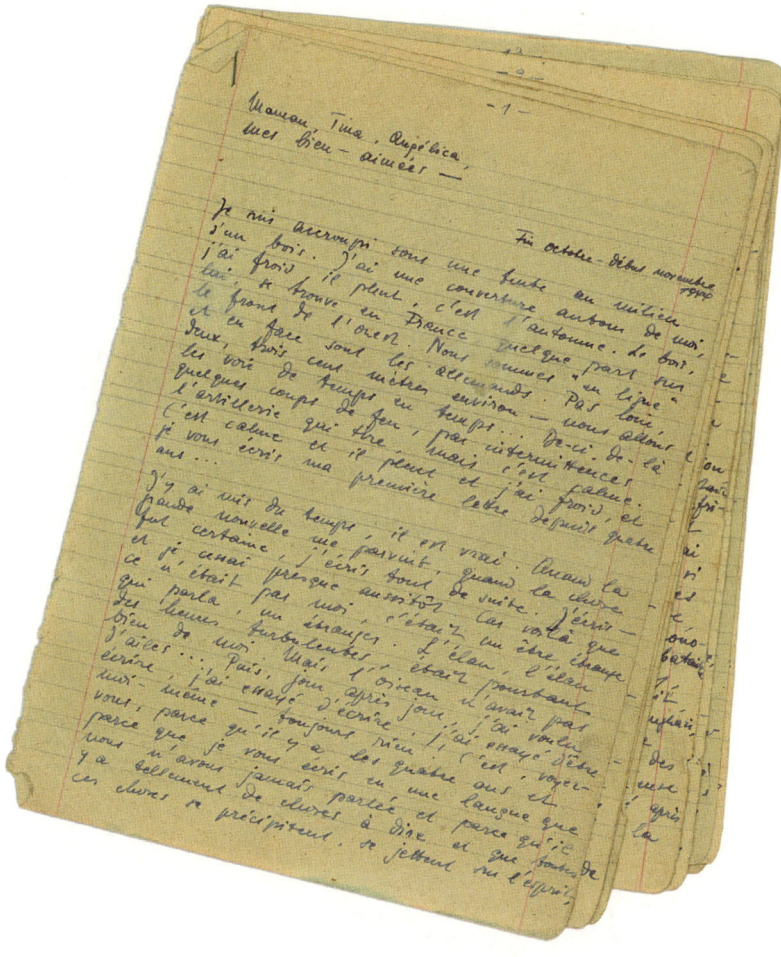

Der letzte Brief von Peter, November 1944

, Jérusalem, Suez, le Caire, Alexandrie,
en Tripoli, Sfax, Sousse, Tunis, Alger,
Casablanca … Mais non, je ne regrette rien –,
suis à présent plus près de vous que jamais, la
cure va ou se terminant et je sortirai bien
un jour de mon trou ennuyé et de mes cala-
mités ~~actuelles~~ passagères … En attendant, j'ai pu vous
dire une longue lettre et vous dire pas mal
de choses – c'est déjà beaucoup ! O Maman,
sais que maintenant ce n'est plus long, que
bientôt, bientôt je vous reverrai, toi et Tina et
Angélica … Que veux-tu que j'en dire ? Peut-
on parler des choses qui montent comme une vague
chaude en nous et nous comblent indicrip-
tiblement ? Tout en moi est attente … En
amour … En gratitude, en quelque sorte …

Portez-vous bien, mes bien-aimés, et attendez
encore un peu. Maintenant vous êtes en sécu-
rité – je puis être tranquille n'est-ce pas !
Dis-moi, Maman, que je puis être tranquille !
Écris-moi tout de suite ! Raconte-moi tout !
Je sais si peu de vous, il faut tout me
dire …

Au revoir, mes chéries … Je vous dis au revoir
car maintenant ce n'est plus long. Il ne faut
pas que ça soit long ! Il ne faut pas ! Nous
avons tenu des années durant, nous avons tenu
bon – à présent il est temps d'en finir.
Au revoir – tout se perd dans un immense
espoir …

Je vous aime, je vous embrasse
mille, mille fois, ~~Maman~~
Toi, Maman,
Toi, Tina,               Votre
Toi, Angéli.             Peter

Die letzte Seite des langen letzten Briefes

Angelika in der
bäuerlichen Tracht Bulgariens,
ca. 1943

Angelika Schrobsdorff
in Israel

Peter Schwiefert, als Soldat der Forces Françaises Libres

# ZWEITER TEIL

# Zwischengedanken
## von Claude Lanzmann

Es war meine Absicht, nur eine sehr kurze Einleitung zu den Briefen von Peter zu schreiben und mich auf die nötigsten Erklärungen der Umstände zu beschränken. Ich habe die in der Korrespondenz erwähnten Personen – von denen die meisten heute nicht mehr am Leben sind – nicht gekannt. Die Auskünfte, die ich über sie gesammelt habe, habe ich von Angelika und Ilse, aber hauptsächlich von Angelika. Die Briefe von Peters Mutter – die, die sie nach Portugal und nach Griechenland an ihn geschickt hat – sind verloren gegangen. Hat Peter sie irgendwo zur Aufbewahrung gegeben, bevor er in den Kampf zog? Ich glaube es nicht, und wenn er es getan hätte, wäre es Ilse gewesen, der er sie anvertraut hätte. Es ist wahrscheinlicher, dass die Briefe ihn auf allen seinen Feldzügen begleitet haben und dass die Mutter 1948 wieder in ihren Besitz gekommen ist, als man ihr die persönlichen Dinge übergeben hat, die er bei seinem Tod bei sich gehabt hatte.* Ob sie sie verlegt oder vernichtet hat, ich weiß es nicht. Wie auch immer, mit Ausnahme dessen, was man auf den allerletzten Seiten lesen konnte, haben wir bis jetzt nur die Briefe des Sohnes, um die Mut-

---

* Dass wir die Antwort der Mutter auf den langen Brief von Peter besitzen, liegt daran, dass er ihn nie bekommen hat. Sie hatte den Brief nach Jerusalem geschickt mit der Bitte an Ilse, ihn weiterzuleiten. Aber als sie ihn bekam, wusste sie schon, dass Peter tot war.

ter kennenzulernen. Das ist viel und wenig zugleich. Viel, weil Peter niemals monologisiert, er fragt und antwortet, es sind aufmerksame Fragen, manchmal pedantische, häufig wiederholte, und Fragen in höchster Eile und Dringlichkeit, die deutlich machen, welche Antworten oder welches Schweigen ihnen entgegensteht. Und dann ist die Aufrichtigkeit dieses jungen Mannes, der ganz allein sein Denken und sein Leben außerhalb der bekannten Wege erfindet, so absolut, seine unerbittliche Strenge und seine Ehrlichkeit so ungeteilt, seine Liebe gleichzeitig so fordernd und unbedingt, dass seine Briefe ihn natürlich auch bloßstellen und demaskieren. Sie lassen uns in den vagen Andeutungen der Mutter erraten, was sie verschweigt, weil es gefährlich ist, oder auch erkennen, in welchem Moment sie eine objektive Gefahr als Alibi benutzt, um eine grundsätzliche Diskussion abzuwenden. In der leidenschaftlichen Beharrlichkeit, mit der Peter die Verbindung und den Kontakt sucht, als innerlich und äußerlich alles dagegenspricht, in dem Respekt auch, den er der Freiheit der anderen entgegenbringt, wird während der Lektüre zwischen den Zeilen ein Frauenbild sichtbar, bietet sich an – oder entzieht sich – im Lauf der Tage, im Lauf der Briefe.

So wie die Personen in den Zeichnungen von Giacometti, die von Leere umgeben sind, aus einem unendlichen Jenseits der Leinwand zu entstehen scheinen und, egal ob man sich ihnen nähert oder sich von ihnen entfernt, in derselben Distanz bleiben, ganz im Gegensatz zu unserem wechselnden Blick, so ist die Mutter uns gleichzeitig gegenwärtig und verschwommen, nah und fern, irreal und wirklich. Wir wissen, dass wir sie deutlicher sehen könnten, aber ihr vielleicht nicht näherkommen würden, und dass, wenn wir mehr über sie erfahren sollten, dieses zusätzliche Wissen die gesamte und synkretistische Wahrnehmung, die wir von ihr gewonnen haben, sich nicht grundsätzlich ändern würde. Weil wir auf Anhieb im Herzen der Dinge gelandet sind, in der Mitte eines Lebens. Wenn es noch dunkle Bereiche gibt, kommen sie ebenso aus dem Rätsel jeder Existenz wie aus einem Mangel an Information. Anders gesagt, die Kommunikation ist unauflöslich: Es genügt, dass dieser Sohn zu dieser Mutter spricht, damit sie auch zu uns spricht, und dass wir unser Nichtwissen durch einen Übergang zur Phantasie ersetzen und so fast mühelos in ihre Welt eindringen und ihren leidvollen Weg zu unserem eigenen machen. In diesem Sinn genügten die Briefe allein von Peter, und es war nicht nötig, sie mit biografischen Erklärungen zu beschweren. Das wäre jedenfalls vor den Briefen absurd gewesen, weil es nur ein Unbekanntes mit einem anderen Unbekannten erklärt hätte, eine Unternehmung mit unendlichen Wiederholungen, die uns gerade den Sprung in medias res verhindert hätten: bevor wir uns Gedanken über die Mutter von Peter machen, über seinen Vater oder über seinen Stiefvater und darüber, welche Rolle sie gespielt haben, oder darüber zu spekulieren, welche Beziehungen sie miteinander gehabt haben, mussten wir ihn kennenlernen, ihn selbst. Also ihn gelesen haben.

Trotzdem beantworten die Briefe nicht alle Fragen, die sie aufwerfen: Zu viele Dinge bleiben unausgesprochen oder werden vorausgesetzt, eine genauere Kenntnis der Umstände ist manchmal notwendig. Vor allem, weil Peter, trotz des tiefen Verständnisses, das er ihr entgegenbringt, uns nicht die Stimme dieser Frau, seiner Mutter, hören lässt und sie uns nicht aus ihrer Perspektive sichtbar macht. Die Möglichkeit einer solchen Entdeckung existiert aber: Wenn auch die Briefe von Else an ihren Sohn verschwunden sind, so sind doch andere Briefe von ihr aus derselben Zeit (an Freunde und Verwandte in Jerusalem, Ilse Hirsch, Paula und Bruno Kirschner) erhalten geblieben und stehen uns zur Verfügung. Sie ist in diesen Briefen offener und weniger taktisch als zu Peter, diesem Heranwachsenden, der ihr gleichzeitig zu vertraut und zu fremd ist und mit dem sie tatsächlich nicht mehr – oder noch nicht – sprechen kann. Sie ist verfangen in ihrer Mutterrolle, akzeptiert den jungen Mann nicht als vollgültigen Gesprächspartner, verweigert ihm jedenfalls das Recht, sie infrage zu stellen; man kann sich vorstellen, dass sie sich dazu zwingt, sich ihm gegenüber nur auf dem beruhigenden Terrain der privaten Ereignisse zu äußern, und also redet sie manchmal auch dummes Zeug. Im Gegensatz dazu argumentiert sie mit ihren Freunden von Gleich zu Gleich, sie widerspricht, sie greift an, sie gibt sich Blößen und offenbart eine Persönlichkeit, von der die Briefe, die man schon gelesen hat, aus den Jahren, als sie unter einem enormen emotionalen Schock stand (der letzte Brief von Peter und die Todesnachricht kamen fast gleichzeitig an), nur wenig ahnen lassen. Luzide und gleichzeitig voller schlechten Gewissens, verzweifelt, heftig, gequält vom Lauf der Geschichte, wissend und nicht sehen wollend, verteidigt sie Schritt für Schritt das, was der Sinn ihrer ganzen Existenz gewesen ist. In dieser Hinsicht, zumal es sich um dieselben Geschehnisse und dieselbe Diskussion handelt, sind ihre eigenen Worte ein unersetzliches Gegengewicht zu den seinen. Aber man erlebt auch eine Umkehr der Perspektive, eine Verschiebung des Standpunkts, in der es die Mutter ist, die über Peter urteilt. Sie fügt seiner Wahrheit, die sich für uns als unantastbar herausgestellt hat, andere Aspekte hinzu, bereichert sie mit neuen Facetten, verankert sie auf einem anderen Niveau. Das Misstrauen und die Feindseligkeit, die sie der Entscheidung des jungen Mannes entgegenbringt, verleihen seinem Engagement eine noch ganz andere Dimension. Die Hellsichtigkeit von Peter und sein Sprung in die Freiheit, die Blindheit von Else und ihr herzzerreißender, verspäteter Kampf (für beides gab es auch gewichtige Gründe), sie bedingten sich gegenseitig und erscheinen wie die komplementären Seiten eines einzigen Schicksals: das einer Familie, die von der Geschichte überrollt wurde und in der jedes Mitglied von der Tragödie gezeichnet war. Tatsächlich müsste man noch vor der Konfrontation anfangen und das Abenteuer von Peter mit dem späteren seiner Schwestern Bettina und Angelika vergleichen. Aber das ist nicht meine Angelegenheit, und anstatt jetzt die unmögliche Aufgabe einer Biografie in Angriff zu nehmen (unmöglich, weil es nur aus einer Distanz heraus und einer richtigen romanhaften Neuschaffung gelingen könnte, von diesen aus der Bahn geworfenen Menschen zu erzählen, Bericht zu erstatten von diesem unaufhörlichen Hin und Her zwischen der radikalsten Subjektivität und der unerbittlichsten Geschichte), werde ich diese neuen Briefe, so wie ich es auch bisher getan habe, für sich sprechen lassen und nur in Anmerkungen die Erklärungen geben, die ich notwendig finde und die ich von Angelika bekommen habe.

Aber man wird auch noch von der Mutter einige Briefe aus einer späteren Zeit lesen, die zeigen, welche Veränderungen sie im Laufe der Jahre erlitten hat. Ihre Briefpartner sind dieses Mal Pitt und Enie, seine zweite Frau. Else ist gealtert und unheilbar krank, niedergeschlagen von Schicksalsprüfungen und dem Tod von Peter, aber gleichzeitig von ihrer Mutterrolle entlastet: Jetzt wirft sie einen unerbittlichen Blick auf die Welt und ihr eigenes Leben, und in ihrer Trauer erreicht sie eine Größe, in der sie ihrem Sohn ganz ähnlich wird.

In der Sammlung finden sich auch zwei Briefe von Erich Schrobsdorff, die ebenfalls für sich sprechen. Und schließlich Briefe von Peter an Ilse, die er ihr während des Krieges geschrieben hat und die die Briefe seiner Mutter widerspiegeln. Sie sind meines Erachtens von größter Bedeutung.

*Die Briefe II*

*Elisabeth Lingorska (Else) an Ilse Hirsch*

(…) Kein Mensch konnte die Katastrophe, die Anfang November über uns hereinbrach*, voraussehen. Sie hat auch mir das Genick gebrochen. Bis dahin dachte ich verbissen, ich schaffe es, ich werde bleiben und es durchstehen. Es war manchmal höllisch, und oft, immer häufiger, hatte ich nur einen Wunsch: weg von Deutschland, wieder frei sein, wieder atmen können. Und doch, jetzt, da ich draußen bin, weiß ich, Deutschland ist mein Land, und nur dort ist mein Leben, und ich hätte weiter durchhalten müssen, und ich hätte es geschafft. Du sprichst von Entwürdigung, sagst jetzt wahrscheinlich, meine Einstellung sei nicht zu vertreten. Vielleicht hast du recht, und dennoch … ich bereue, gegangen zu sein, bereue es bitter. Nicht so sehr meiner als der Kinder wegen hätte ich durchhalten müssen, denn ich habe sie und mich in Unordnung, Zweifel und Chaos gestürzt. Wir wussten nicht mehr, was tun, Erich und ich, es schien, als seien die Bestimmungen in Deutschland für mich untragbar. Da fassten wir den Entschluss, der uns beiden so

---

\* Die »Kristallnacht« 9. November 1938 und die darauf folgenden Verordnungen.

schwerfiel: Wir trennten uns, und ich bin seit einem Vierteljahr hier in Bulgarien und mit einem Bulgaren verheiratet. Heute weiß ich, dass wir hätten bleiben können, denn weder die Kinder noch ich wären unter die im November herausgekommenen Gesetze gefallen. Ich habe unter dem Druck von Angst und Verzweiflung gehandelt, und ich verwünsche mich dafür. Was ich an Erich verloren habe, begreife ich erst jetzt, obgleich – innerlich habe ich ihn gar nicht verloren; mit meinem Entschluss, Deutschland zu verlassen, habe ich ihn vielmehr zurückgewonnen.* Aber meine Eltern, was wird aus ihnen? Sie sind allein, alt und können nicht mehr weg. (…)

Ich, die ich jetzt draußen bin, entdecke mit Erstaunen, dass sogar kluge und politisch versierte Leute keine Ahnung haben von dem, was in Deutschland tatsächlich geschehen ist und was nicht. Und du hast auch keine. Wie könntest du dich sonst wundern, dass Fritz Rotbart das Land ver-

---

* Die Wahrheit ist, dass die Eltern und Brüder von Erich Schrobsdorff schon vor der Machtergreifung der Nazis seine Heirat mit einer Jüdin ausdrücklich missbilligt hatten und nun, seitdem Hitler an der Macht war, einen wachsenden Druck auf ihn ausübten, sich scheiden zu lassen. Die Schrobsdorffs, eine sehr wohlhabende und einflussreiche preußische Familie, die überall in Deutschland Baufirmen und Hunderte von Mietshäusern und Immobilien besaß, bildeten einen richtigen Clan, der dem neuen Regime durch eine Menge von wirtschaftlichen und politischen Interessen eng verbunden war. Die Mutter von Erich hatte es sogar unvermeidlich gefunden, Parteimitglied zu werden.
Ihr Sohn Erich tat schließlich das, was das Gesetz und die Familieninteressen von ihm forderten. Zu seiner Entlastung mag man sagen, dass Erich und Else schon seit mehreren Jahren eine sehr liberale Ehe geführt hatten und kaum noch zusammenlebten. Und auch, dass er nicht zu Unrecht den Spitznamen »der Gute« von Else bekommen hat: Während der ganzen Zeit ihrer Emigration half und beschützte er Else, Angelika und Bettina, wo er nur konnte. Er ließ sie nicht im Stich, außer am Ende, als die Verbindung unmöglich geworden war. Die drei Frauen lebten dann in großer Armut.

lassen musste ohne einen Pfennig Geld in der Tasche. Er ist, weiß Gott, keine Ausnahme, sondern die Regel. Und warum willst du nicht verstehen, dass es Menschen gibt, die nicht mit derselben Begeisterung wie du (und Walter) nach Palästina auswandern wollen*, umso mehr, als ja auch dort weder Ruhe noch Frieden herrscht und von Sicherheit keine Rede sein kann. Und wie kannst du behaupten, dass mein Peter in dieselbe Not geraten wäre, wenn er sich vernünftig benommen und nicht darauf bestanden hätte, als Volljude behandelt zu werden. Ich, zum Beispiel, bin der Meinung, dass er sich wie ein Idiot benimmt. Dass er Deutschland verlassen hat, gut. Er wäre zwar genauso als Deutscher anerkannt worden wie seine Schwestern jetzt auch, aber das wollte er nicht, es war seine Einstellung, sein Recht, er war zu stolz dazu. Schön, aber wozu sich als Volljude deklarieren, zum Judentum übertreten wollen, sich ein »J« in den Pass stempeln lassen? Warum und wozu, um Himmels willen? Religiös ist er nicht, Zionist ist er nicht, und nach Palästina auszuwandern würde er sich schwer hüten. Also was treibt er da ohne Sinn und Verstand? Wozu verpatzt er sich sein Leben, gefährdet es sogar? Seine Überzeugung, seine Empörung, seine Solidarität – lauter unehrliches Gefasel und zu fünfzig Prozent Bequemlichkeit. In einem festen Beruf zu arbeiten, das war ihm zu anstrengend und zu bürgerlich,

---

* Ilse war als überzeugte Zionistin 1936 nach Palästina ausgewandert und hatte in der Folge außer ihrem Mann und ihren beiden Söhnen auch ihren Vater Professor Mayer, einen berühmten Berliner Kinderarzt (auch der Arzt der Schrobsdorff-Kinder), sehr gegen seinen Willen mitgenommen. Zwischen Else und Ilse, die dreizehn Jahre jünger war als sie, hatte es darüber lange Diskussionen gegeben.

lieber in Portugal im Exil hungern, das ist auf jeden Fall interessanter und hat sogar einen Beigeschmack von Märtyrer- und Heldentum. Ich kenne Peter wie meine Westentasche, kenne seine Proklamationen, seine demonstrativen Gesten, seine Selbstbespiegelung. Wir lieben uns, aber das mindert keineswegs meinen Zorn über seine törichten Eskapaden. So weit Peter.

(…)

Ich tue wie immer gar nichts. Wenn man ein Leben lang verwöhnt, wenn einem immer alles Unangenehme und Schwere abgenommen wurde, ist man wahrscheinlich unfähig, plötzlich zu arbeiten und sich eine Existenz aufzubauen. Ich möchte zwar gerne, aber ich werde es nicht können. Und zuerst muss ich mich wiederfinden, muss mir über die neue Situation klar werden, muss mich fassen. Dann kommen meine Geliebten – Erich und die Kinder; ja und dann wird ein anderer Grund kommen, der mich am Arbeiten hindert. Denn im Grunde bin ich faul und leichtsinnig, und meine Kräfte und Gaben sind immer unausgewertet geblieben oder auf falschen Gleisen gelaufen. Es hat niemand gegeben, der sie auf die richtigen umgeleitet hätte.

Ich habe viele Freunde hier, bin beliebt und auch immer mal wieder geliebt. Nun bin ich schon so alt*, und trotzdem sagt man noch »Fräulein« zu mir, verliebt sich in mich, findet mich amüsant und klug. Ich bin eben ein Blender!

---

* Sie war damals vierundvierzig Jahre alt.

*Elisabeth Lingorska (Else) an Paula Kirschner*[*]

Liebe Pauline,

(…) Peter macht mir ungeheure Sorgen – wie immer –, und er ändert sich nicht. Er lernt nicht. Mit dem Kopf durch die Wand, gegen die Vernunft, für die schönen Worte. Er ist wie ich. Mit schönen Gedanken und Worten beschwindeln wir uns, drücken uns. Ich, die ich jetzt so viel Bitteres durchgemacht habe und am Nullpunkt fast angelangt bin, habe endlich erkannt, dass einem das nicht hilft. Allerdings, da ich ja ehrlich geworden bin (ein bisschen früher als Peter, da ein bisschen älter), muss ich gleich hinzufügen, dass man es wieder gut mit mir gemeint hat. Ich lebe hier mit meinen Töchtern, bin verheiratet, was mich nicht stört – ich bin es ja gewöhnt –, und habe von allen Seiten Großzügigkeit, Freundschaft und Hilfe erfahren. Ich kann also in dieser Beziehung ruhig sein. Anfangs hatte ich große Sorgen, irre Sehnsucht nach den Kindern, war einsam und fremd. Aber dann kam Erich mit Angelika, später Bettina, und nach Klärung verschiedener Probleme durfte ich sie behalten.

Ein großer Kummer war Vaters Tod. Dass ich den lieben, heiteren Opapa nie mehr sehen soll, kann ich immer noch nicht fassen. Und meine unglückselige Mutter! Das musste

[*] Paula Kirschner, Frau von Dr. Bruno Kirschner, Cousin von Else. Die Kirschners hatten sich 1935 in Jerusalem niedergelassen.

ihr passieren! Ganz alleine, und ich konnte nicht zu ihr. Aber vielleicht kann ich es bald. Während der schlimmsten Zeit hat sich ein Ehepaar um sie gekümmert – prächtige Menschen müssen das sein. Dann fand sie nach langer Mühe einen Mieter, der ihr ein wenig die Zeit vertrieb und mit dem sie sich gut verstand. Vor einer Woche starb der Mann plötzlich. Man weiß nicht mehr, was man mit der armen Frau tun soll. Schwierigkeiten hat sie sonst keine, man sorgt gut für sie.

Von all diesen schweren Sorgen, der Unruhe, der Furcht vor dem, was noch kommen kann, abgesehen, ist Peter derjenige, der mich am meisten quält. Ich versuche, zu ihm zu fahren, aber auch das ist äußerst kompliziert. Heute ist alles äußerst kompliziert. Und all die armen Menschen, über die man so Entsetzliches hört oder gar nichts mehr hört. Man schaut um sich und weiß nicht, wie man das alles ertragen soll, man sucht Lichtblicke und findet keine.

Erich war die ganze Zeit im Feld, jetzt erst wurde er wegen seines Magenleidens aus der Armee entlassen. Er ist der anständigste und beste Mensch, den ich kenne. Sein Vater ist ebenfalls gestorben, die Mutter von Fritz auch. Unsere Familie schmilzt immer mehr zusammen. Wie trübe ist das, auch wenn es ganz natürlich ist. Fritz, davon abgesehen, hat große Erfolge in Berlin. Eins seiner Theaterstücke wurde zweihundert Mal aufgeführt, darüber hinaus schreibt er am laufenden Band Drehbücher.

Angelika ist sehr zart und leider ständig krank. Aus diesem Grund kann sie auch nicht zur Schule gehen und bekommt Privatunterricht. Ihre große Leidenschaft ist schreiben und Ballett tanzen. Sie ist ein merkwürdiges Geschöpf, ganz begabt, glaube ich, und sehr hübsch. Groß und schmal mit einem aparten Gesicht. Tina ist schwarzhaarig und dunkeläugig und sieht genauso aus wie die Mädchen hier. Sie geht auf eine Kunstgewerbeschule und arbeitet schon sehr nette Sachen. Dieses Jahr wird sie achtzehn Jahre und hat bereits einen ernsthaften (sehr ernsthaften) Verehrer, einen 33-jährigen Dozenten der Anatomie. Obgleich er mir gut gefällt, sehe ich Tinas plötzliche Verwandlung vom Kind zur umworbenen jungen Frau mit Erstaunen und leisem Unbehagen. Als ich Deutschland verließ, war sie für mich noch ein Baby, dann, als sie ein Vierteljahr später nach Bulgarien kam, war sie ein erwachsener, vollkommen veränderter Mensch. Beide Mädchen sprechen schon bulgarisch, während ich mich zum Gespött meiner Umwelt mache. Ich kann mich zwar mit meinem bulgarischen Dienstmädchen verständigen, aber dem Gelächter der Kinder nach zu schließen, muss es eine maßlos komische Verständigung sein. Und Ihr? Was arbeitet Bruno, was machen die Kinder? Bitte, erzähl mir alles, Paulinchen, wir waren doch so lange befreundet.

Lebt mir wohl und seid herzlichst gegrüßt von Eurer

Elisabeth

Ja, Pauline, ich heiße jetzt wirklich so. Ich habe mich taufen lassen und bin zum russisch-orthodoxen Glauben übergetreten. Du hast es vorausgesehen, und Du hast recht behalten.

Sofia, 1. April 1940

Lieber Bruno, hier ein kurzer Sachverhalt:

Peter war eineinhalb Jahre in Portugal, hat dort auf der zuständigen Behörde erklärt, dass er Volljude sei, wurde daraufhin ausgewiesen, war, da er kein Geld für die Reise hatte, vier Monate im Gefängnis und wurde auf Kosten des dortigen jüdischen Committées nach Griechenland geschickt, das einzige Land, das für Flüchtlinge noch offen war. (Ich habe dem jüdischen Committée die Summe zurückerstattet, indem ich auf die Zuwendungen eines Freundes in Rio verzichtet habe.) Peter hat mir seine Lage viele Monate verschwiegen, und erst jetzt, aus seinem letzten Brief, erfahre ich die volle Wahrheit. Der Brief ist trostlos. Er hat keinen Pfennig Geld, keine Arbeitserlaubnis, keine Aufenthaltsgenehmigung. All das nichts Ungewöhnliches in dieser Zeit, aber er ist doch mein Junge. Ich weiß nicht, was ich tun soll, bin machtlos und in höchster Verzweiflung. Könnt Ihr ihm helfen? Er will nur Ruhe haben, irgendwo bleiben und arbeiten dürfen. Ich habe so entsetzliche Angst um ihn und keine Möglichkeit, ihm beizustehen. Zu uns nach Bulgarien kann er unmöglich kommen, da rutschen wir noch alle mit hinein. Wir leben immer auf Messers Schneide, und ich kann die beiden Mädchen nicht einer zusätzlichen Gefahr aussetzen. Die Leute vom jüdischen Committée haben für Peter getan, was sie nur konnten. Sie haben mir geschrieben, dass sie von seiner Haltung und seinem Mut stark beeindruckt sind. Darum dachte ich mir, dass man vielleicht von Palästina aus etwas für ihn unternehmen könnte.

Ich schreibe verwirrt und unleserlich, aber ich bin sehr aufgeregt. Ich quäle mich schon über Wochen damit. Ihr habt es auch schwer, ich weiß, und es tut mir leid, euch damit zu belasten, aber ich muss eben alles versuchen.

Ich denke oft an Euch, an Paula – sie soll mir helfen!

Eure Elisabeth

Ein Glück, dass Vater das alles nicht mehr erleben muss.

*Es folgen Briefe, die unsere Mutter an Fritz Schwiefert (Pitt) und dessen Frau Enie nach Peters Tod geschrieben hat.*

*Else an Fritz Schwiefert*

Sofia, 17. August 1946

(...) Erich hat mir, in der letzten Minute und als ich schon fast am Boden lag, den Gnadenstoß versetzt und so das vollendet, was die Nazis begonnen hatten. Jetzt hat er sie, seine blonde Arierin, von der er immer geträumt hat. Er hat ausgenutzt, dass ich mich nicht wehren konnte, nicht einmal mehr in Briefen, und dann ganz schnell die energische Lilo geheiratet oder sich von ihr heiraten lassen, was auf dasselbe herauskommt.* Siehst Du, die »Figaro-Dame« hat es geschafft – ja, ich bin ungerecht, sie ist nicht nur das, und es gibt immer Entschuldigungen für alles. Aber er hat uns diesen Moment, auf den wir so lange gewartet hatten, vergiftet, diesen großen Moment, über den Du mir geschrieben hast: Der Tag, an dem Du zurückkommst, wird ein Jubeltag sein für uns alle! Dass er mir diesen Tag gestohlen hat, nachdem die anderen mir schon alles genommen hatten, nein, das kann ich ihm nicht verzeihen. Ich werde also allein sein, und das ist mir eigentlich egal. Erich hat nichts verstanden von dem, was passiert ist. Er kommt mir sehr verändert vor, das ist schade. Vielleicht kann er gar nicht ermessen, was er mir angetan hat, aber ich kann es kaum glauben. Er tut so, als nähme er alles auf die leichte Schulter, weil er ein schlechtes Gewissen hat, das ist die Wahrheit.

(…) Es kann sein, dass Mutter eines natürlichen Todes gestorben ist**, aber dann hätte sie sich moralisch zu Tode quälen müssen. Und ich war eine schlechte Tochter ebenso wie eine schlechte Ehefrau und Mutter. Ich habe meine Pflichten und Aufgaben nie ernst genommen, wusste ich überhaupt, was das bedeutet? Die Pflicht war nur eine unangenehme Bürde, also abzulehnen. Habe ich tatsächlich jemals etwas Gutes zu Ende gebracht? War nicht alles Ver-

---

* Else hatte gerade durch einen Brief von Erich Schrobsdorff erfahren, dass er sich am Ende des Krieges wieder verheiratet hatte – mit einer ihrer gemeinsamen Freundinnen.

** Nein. Sie kam 1943 in Theresienstadt ums Leben.

rücktheit, Frivolität, Leichtigkeit, Vergnügungssucht, erotischer Taumel, Egoismus? Siehst Du Deine Fehler auch so deutlich wie ich meine, und quälen sie Dich? Meine quälen mich. Ich bemerke überall und ausschließlich meine Fehler und meine Schuld, und nichts, was ich getan habe, kommt mir wichtig und wertvoll vor. Und doch, manchmal bedaure ich es nicht einmal. Es war doch schön, nicht?

*Else an Fritz Schwiefert*

Sofia, 1946

Mein lieber Pitt,

(…) Du sprichst von so fernen Dingen: Theater, Kammermusik, Abende am Kamin. Ich weiß kaum noch, was das ist, und wenn ich daran denke, empfinde ich eine Mischung aus vager Sehnsucht und gereizter Verständnislosigkeit. Und dann sprichst du auch von unserer »verklärten« Vergangenheit. Ich weiß nicht, was du darunter verstehst. Was ist daran verklärt? Du scheinst immer noch in deinem Elfenbeinturm zu leben, und die Not, die auch dir nicht ganz fern geblieben sein kann, hast du wohl mehr am Leibe als im Herzen erfahren. Elend und Todesangst lassen sich weder idealisieren noch romantisieren. Sie sind das Einzige, das sich nicht in schöne Worte kleiden lässt. Sie sind hässlich und machen hässlich, sie riechen schlecht, sie verwandeln die Menschen in gehetzte, um ihr Leben kämpfende Tiere und

237

nur in den seltensten Einzelfällen in Märtyrer und Heilige. Unsere Vergangenheit, das war ein Rattendasein, das waren Erniedrigung und Entwürdigung, Machtlosigkeit und Hass, Krankheit und Tod, Flucht und List, Angstschweiß und Zähneklappern, schmutzige Unterkünfte, gestopfte Kleider und weiße Bohnen. Verklärte Vergangenheit, Pitt! Das war körperliche, seelische und geistige Zerstörung, das war ein acht Jahre langer Alptraum, aus dem man hin und wieder hochschreckte, mit einem Schrei oder einem Wimmern, und erkannte, dass der Alptraum Wirklichkeit war. Wo warst du während dieser Zeit? In edler Abgeschiedenheit, in deinem schönen Haus in Wannsee, in deiner schönen Gedankenwelt, in deinen schönen Träumen? Pitt, Millionen sind die fürchterlichsten Tode gestorben, und wir, die wir total unverklärt überlebt haben, werden nie, hörst du, nie wieder das Grauen vergessen können.

(…)

Ich habe jetzt große Ähnlichkeit mit meiner Mutter, die nichts anderes im Leben wollte als ihre Familie um sich haben. Damals ging mir das auf die Nerven, und ich empfand es als eng und lästig. Jetzt, da ich alles verloren habe, Heimat, Heim, Mann, Sohn und auch meine Töchter bis zu einem gewissen Grade, verstehe ich sie und wünschte, ich wäre täglich zu ihr gegangen und mit Wärme und Liebe anstatt mit ewiger Ungeduld. So, und jetzt verabscheue ich mich, denn erst zu verstehen, wenn man selber in Not und Unglück ist, ist ein menschliches Armutszeugnis. (…)

238

Sofia, 8. Dezember 1946

Mein guter Pitt,

(...) Deine Reaktion Peters Bild und Briefen gegenüber habe ich vorausgesehen. Ich wusste, sie würden deine Trauer nicht tiefer machen, deine Liebe nicht stärker – im Gegenteil, sie würden eine Enttäuschung für dich sein. Ich war so glücklich über deine Trauer um unser Peterlein, dass ich sie dir darum erst gar nicht schicken wollte. Doch letzten Endes wäre das falsch und feige gewesen, denn als sein Vater musstest du doch seine Gedanken und das Leben, das er geführt hat, kennenlernen.

Ich gebe zu, der Satz über dich ist hart, aber Pitt, er war ja noch sehr jung, der Peter, vielleicht nicht mal so an Jahren wie in seinen Emotionen. Er war noch ganz im Überschwang und sehr radikal. Außerdem, glaube ich, schwingt in diesem Satz noch etwas anderes mit – eine Bitterkeit, die er, vielleicht unbewusst von seiner Kindheit her, gegen dich im Herzen hatte. Denn du warst ihm damals ja leider kein Freund, und er war noch nicht so weit, dich zu kennen und zu erkennen, dass du so sein musstest oder besser gesagt nicht anders sein konntest. Ja, und weil er so ganz erfüllt war vom Hass auf die Deutschen – vergiss nicht, er hat entsetzlich gelitten unter dem, was man uns angetan hat – und weil seine Erinnerung an dich nun eben nicht so positiv war, da hat es ihm irgendwie wohlgetan, gegen dich ungerecht zu werden, und er hat aus einer kindlichen Rache heraus diesen Satz geschrieben.

So denk' ich's mir, und vielleicht stimmt es auch gar nicht. Entschuldige, Pitt, du wirst dir selber Vorwürfe gemacht haben, es ist nicht recht, dass ich sie wieder hervorrufe. Auch ich kann nicht um unser Peterlein trauern ohne den ewigen Vorwurf, meine Pflicht gegen ihn vernachlässigt zu haben, und das macht es noch viel schmerzlicher. Wir waren so halt- und maßlose Menschen!

(…)

Weißt du, ich habe das auch noch ein paar Jahre gespürt, das mit dem »geistigen« Deutschland und dass es mein Land ist und meine Sprache und dass ich da herkomme und da hingehöre. Aber ich bin wohl doch eine richtige Jüdin, ich brauche Deutschland gar nicht mehr. Das, was ich von ihm hatte, habe ich noch: die Sprache, die ich liebe, die Musik, die Literatur, die paar Menschen, an denen ich hing und die ich verstand, wie ich nie Menschen anderer Länder verstehen werde. Aber es ist abgeschlossen. Ich bin ganz woanders jetzt, ich werde zu Hause fremd sein.* Das, wofür ich früher gestorben wäre, wird mir gleichgültig sein. Mir ist alles so entsetzlich unwichtig, ich finde so vieles lächerlich, ich sehe und spüre zu stark, was hinter den Menschen und Dingen steckt – ein unbequemer Zustand. Vielleicht irre ich mich auch, und alles kommt wieder, ist nur eine augenblickliche Reaktion auf zu viel Erlittenes. Nein, ich glaube, ich könnte überall leben, wo es schön ist, wo ich meine Kinder habe und ein Auskommen. Hier allerdings nicht! Hier habe ich es nie gemocht.

Theater – was ist das eigentlich? Ich war nie mehr in einem

---

* Else bereitete sich auf ihre Rückkehr nach Deutschland vor.

und habe auch keine Lust darauf. Mit euch, die ich liebe, zusammen sein, das will ich. Aber ich werde mich vielleicht vor euch genieren, weil ich nur dasitzen und mich kaum verständlich machen kann. Das Sprechen fällt mir so schwer wegen meiner Gesichtslähmung. Das war ein schwerer Schlag für mich. Mir fällt so viel ein, und ich trau' es mich nicht zu sagen.

(...)

Ich habe nun meine amerikanische Einreiseerlaubnis, bleibt nur noch die Ausreise, die mir schon versprochen ist. So Anfang August werde ich dann wohl kommen. Außer von Tina und André wird mir der Abschied von der Sonne schwer. Was werde ich in Deutschland frieren – körperlich und seelisch.

Lieber Pitt, ich danke dir für alles und bin immer mit tausend Grüßen für dich und Enie

Deine Else

Ihr solltet Michael doch nach Hause kommen lassen. Ich bereue so sehr, dass Peterlein in Internaten war.

*Else an Fritz Schwiefert*

Mein lieber Pitt,

(...) Ich habe dich einmal in einem Brief gefragt, ob es
Gott gibt. Damals hast du ihn geleugnet. Jetzt aber scheinst
du ihn zu spüren. Bei mir war es umgekehrt. All die Jahre
meiner Emigration habe ich nur leben können, weil ich das
»heimliche Gefühl« hatte, dass es ihn gibt. Heute habe ich
ihn, oder sagen wir lieber, das heimliche Gefühl verloren.
Dass ich nie glauben konnte, ohne mir Fragen zu stellen, zu
rechnen, zu zerpflücken, stimmt. Und dass es mir in punkto
Glauben an echtem und tiefem Wollen gefehlt hat, stimmt
ebenfalls. Wenn also der Glaube eine Frage des Wollens
ist – und vielleicht hast du recht, und er ist es –, dann habe
ich es mir zweifellos zu leicht gemacht. Mein Wollen hat
sich immer auf die falschen Dinge konzentriert, und da, wo
ich es hätte anwenden sollen, war es mir zu unbequem. Ich
bin wirklich die Letzte, die das abstreiten und sich von ihrer
persönlichen Schuld – sei sie nun metaphysischer oder pro-
faner Natur – freisprechen wollte. Umso mehr, scheint mir,
versuchen es andere. Wenn du schreibst: »erwarte und verlange nicht mehr, als man dir geben kann«, dann muss ich
dir darauf Folgendes sagen: Ich erwarte schon lange nichts
mehr, aber würde ich es tun, wäre nicht ich im Unrecht, weil

---

[*] Nach ihrer Rückkehr lebte Else in Garmisch-Partenkirchen bei Erich
Schrobsdorff und seiner zweiten Frau Lilo. Pitt wohnte in Berlin.

ich zu viel verlange, sondern ihr, weil ihr nicht genug geben wollt. Denn ich habe mehr gelitten als ihr und bin in diesem einen Fall schuldlos. Aber ihr seid lau und wollt vergessen, und ich mit meinem kranken Inneren und Äußeren bin, dummerweise, ein zu schwerer Vorwurf, eine zu drückende Last für euch.

Ich hatte an Peterleins Geburtstag gar nicht das Gesicht voll Tränen und an seinem Todestag auch nicht. Es ist am 5. und am 7. Januar nicht schlimmer als an irgendeinem anderen Tag, außerdem weine ich selten. Um die Selbstanklagen komme ich nicht herum, aber Selbstmitleid versuche ich zu unterdrücken, weil ich das erbärmlich finde. Es gelingt mir nicht immer – ja, und dann weine ich.

(...)

Heute bekam ich ein Schreiben aus Prag, wohin ich mich Mutters wegen gewendet habe. Darin steht, dass der Name Minna Kirschner in den sogenannten Kremationslisten von Theresienstadt unter dem Datum 14./15. 12. 1942 verzeichnet ist. Demnach hat die arme Mutti noch vier Monate im KZ gelebt.


Lieber Pitt, grüße Enie allerherzlichst und behalt mich etwas lieb.


Immer deine Else


Erich und Lilo lassen grüßen. Danke, dass du an Tina geschrieben hast. Soeben sind mir zweieinhalb Kilo bulgarischer Zigaretten geklaut worden.

Garmisch, 26. Mai 1948

Lieber Pitt,

(…) Ich war wieder bei einem neuen Arzt, und er sagte, was ich erwartet hatte und du nicht hören willst: Es ist nichts zu machen. Der Arzt, den ich damals in Berlin aufsuchte und den wir alle – nur zu gerne – für einen Idioten hielten, hatte natürlich recht. Ich wollte es nicht wahrhaben, aber in meinem Inneren habe ich es gewusst. Es ist eine durchaus unerforschte Krankheit, die nicht zu heilen ist, und ich habe nur eine Chance: dass es so bleibt, wie es ist, was – auch das weiß ich in meinem Inneren – nicht der Fall sein wird. Der Arzt hielt es zwar für möglich, aber für einmalig – in anderen Worten: das berühmte Wunder. Ich wüsste nicht, warum es ausgerechnet mir zuteilwerden sollte. Ein Einzelfall war ich zwar häufig, aber immer nur im Negativen. Da lag meine Begabung. Eine positive Ausnahme, geschweige denn ein Wunder zu sein, dazu fehlen mir alle Voraussetzungen. Im Übrigen empfinde ich diese ebenso seltsame wie seltene Krankheit irgendwie als gerecht. Ich sah und sehe meine Krankheiten immer bis auf den Grund und erkenne ihren Sinn. Quatsch, wirst du sagen, und doch ist es so. Nun gilt es also, sich damit abzufinden, und das fällt mir gar nicht so schwer. Es ist nicht der Tod, den ich fürchte, es ist das Sterben. Mutter hat immer gesagt:»Wie man diese Welt verlässt, ist schlimm, und nicht, dass man sie verlassen muss.« Na, genug davon, andere Menschen haben noch viel mehr gelitten als ich. Und es war doch schön, das Leben.

Was deine Schwester Luzie da redet, verstehe ich ganz und gar nicht. Bettina und Mizo* sind keineswegs im Anmarsch, im Gegenteil, es besteht weniger denn je die Aussicht, dass man sie aus Bulgarien herauslässt. Die Bestimmungen werden von Tag zu Tag schärfer, und bald wird der Eiserne Vorhang hermetisch geschlossen und gar nichts mehr zu machen sein. Das ist mit ein Grund, warum ich so deprimiert bin. Mein Gott, wenn es doch nur wahr wäre, was Luzie da faselt! Wenn Bettina und der Kleine hier wären, dann wüsste ich wieder, wohin ich gehöre. Es wäre für mich die Erlösung. Es gibt viele schöne Beziehungen zwischen Menschen, aber die einzig natürliche, feste und wahre Bindung ist das Blut. Und ohne die habe ich keinen Halt mehr, kann nicht mehr leben, nicht hier, in diesem Land, in dem ich fremd geworden bin.

Wenn ich schrieb, ich brauchte dich vielleicht einmal, dann ist es wegen diesem Gefühl, nirgends mehr hinzugehören. Meine Existenz hier ist die eines total abhängigen Menschens. Man gewöhnt sich an alles, auch daran, nur: soll man sich gewöhnen? Erich und Lilo sind so anständig und gut zu mir und nehmen mir mit dem seltensten Takt jede Sorge ab, die materieller Natur ist. Aber soll das so weitergehen? Ich kann doch in meinem Alter, mit meinem Kopf und meiner Selbständigkeit nicht ewig so ins Blaue hineinleben! In der ersten Zeit war das Unbehagen so akut, dass ich dich um Hilfe bat. Jetzt ist es nicht mehr so akut, aber müsste nicht mal ein vernünftiger Mensch kommen und mit Erich sprechen, ihm klarmachen, dass er mich sichern müsste, dass ich nicht leben kann

* Mizo: Elses bulgarischer Schwiegersohn.

wie eine arme Verwandte, die um Taschengeld bittet und zu ihm gehen muss, wenn sie einen neuen Mantel braucht. Aber verstehe mich recht! Er lässt mich nichts fühlen, er würde mir geben, was ich verlangte. Und wenn er mir eine sogenannte Sicherheit in Form eines größeren Geldbetrages geben würde und ich ausschließlich davon leben müsste, dann wäre ich wahrscheinlich viel knapper dran. Nur, daran denke ich oft: Manchmal schießt ein Besen, und vielleicht lebe ich länger als er, und was dann? Ich kann doch nicht zu Lilo gehen und um Geld betteln. Erich könnte ich das natürlich nie sagen. Er ist die Güte selbst, und außerdem hat er jetzt, vor der Währungsreform, große finanzielle Schwierigkeiten. Und ungeschickt ist er, dass es einen jammern könnte! Auf reguläre Art und Weise verdient er nichts, und auf unreguläre kann er eben nicht. Lilo bekommt ein Baby, und wir haben für die ganze Familie ein Zimmer, Pitt, ein einziges Zimmer für uns alle. Wäre was für dich, nicht wahr?

Angelika sehen wir selten, denn sie schauspielert bei Herrn Domin, den du wohl dem Namen nach kennst. Er soll angeblich begeistert von ihr sein – ob von ihrem Gesicht und ihrer Figur oder von den amerikanischen Zigaretten und dem Kaffee oder von ihrer Begabung, habe ich noch nicht herausgekriegt. Jedenfalls hat sie einen neuen sechssitzigen Wagen, hellbeige mit Radio und allen Schikanen, und während ihr Mann auf der Schule in Oberammergau Russisch paukt, fährt Angelika elegant durch die Gegend und fällt auf. Von Peterchens Sachen habe ich mir noch nichts schicken lassen. Tina hütet sie gut. Sie war schwer erschüttert von dem Anblick des kleinen Bündels und schreibt, sie hätte es tagelang gar nicht öffnen können. Sie ist ein so weicher,

246

zarter kleiner Mensch und so liebevoll, die Tina. Übrigens hatte sie am 8. Juni Geburtstag, und Andretscho wurde am 15. Mai vier Jahre alt. Ich hoffe sehr, du hast es nicht vergessen und ihr gratuliert.

Verzeih, Pitt, dass ich dich mit meinen Ängsten und Nöten immer wieder belästige, aber ich bin so hilflos geworden.

Immer deine Else

*Else an Enie Schwiefert*

Gauting, 3. August 1948[*]

Meine liebe Enie,

weit gefehlt, dass mir Fritz' Briefe so viel besser gefallen! Deine Schimpfkanonade hat mein Herz erquickt, und ich bin froh, dass du sie in meine Richtung abgefeuert hast. Ich hätte sie keinem anderen gegönnt.

Ich verstehe dich ja so gut![**] Scheiße überall und die ewigen Appelle, durchzuhalten, bewirken langsam aber sicher genau das Gegenteil. Dunkelheit und Kälte sind nicht zu ertragen. Auch ich verliere bei solchen Zuständen jegliche Haltung. Dennoch teile ich nicht deine Meinung, was die

[*] Gauting ist ein Vorort von München.

[**] Die beiden Frauen hatten sich in Berlin kennengelernt, als Else noch mit Fritz Schwiefert verheiratet war.

Alliierten betrifft. Ich stehe ja auch auf einem so anderen Plan als du. Die letzten zehn Jahre, oder zwölf sind es schon, haben mich grundlegend verändert und unsere, deine und meine, Einstellung so verschieden beeinflusst, dass wir da keine gemeinsame Sprache mehr haben. Außerdem, das gebe ich offen zu, bin ich in diesem Punkt unsachlich bis zur Borniertheit: Ich hasse nur die Deutschen, und die Sieger können machen, was sie wollen, für sie, wenn ich überhaupt alles glaubte, was man ihnen vorwirft, habe ich immer Entschuldigungen. Denn sie sind diejenigen, die mich gerettet und mir sechs Jahre lang die Kraft gegeben haben, weiterzumachen. Wenn ich am Morgen kaum noch hochkam, tröstete ich mich mit dem Abend, an dem ich die englischen Nachrichten hören konnte. Und ich fand den Churchill so genial und die Kriegsführung und Zivilcourage der Engländer so grandios und ihre Haltung den Juden gegenüber so anständig, dass ich es ihnen nicht vergessen kann und will. Was nun geschieht, ist gewiss auf die Dusseligkeit der westlichen Alliierten zurückzuführen, aber fünfzig Prozent Anständigkeit ist auch dabei, denn diese beiden Eigenschaften gehen offenbar immer Hand in Hand. Also was sollten sie, deiner Meinung nach, jetzt tun? Was würdet ihr ohne die sogenannte Luftbrücke machen? Warum gehen nicht alle Klugscheißer in die Regierung? Warum immer nur böswillige Kritik, und keinem fällt was Besseres ein? Die Russen schaffen es ja doch, und es ist nur eine Frage der Zeit, wie lange der »goldene Westen« noch golden schimmert. Übrigens bin ich gar nicht gegen die Russen, ich bin doch von Bulgarien her angekränkelt und fühle mich in *einer* Stube ganz wohl und mag die einfachen Leute lieber als die

»feinen« und finde, dass die alten Ideen und Einstellungen nicht mehr existenzberechtigt sind und die Menschen, die sich nicht von ihnen trennen können, einen verkrampften Eindruck machen. Ich bin hier als »rot« verschrien und hatte anfangs oft Krach mit Erich, dem, so wie euch allen, die Angst vor den Russen im Nacken sitzt.

Ich finde die Leute, die sich an den Untaten der Russen förmlich ergötzen und in dem erhebenden Trugschluss leben »die sind auch nicht besser als wir«, unerträglich. Im Grunde hat sich an ihrer Einstellung nichts geändert. Sie schimpfen schon wieder auf die Juden, fühlen sich grundlos von den Siegern misshandelt und sind von ihrer eigenen Unübertrefflichkeit und deren Neid und Minderwertigkeit überzeugt. Und wenn die Besatzung weggeht, dann haben wir in einem Jahr denselben Dreck wie früher.

(…)

Aber lass man, wir haben auch kein Geld, dafür aber jetzt ein Haus auf dem Buckel. Lilo wollte es so, und der arme Erich hat sich, wie immer, breitschlagen lassen. Nun weiß er vor Sorgen nicht mehr ein noch aus, und es wird nur noch übers Sparen gesprochen, und all das ist mitunter trostlos. Was nützt einem ein Haus, wenn man dadurch an den Rand der Pleite gerät? Aber wir wohnen »kultiviert«, so wie sich's für unsereinen gehört. Wichtigkeit! Harmonisch leben wäre besser. Und Gauting ist ein so mieser Ort. Wenn ich da an Wannsee denke! Du kannst so glücklich sein, Enie, dass du nichts verloren hast und gesund bist. Du kannst auch noch mit sechzig das Leben genießen. Ich überlege mir manchmal, wie leicht es ist, alt zu werden, wenn man körperlich und geistig gesund ist. Ich habe mich nie mit Krankheit beschäftigt, erst jetzt weiß ich, was das heißt. Noch dazu so eine Krankheit! Ich bin nicht mal mehr ein halber Mensch, abgemagert bis auf die Knochen und so schwach, dass ich kaum noch gehen kann. Nichts funktioniert mehr, das Herz nicht, das Sprechen nicht, das Schlucken nicht, das Atmen nicht und jetzt nicht mal mehr die Hände. Ich kann sie kaum noch bewegen. Aber genug, es ist nicht interessant. Eben bekam ich einen Brief von Tina. Sie ist so eine Gute, und ich habe immer Angst, dass ich sie nicht mehr wiedersehe. Angelika macht mir nicht viel Freude, aber sie ist sich darüber nicht im Klaren – ich war ja auch roh zu meiner Mutter. Hätte ich sie doch jetzt, meine Mutter!

So Enielein, nun Schluss, und wenn du mal wieder Mut hast, schreib mir, ja?

Immer deine Else

Gauting, 18. Februar 1949

Lieber Pitt,

(...) Mir geht es ausgesprochen schlecht. Ich werde nicht mehr lange leben, glaube ich. Mein ganzer Körper ist jetzt krank, und mein Herz macht mir sehr zu schaffen. Ich bin so abgemagert, dass ich nur noch Haut und Knochen bin. Andauernd ist mir elend, und sprechen kann ich kaum noch. Ich bin so schwach und kann nichts mehr tun. Ich habe es halt nicht ausgehalten.

Immer Deine Else

Grüße Enie und rede es nicht herum. Bettina soll es nicht wissen.

*Erich Schrobsdorff an Fritz Schwiefert*[*]

Kiel, 17.3.46

Mein lieber Pitt,

seit vielen Wochen ziehen wir wieder – zigeunernd – durch die Lande, von Garmisch über München, Frankfurt, Hannover, Braunschweig, Hamburg bis Kiel; überall müssen wir haltmachen, Trümmer sehen, Arbeiten in Schutt und Trümmer kontrollieren, in eiskalten Kellern oder mühsam zusammengeflickten Räumen ehemaliger Staats- und Prunkbauten verhandeln. Überall reduzierte Menschen in Missmut, Elend, Schmutz, Resignation und Verbitterung; überall Schwaden von Kohlrübengerüchen – nach der wirklich katastrophalen Lebensmittelkürzung hier mehr denn je. Überall Rückschritt in den letzten 2–3 Monaten, leider, was besonders deprimierend und ernüchternd wirkt. Und das Fazit all dessen ist eine Hoffnungslosigkeit, die wie eine nasskalte, feuchte, schmutzige Wand gespenstisch und unabänderlich auf uns zuschlurft.

So war der Empfang hier oben nach ein paar Wochen friedlicher Zurückgezogenheit in Garmisch, in einer heilen, kleinen Stadt inmitten einer unverändert schönen Bergesgruppe.

---

[*] Als Erich Schrobsdorff durch Else von Peters Tod erfahren hatte, begab er sich auf die Suche nach Fritz Schwiefert und schickte ihm den folgenden Brief. Die beiden Männer kannten sich auch schon seit langer Zeit: Erich hatte Else auf einem der zahlreichen Feste kennengelernt, die die Schwieferts bei sich zuhause in den wilden zwanziger Jahren in Berlin gaben.

So ähnlich waren die Nachrichten, die mich hier erwarteten: geschäftliche Schwierigkeiten von allen Seiten, z. T. entsprechende Vorfälle aus Berlin und weitere Hiobsbotschaften aus meinem Freundeskreis. Und dann erfuhr ich, dass mich das englische Rote Kreuz überall gesucht hat. Wichtige Nachrichten aus Sofia seien angekommen, durch ganz Deutschland mich verfolgend. Der Geschäftsführer des Hotels überreichte mir eine lange englische Notiz. Ich überflog die Zeilen mit Freude und Herzklopfen und dann mit tiefer Trauer. Ich las die letzten Zeilen immer wieder, weil ich es nicht fassen konnte. Angelika lebt, Else, Bettina, Mizo, Andreas – alle leben in Sofia, und es soll ihnen gar nicht schlecht gehen. Nur Peter hat es nicht überstanden. Peter ist noch ganz zum Schluss dem Krieg zum Opfer gefallen, als Soldat in der Armee von de Gaulle. Wo, wann genau und unter welchen Umständen, stand nicht in der Notiz. Aus dem Text ging nur hervor, dass Else schon öfter versucht hat, mir und sicher auch Dir diese Nachricht durchzugeben.

Mein lieber Pitt, noch nie ist mir ein Brief so schwergefallen, noch nie haben meine Gedanken so versagt. Vielleicht weil hier nur das Herz sprechen kann, weil es ein so ganz unerwarteter Schlag aus unvorhersehbarem Schicksal ist; nie bedacht und so gar nicht angepasst seinem Sein und Leben. Peter als Soldat, als Kämpfer mit der Waffe in der Hand, der mit seinem Tod ein kämpferisches Ziel und Schicksal besiegelte, das alles ist ein so fremdes Bild von diesem Jungen, dass ich immer noch um Verständnis ringe. Und doch muss er wohl bewusst diesen Weg gegangen sein, sonst hätte er sich doch nicht freiwillig zur de Gaulle-Armee gemeldet.

Umso stärker spricht das Gefühl. Ich kann mir denken, was für ein Erdrutsch in das Bodenlose diese grausige Nachricht für Else war. All ihre Liebe zum einzigen Jungen, den sie von Jahr zu Jahr mehr liebte und zu sich sehnte, all ihre Hoffnungen auf einen geborgenen Lebensabend in einem glücklicheren Land in seiner Nähe, all ihre Gedanken an den verständiger gewordenen, durch Leben und Erfahrung geläuterten Peter. Alles verlor den Halt und den Sinn. Die schwerste Prüfung, wo sie am Ende ihrer Leidenszeit zu sein glaubte. Ich bin tief traurig, dass ich in dieser Zeit nicht bei ihr sein kann.

Auch Dir kann ich nicht die Hand reichen. Zu sagen brauchten wir uns nicht viel; zurückdenken nur in frühere Zeiten, wo er bei uns war – wenn auch ein Sorgenkind oft –, so doch im Grunde seines Wesens ein durchaus anständiger, durch allen Egoismus hindurch mitfühlender und so vielseitig begabter und geistig lebendiger junger Mensch. So wie Else, so wirst auch Du an eine Zeit, an eine nicht allzu ferne Zukunft gedacht haben, in dem das Leben wieder zusammenführt, was es grausam und sinnlos auseinanderriss – und wenn es auch vorerst nur ein geistiges Wiederfinden im Gedankenaustausch, ein kurzes persönliches Wiedersehen wäre. So denke ich an Angelika, und all mein Hoffen führt zu diesem Ziel. Nicht ausdenkbar, wenn diese Brücke ihren jenseitigen Halt verlöre, im Nichts verschwände. So fühle ich mit Dir als Freund und Vater, der mancher Meinungsverschiedenheiten ungeachtet dem Jungen nahestand und – wenn auch vielleicht mit teilweise falschen und ungenügenden Mitteln, so doch mit ehrlichem Bemühen versucht hat, sein Leben zu formen und seinem Schicksal dienlich zu sein. Es ist alles anders geworden. Die zerrissene, in voller Auflösung begriffene Zeit, die auch unser Leben mehr oder weniger zerfetzte, drückte auch seinen Jugendjahren den Stempel auf. Wir waren zu sehr mit uns beschäftigt, um die Arbeit seiner Erziehung vollgültig zu leisten, zu alt oder zu jung, um ihm selbstverständliche Kameraden zu sein. Und so ging er schließlich, als ihn die inneren Divergenzen zu zerreißen drohten, seinen eigenen Weg. Er glaubte der eigenen Auseinandersetzung durch die Flucht entgehen zu können, und das Leben zwang ihn immer wieder zu neuen Stellungnahmen, in die Front aller Kämpfer, um unseren Daseins Sinn und Zweck. Es duldete kein Entweichen, es führte ihn bis zur letzten, realsten Konsequenz, der er aus innerer Logik nicht entgehen konnte. Mit seinem Tod, den er im Kampfe fand, auf jener Seite, der er geistig und blutsmäßig wohl zugehörte, gab er seinem suchenden, in Irren, Wirren und Wünschen aufgelösten geistigen Dasein die innere Berechtigung, das Große, den letzten Sinn. Er wurde ein Kämpfer für die Freiheit.

Mein lieber Pitt, ich drücke Dir beide Hände, ich umarme Dich. Ich hoffe, Dich Ende April in Berlin zu sehen. Mit aller Herzlichkeit,

Dein Freund Erich

Dr. Erich Schrobsdorff
Gauting b. München,
9.10.1949
Germeringerstr. 20

Mein lieber Pitt,

(…) Ich hatte immer gehofft, dass die arme Schnuff
von all dem Leben und lebhaften Treiben um sie herum
mitgerissen würde und einen Ersatz finden würde für all
das, was ihr in den letzten Jahren geraubt worden war. Aber
leider war die Krankheit stärker als alles andere, und sosehr
sie auch die Viola mochte, in den letzten Monaten war ihr
der kleine Irrwisch einfach zu viel geworden. Auch das hüb-
sche Häuschen mit dem netten Garten konnte nichts mehr
ändern; selbst die von ihr so vergötterte Sonne war ihr in
den letzten Monaten zu viel, zu intensiv und zu anstrengend.
Natürlich haben wir in jeder Hinsicht versucht, Schnuff all
ihre traurigen Erlebnisse vergessen zu lassen. Es war nicht
einfach, weil sie in mancher Weise verbittert war und oft die
Hand nicht nehmen wollte, die man ihr reichte. Ihr letzter
großer Versuch, zum Glauben durchzustoßen – bei ihrem
Eintritt in die orthodoxe Kirche –, war ihr leider misslungen.
Ihr Intellekt behielt die Oberhand, und so blieb ihre letzte
Hoffnung, im Sieg der Alliierten den Sieg der Vernunft zu
sehen; aber auch hier blieb ihr die bittere Enttäuschung
nicht erspart, und die Aufteilung der Welt in Ost und West
raubte ihr jeden noch vorhandenen Halt. Sie schwankte nun
zwischen Ost und West, zwischen Glauben und Vernunft,
zwischen uns und Bulgarien (sie hat oft darüber nachgegrü-

belt, ob es richtig war, von Tina fortzugehen und die notwendige Enttäuschung einer Rückkehr nach so langer Zeit auf sich zu nehmen); sie wurde ihrer Mutter immer ähnlicher, die auch in den letzten Lebensjahren nur noch Sinnlosigkeit und Ablehnung kannte. Nach all den furchtbaren Schlägen, die sie getroffen haben, ist ihre bewusste Vereinsamung nur zu verständlich. Ich glaube auch heute, dass es für sie kein wirkliches Heilmittel gab, und trotzdem mache ich mir immer wieder Vorwürfe, dass wir nicht genug für sie getan haben, dass wir nicht mehr auf diese Gegebenheiten eingingen, mehr opferten, um mehr zu gewinnen.

Du hast recht, wenn Du schreibst, dass es auch heute noch unfassbar erscheint, dass dieser vitale Mensch nicht mehr am Leben sein soll. Wenn ich an ihrem Grab bin, dann habe ich oft das Gefühl des Unwirklichen, so als ob ein Teil von mir selbst dort begraben wäre. Sie war zu sehr der menschliche Mittelpunkt unseres Kreises gewesen, als dass man sie vergessen könnte.

(...)

Hoffentlich hast Du Dich von Deinen Edinburgher Strapazen inzwischen erholt; trotz aller Anstrengungen muss es doch herrlich gewesen sein. Von Herzen wünsche ich Dir bald einen größeren materiellen Erfolg. Ich weiß, wie scheußlich es ist, wenn man mit jeder Mark rechnen muss. Grüße Enie herzlich von uns und dir selbst allerherzlichste Grüße von Liselotte und vor allem von

Deinem alten getreuen

Erich

*Abschließend einige der vielen Briefe von Peter an Ilse Hirsch, die er ihr während des Krieges nach Jerusalem geschickt hat, in Auszügen. Die Briefe sind im Original auf Englisch geschrieben.*

## Peter an Ilse Hirsch

C. C. du 1er B. I. M.
2ème Division Légère, 3ème Brigade
Forces Françaises Libres, Middle East

15. November 1941

Mein sehr liebes Ils'chen,

(…) Dass ich eine großartige Zeit bei Euch hatte, weißt Du ja. Ich danke Dir nochmal von ganzem Herzen, und da wir uns jetzt schon einmal getroffen haben, werden wir uns ein zweites Mal und noch viel öfter wiedersehen. Ich denke immer daran – an Dich, Walter,* an Deine Jungen, an die Wohnung, an Eure Freunde und alles Mögliche in Jerusalem. Und auch wenn unsere Meinungen darüber nicht gleich sind, denke ich mit großer Wärme an Palästina.
Weißt Du, Ils'chen, wir hatten uns ja darüber unterhalten, aber ich konnte nicht sagen, was ich wirklich meinte. Ich weiß nicht warum, vielleicht weil ich jahrelang allein war und es schwer für mich geworden ist, meine Gefühle aus-

* Ilses Mann Walter Hirsch.

258

zudrücken. Aber etwas ist ganz klar für mich: Politische und humane Ideale müssen kosmopolitisch sein. Es hat keinen Sinn, in Familien, Gemeinschaften, Nationen zusammenzuhalten. Dass man es tut, ist nur natürlich, aber es muss als Basis und nicht als Ziel angesehen werden. Wenn man das als vorrangig betrachtet, ist der Weg frei für Wachstum und Weiterentwicklung, aber im anderen Fall beschränken sich die Menschen freiwillig, werden engstirnig und enden im Patriotismus. Und es braucht eine streng disziplinierte Nation, Selbstkontrolle und jahrhundertealte Erfahrung, um solch einen Geist unter Kontrolle zu halten.* Dass nur die wenigsten das können, sehen wir am Beispiel von Europa. Aber wenn es eine Gruppe von Menschen gibt, die durch ihre Geschichte kosmopolitisch in ihrer Haltung und in ihrem Geist ist – egal ob dazu gezwungen oder aus freiem Willen –, eine Gruppe also, die ein bestimmtes Stadium der menschlichen Existenz zugunsten einer höheren überwunden hat, eine Gruppe, die ein Beispiel ist, auch ein schreckliches durch die historischen Prüfungen, die sie erdulden musste, um das zu werden, was sie ist, und durch ihre immer noch andauernden Leiden, und die doch eine wunderbare Manifestation dessen ist, wozu die Menschheit fähig ist – wenn also so ein Volk existiert, warum sollte man es in anachronistische Formen und Verhaltensweisen pressen, die nur zu einem Rückschritt führen können? Warum wollt Ihr eine Nation gründen, wenn es doch gar nicht wünschenswert ist? Nationen! Wir haben genug davon! Warum ein Volk aus menschlichem Material schaffen, das kein anderes Ziel hat, als ihre »patria«, ihre

---

* Peter denkt hier offensichtlich an England.

Fahne und ihre Nationalhymne zu bekommen? Du wirst mir sagen, dass es nötig ist. Ja, es ist nötig, einem verfolgten Volk Hilfe und Schutz zu geben, und in dieser Hinsicht hat Palästina meine ganze Zustimmung ebenso wie jedes andere Land, das guten Willens ist. Ich höre Deinen Einwand: »Palästina zuerst und über allem, weil es Eretz Israel* ist.« Aber meine Liebe, Juden können dort nicht sicher und glücklich sein. Du hast mich gefragt: »Weißt du etwas über den amerikanischen Antisemitismus?« Ich sage Dir: »Und was ist mit dem palästinensischen Antisemitismus und den Schwierigkeiten, mit denen die Juden in diesem Land zu kämpfen haben?« Die Aufgabe wird also dieselbe sein: die Beseitigung des Antisemitismus und die Erziehung der Menschheit zu Toleranz und gegenseitiger Achtung. Das ist eine ziemlich große Aufgabe, finde ich, nicht weniger problematisch in Palästina als in Amerika. Und von daher gesehen kann die Rettung der Opfer von Intoleranz auch gut ohne die Anwendung von all diesem weltweiten Nationalgerede stattfinden. Warum müssen die Juden ein »nationales Heim« haben? Sie müssen überhaupt nicht. Sie müssen mit den anderen Völkern zusammenleben und das Wissen über ihre Identität bewahren. Irgendjemand muss diese Aufgabe erfüllen, das ist lebenswichtig. (…)

---

* Eretz Israel, biblischer Ausdruck, der auf Hebräisch das Land der Juden bezeichnet, das verheißene Land.

*Peter an Ilse Hirsch*

16. September 1942

Ils'chen,

ich bin in sehr schlechter Stimmung und äußerst unzufrieden mit mir und allem, was ich mache. Das heißt, eher mit dem, was ich nicht mache, nämlich gar nichts, und das ist das Problem. Ich fürchte, dass ich nie mit dem Schreiben anfangen werde, wenn alles so weitergeht. Ich habe Pläne, Ideen und einen brennenden Wunsch, sie zu Papier zu bringen. Jeden Tag ist mein erster und letzter Gedanke: »Du musst schreiben, du musst, warum tust du's nur nicht ...« Und dann – nichts. Plötzlich keine Wörter mehr, kein zusammenhängender Gedanke, alles wird immer undeutlicher und löst sich in Nichts auf – vollkommene Leere. Die kleinsten Störungen (und in dem Leben, das ich führe, gibt es überhaupt nur Störungen) lassen mich schon aufgeben, bevor ich angefangen habe. Ich stelle fest, ich kann es nicht, ich bin unfähig, irgendetwas zu tun. Alles hindert mich, schon allein der Gedanke daran hindert mich. Es ist absurd. Mir fehlt die Ruhe, die Konzentration, die Initiative. Ich träume, das ist alles. Und tue nichts. Und immer, jede Stunde, fast jeden Augenblick überfällt mich das Gefühl von versäumter Pflicht und der Lächerlichkeit, zu sagen: »Ich kann nicht.« Aber wenn ich es so sehr möchte, mehr als alles auf der Welt, warum kann ich es nicht? Was genau hält mich davon ab? Ist es nur die äußere Welt, mein Leben als Soldat, der keinen Platz für sich alleine hat und tausendmal am Tag gestört wird? Oder liegt es an mir, an meinem Kopf, oder ist es eine unüberwindliche Faulheit, ein extremes Phlegma, oder kann es sein, dass die Dinge noch nicht reif sind, so dass ich gezwungen bin, geduldig zu warten, oder – ach, ich weiß es nicht. Es ist mehr als lächerlich, manchmal komme ich mir wie verkrüppelt vor. Und manchmal habe ich diese riesige Angst: Wenn ich es wirklich nicht schaffe, wenn ich wirklich unfähig zum Schreiben bin – was bleibt mir dann noch zu tun? Dann hat mein Leben keinen Sinn mehr, dann bin ich vollkommen überflüssig. (...)


*Peter an Ilse Hirsch*

30. November 1942

Ils'chen, my dear –

Tausend Dank und mehr für Deinen lieben Brief! Ich bin sehr froh, Dich zu haben. Du hast recht mit fast allem, was Du sagst. Du hast wahrscheinlich genau den Punkt getroffen, wenn Du sagst, dass ich gerade jetzt nicht ans richtige Schreiben denken sollte. Das ist komisch, weißt Du, daran habe ich nie gedacht – ich meine, ich bin nie zu diesem Schluss gekommen, trotz meiner offensichtlichen Unfähigkeit und dem toten Punkt, an dem ich mich befinde. Oder ich wollte es mir einfach nicht eingestehen, aus einer psychologischen Sturheit heraus, die viel zu tun hat mit der Zeit als entscheidendem und zwingendem Faktor. Tatsächlich fühlte ich mich (und bin es immer noch) ständig bedroht durch die Vorstellung, dass ich schon viel wichtige Zeit unwiderruflich verloren habe, während doch vor mir eine streng bemessene und begrenzte Zeit liegt (mit fünfundzwanzig eine komische Idee, wirst Du sagen, aber eine sehr deutliche und bestimmte), so dass es – im vollen Bewusstsein der Dinge, die getan und erreicht werden müssen – für mich nicht infrage kam, die Arbeit am Schreiben zu verschieben.

(...)

Ich konnte mir einfach keinen Kompromiss vorstellen. Es ist Dein Verdienst, dass Du ihn, nun ja, zumindest denkbar gemacht hast. Ich habe am Anfang gesagt, Du hast recht mit »fast« allem, weil Du Dich in einem Punkt täuschst: Die Tatsache, dass ich in meiner Jugend ein zu schönes Leben hatte, hat nichts zu tun mit meinem speziellen Problem (nicht schreiben zu können), und was die Lebensumstände betrifft und ihren Einfluss auf mich: Ich kann mich perfekt an den Krieg anpassen, ebenso wie ich das Leben als Flüchtling drei Jahre lang ausgehalten habe. Seit dem Tag, an dem ich emigriert bin und den tiefgreifenden Wandel in mir vollzogen habe, ist meine Haltung nie ins Wanken gekommen durch welche Umstände auch immer. Ich behaupte sogar, dass meine Stimmung viel besser gewesen ist als die von vielen Leuten, die unter denselben Bedingungen leben. Ich habe die Entscheidungen, die ich getroffen habe, nie bereut, da ich mir von Anfang an bewusst war, was sie bedeuteten und welche Konsequenzen sie haben würden. (...)

*Peter an Ilse Hirsch*

29. Januar 1943

Liebes Ils'chen,

jetzt sind wir angekommen – endlich! Siegen ist eine
schöne Sache, vor allem wenn man nicht besonders daran
gewöhnt ist – Montgomery ist nett und das Leben im Grunde gar nicht so schlecht, das einfache leibliche Leben, meine
ich, mit frischem Fleisch zum Essen, mit Wein zum Trinken,
Wasser zum Waschen, Bäume und Grün rundherum, und
diese wohltuende Atmosphäre bewohnter Gebiete. Nein,
gar nicht schlecht für einen alten Wüstenhund, der sich
daran gewöhnt hat, dass der Krieg vor allem aus Sand besteht, und es ganz natürlich fand, dieses wertvolle Material
ständig und sorgfältig verteilt auf seinem ganzen Körper
wiederzufinden, im Mund, in der Nase, in den Augen, im
Magen, im Hirn und überall sonst. So will ich die neue Epo-
che meines Lebens und des Krieges mit der gebührenden
Befriedigung und mit Enthusiasmus begrüßen und nur eine
schwache Erinnerung an die (hoffentlich) vergangenen Ver-
gnügen und Wonnen bewahren, die der sogenannte W. D.\*
uns mit solcher Großzügigkeit beschert hat. (…)

---

\* Initialen von Western Desert (Westliche Wüste). Es geht um die libysche
  Wüste: dieser Brief spielt auf den Einmarsch der 8. Armee in Tripolis an,
  nach dem siegreichen Gegenangriff von Montgomery.

29. September 1943

(…) Ich bin gerade auf Wache in einem winzigen arabischen Dorf*, wo nur Araber sind und Fliegen und traurige, erwachsen aussehende Kinder und verhüllte Frauen, deren schwere braune Tücher man nicht einmal Lust hat hochzuheben (weil man schon weiß, wie ihre Gesichter darunter aussehen), hier und da ein Geräusch, ein Streit, manchmal ein Weinen, das Knirschen eines Kamelkarrens zwischen engen, weißgekalkten Mauern, und die Sonne schneidet scharfkantige Schatten in den schmutzigen Sand, dann und wann schlendert ein Soldat vorbei … ach, ich kenne das alles auswendig, die Dörfer, die Leute, die Stimmung, die Soldaten … und mein Kopf ist leer mitten in dieser ganzen Leere. Ich versuche an etwas zu denken und schlafe dabei schon ein.

So, es hat wieder einmal geklappt: Ich habe ein nettes kleines Schläfchen gemacht, und schon sieht alles wieder anders aus – das tut gut. Zum Beispiel schmeckt die Zigarette jetzt besser. Und die Luft ist klarer, die Sonne geht unter. Eine wunderbare Farbe direkt vor mir von lang herunterhängenden Ketten von roten Paprikaschoten, die im letzten Lichtstrahl glühen; da überqueren junge Tiere den Dorfplatz mit ihrem unwiderstehlichen Charme – ungelenkige Kälbchen mit ganz weicher Haut schreiten mit gleichgültigem Ernst vorbei, fragile »Renée Sintenis«-Esel traben hin und her, ihre schmalen Köpfe immer Fluchtbereitschaft,

---

* In Tunesien.

und es gibt sogar kleine Kamele, entzückend jung und unverbraucht.

(…)

Und so fange ich wieder an zu fühlen, dass ich, auch wenn es manchmal so leer in mir ist und die Unzufriedenheit und das Elend mich überwältigen, zur rechten Zeit wieder zurückpendele zu der positiven Stimmung, die alles aushält, von der schlimmsten Hässlichkeit bis zur vollkommenen Schönheit, vom definitiv Bösen bis zum bezaubernden Glanz, von äußerster Kargheit zu den prächtigsten Reichtümern der Erde. Zu begreifen, dass alles einen Sinn hat, dass es einen Sinn gibt in jeder Form des Seins (und sei es auch nur als Kontrast zu seinem Gegenteil) und dass jede Form des Lebens ein Recht hat zu existieren – wie sehr wir sie auch verabscheuen, ablehnen, bekämpfen mögen – oder besser: Jede Form des Lebens hat das Recht, die Aufgabe zu erfüllen, die ihm aufgegeben wurde – dies ist Religion. (…)

*Peter an Ilse Hirsch*

8. Oktober 1944\*

(…) Also Tina ist nun verheiratet … wirklich eine seltsame Vorstellung. Ich werde keinen Unsinn reden über den »richtigen Mann« und sowas, aber ich wünsche ihr das Glück, das sie wie alle jungen Leute, die so früh heiraten, ganz sicher brauchen wird. Ich möchte gern wissen, was Schnuff dazu meint. Ich bin sicher, dass sie sich nicht zu einer konventionellen Mutter entwickelt hat und das auch nie sein wird. Ach Ils'chen, ich habe solche Sehnsucht danach, sie zu sehen. Ich wünsche es mir so sehr, dass es manchmal wehtut. Sie wird älter … und das ist ein schrecklicher Gedanke. Ich kann sie mir einfach nicht als alte Frau vorstellen, das passt gar nicht zu ihr. Weißt Du, ich bin auch kein konventioneller Sohn, glaube ich – es wurde mir erst klar, lange nachdem ich sie verlassen hatte, dass sie nicht einfach nur meine Mutter ist. Ich bin imstande, an sie als Frau zu denken, und das habe ich immer sehr geschätzt und großartig gefunden. Und jetzt wird sie alt, das tut so weh …

Ich bin sicher, Ils'chen, du verstehst, was das für mich bedeutet, dass meine Lieben endlich frei sind, dass sie endlich auf unserer Seite sind und dass wir frei mit ihnen Kontakt aufnehmen können. Jetzt kann ich wieder sprechen, ich

---

\* Als Peter diesen Brief, den vorletzten, schrieb, hatte er den Brief seiner Mutter vom September 1944 bekommen (siehe Anm.\*, S. 211).

kann Fragen stellen und erklären, was mit mir geschehen ist; ich kann die Wahrheit erfahren, mich über die Tatsachen informieren, an denen ich noch ernste Zweifel habe, und ich kann sagen, was ich fühle, was aus mir geworden ist, wie sehr ich sie liebe, wie groß meine Angst gewesen ist, wie die Zeit mir lang geworden ist, wie diese Jahre mir endlos schienen und mit welcher unsagbaren Ungeduld ich auf das Ende von all diesem warte, auf den Moment, in dem ich, wenn alles gut geht, wieder mit ihnen zusammen sein werde – mit ihr. Wir werden uns lange Zeit in die Augen sehen (ich glaube nicht, dass sie weinen wird), und wir werden uns verstehen, wir werden wissen, ohne darüber sprechen zu müssen, was das Schlimmste gewesen ist und was wirklich wichtig bleibt, die Momente, in denen wir gesündigt haben und die, in denen wir etwas gutgemacht haben, und dass die Liebe viele verschiedene Gesichter hat … wir werden das alles wissen, weil wir uns so nah sind und uns so sehr ähneln. (…)

*Peter an Ilse Hirsch*

25. November 1944

(…) Vielen Dank, mein Liebling, für deinen letzten Brief.
Ich weiß, dass Du mir nicht böse bist, aber ich ärgere mich
immer darüber, wenn ich so spät antworte. Nur dieses Mal
war es nicht meine Schuld; erst waren wir in Stellung im
Wald, und es regnete und regnete und regnete, wir hatten
wenig Schutz und viele Wachdienste und ewige Patrouillen.
Danach waren wir wieder in Stellung, wieder im Wald, aber
woanders, 700 m hoch, und da schneite und schneite es.
Wir lebten in Schützengräben, es war ganz schön kalt, und
du weißt ja, das, was ich am wenigsten aushalten kann, ist
Kälte. Da war ich den ganzen Tag eiskalt und ergatterte nur
ein kleines bisschen Wärme in der Nacht – eisige Füße und
eisige Hände, immerzu zitternd vor Kälte, und dann kam
die Offensive, Angriffe, Überfälle, Vormarsch, der ganze
verdammte Kram, und erst jetzt sind wir zum Stillstand gekommen und haben ein paar gute Tage in einem kleinen
Dorf – ein Zimmer mit einer Vorratskammer, Stroh für ein
Bett, Kaninchen und Hühner für die Verpflegung, und Aus-
ruhen, Schlaf. (…)

# ANHANG

# Gesuch des Peter Schwiefert

*Im Dezember 1943 hatte Peter die folgende Erklärung, verbunden mit einem Gesuch um Versetzung, an den Kommandanten der 8. Englischen Armee gerichtet. Der Text ist auf Englisch geschrieben:*

Ich, Peter Schwiefert, geboren am 5. Januar 1917 in Berlin (Deutschland) von einem deutschen Vater und einer jüdischen Mutter (geschieden, der Vater lebt in Deutschland, keine Nachrichten von ihm seit Kriegsbeginn; Mutter wieder verheiratet, bulgarische Nationalität, jetziger Name: Elisabeth Lingorska), früher deutsche Staatsbürgerschaft, die durch deutschen Regierungsbeschluss aberkannt wurde, was mir durch die deutsche Botschaft in Athen (Griechenland) im Juli 1940 mitgeteilt wurde; jetzige Staatsangehörigkeit: keine. Ich bin im September 1938 aus Deutschland emigriert, und ich habe bis März 1940 als Flüchtling in Portugal gelebt, danach in Athen (Griechenland) bis März 1941. Nach verschiedenen fehlgeschlagenen Versuchen, in die englische Armee einzutreten (als Freiwilliger seit 1939 bei den britischen Militärbehörden in Lissabon, Portugal, danach in Griechenland, auf der Liste der freiwilligen Ausländer, die vom britischen Militärattaché in Athen geführt wurde), habe ich mich in die Listen der Forces Françaises

Libres [Freie Französische Streitkräfte] eingetragen (im Dezember 1940, beim nationalen französischen Komitee in Athen), und ich wurde angenommen mit den Empfehlungen vom britischen Militärattaché, der oben erwähnt ist, Major Hayworth, und vom Hauptquartier der France Libre in Kairo.

In Ägypten habe ich mich am 31. März 1941 den Truppen angeschlossen, die von General de Gaulle befehligt wurden. Seither habe ich in der Infanterie gedient und an allen Feldzügen teilgenommen, an denen die Françaises Libres beteiligt waren (Syrienfeldzug, zweiter Libyenfeldzug, Bir-Hakeim, dritter Libyenfeldzug, Tunesien). Ich habe das deutsche Abitur, schreibe und spreche fließend drei Sprachen (Englisch, Französisch, Deutsch) und habe mehrere Anfragen gemacht, um als Übersetzer zu arbeiten, die alle abgelehnt wurden. Haupttätigkeit in der Armee: Fahrer.

Zur Zeit meiner Aufnahme waren die Bedingungen, unter denen ein Soldat in den Forces Françaises Libres dienen sollte, vertraglich vereinbart und klar definiert in einem offiziellen Papier [auf Französisch »attestation«], das von der britischen Botschaft in Kairo und dem nationalen französischen Komitee in Ägypten herausgegeben wurde und unterschrieben war von M. R. Wright im Namen der Botschaft und von Colonel P. S. Dunsmore im Namen der britischen Militärbehörde. Darin heißt es: »… mit Ehre und Treue in den Einheiten zu dienen, die im Einsatz des nationalen französischen Komitees von General de Gaulle unter dem Befehl der britischen Kommandantur sind … Der Soldat ist dem Gesetz des britischen Militärs verpflichtet und ist als Mitglied der britischen Truppen anerkannt. Bis zu dem Zeitpunkt, an dem besondere Anordnungen getroffen werden, um seine Staatsangehörigkeit zu regeln, steht er unter dem Schutz der britischen diplomatischen Behörden mit denselben Rechten wie ein britischer Staatsbürger …«

Solange meine Einheit in dieser Weise zu den britischen Streitkräften und tatsächlich lange Zeit zur britischen Armee gehört hat, hatte ich keinerlei Gründe, mich zu beschweren. Aber jetzt habe ich einen: Die Vereinigung der französischen Streitkräfte und die Bildung einer französischen Armee unter französischem Kommando haben den Dingen eine Wendung gegeben, die nicht mehr den Bedingungen entspricht, die in der offiziellen Urkunde vertraglich festgelegt sind und die ich besitze. Als nichtfranzösischer Bürger, sondern ausländischer Freiwilliger für die Dauer des Krieges halte ich mich nicht für verpflichtet, dieser Entwicklung zuzustimmen, ebenso wenig wie den neuen Prozeduren, die – egal, wie ich sie empfinde – auf keinen Fall vorgesehen waren, als ich mich eingeschrieben habe, und die ich missbilligen muss. Es kommt noch hinzu, dass ich Gründe habe, zu glauben, dass meine Position als Ausländer in der französischen Armee immer problematischer wird und dass man meine Anwesenheit im Moment überhaupt nicht mehr will. Außerdem scheint mir, dass es ein sehr akutes jüdisches Problem gibt, wenn ich da auch nichts verallgemeinern möchte, weil mein Eindruck vielleicht ganz persönlich ist.

Deshalb bin ich zu dem Schluss gekommen, dass ich die Forces Françaises verlassen und meine Versetzung in die englische Armee auf legalem Weg beantragen muss. Ich bin überzeugt, dass die Gründe, die meine früheren Anfragen verhindert haben, nicht mehr gelten nach zwei Jahren

und acht Monaten aktivem Kriegsdienst. Ich habe mich an
Hauptmann Swan, I. O. Unterdistrikt Tunis, gewandt, der
mir geraten hat, diese Erklärung zu schreiben.

Ich erbitte also folgende genaue Auskünfte über die Möglichkeiten, die mir offenstehen: Welches wäre die Einheit –
oder das Armeekorps –, die möglich wäre (kämpfend oder
nicht kämpfend); kann ich mich für einen Übersetzerposten
bewerben; und wie muss ich vorgehen, damit die Versetzung
geschieht.

Da ich den Kommandanten meiner Einheit über mein Vorgehen nicht informiert habe, wäre ich Ihnen dankbar, wenn
Sie alle Antworten an mich streng vertraulich behandeln
und sie an Hauptmann Swan, I. O. Unterdistrikt Tunis, und
nicht an mich richten würden.

Peter Schwiefert
5. Dezember 1943

Peter Schwiefert
Kennnummer: 10138
Dienstgrad: einfacher Soldat
Einheit. B. I. M. P., 4. Brigade, 1. Division,
Forces Françaises Combattantes. Militärpapiere:
Soldbuch (Militärausweis 64 ohne Nummer),
Personalausweis der France libre Nr. 6372

# Nachwort

*Ich habe mich oft gefragt, was aus mir geworden wäre, wären Michaels [Peters] Briefe nicht in meine Hände gelangt oder hätte ich sie weitere Jahre in dem fest verschnürten Karton auf dem Schrank gelassen, aus Angst, die Wunden der Vergangenheit wieder aufzureißen … Hätte ich den Weg nach Israel auch allein gefunden? Vielleicht später, irgendwann einmal, ich weiß es nicht.* [*]

Immer wieder kehrt Angelika Schrobsdorff in ihren autobiografischen Büchern zu diesem magischen Moment zurück, in dem sie den lange verlorenen großen Bruder durch seine Briefe wiederentdeckt oder überhaupt erst kennenlernt, achtzehn Jahre nach seinem Tod. Es ist ein Wendepunkt, der ihrem Leben zum ersten Mal eine Richtung gibt, eine Hoffnung, eine Sehnsucht. Ihr Entschluss, nach Israel zu fahren, von dessen Realität sie nur eine vage Vorstellung hat, entspringt vor allem dem Wunsch, Peters letzten Lebensspuren nachzugehen und die Menschen zu treffen, die ihn noch glücklich gesehen hatten. Dass sie in Jerusalem ein paar der nächsten Freunde ihrer Mutter, die rechtzeitig nach Palästina ausgewandert waren, trifft und in ihnen so etwas wie ihre eigene Familie wiederfindet, ist in ihrer zer-

---

[*] Angelika Schrobsdorff, »Die kurze Stunde zwischen Tag und Nacht«. Alle folgenden diesem Band entnommenen Zitate sind mit [*] gekennzeichnet.

rissenen Gefühlslage eine überwältigende Erfahrung. Nicht anders wohl als für Peter, der in seinen Urlauben zwischen den Wüstenfeldzügen in Libyen und Syrien nach Jerusalem fahren konnte und dort von der mütterlichen Freundin Ilse Hirsch in die Arme geschlossen und über die unüberbrückbare Abwesenheit seiner Mutter getröstet wurde. Aber das Wichtigste, was Angelika aus den Briefen ihres Bruders erfuhr, ging weit darüber hinaus:

*Mit meiner Erinnerung ließ es sich nicht mehr vereinbaren. Er, der das leichte, verspielte Leben so liebte und jeder Verlockung nachgab, hatte auf alles Leichte, Verspielte, Verlockende verzichtet, um mit einer Kompromisslosigkeit ohnegleichen zu leiden, zu kämpfen und zu sterben.*[*]

Angelika Schrobsdorff war zehn Jahre alt gewesen, als sie 1938 ihren Bruder das letzte Mal in Berlin gesehen hatte. An den Abschied konnte sie sich später nicht mehr erinnern, weil ihr verschwiegen wurde, dass er Deutschland verlassen wollte, so wie ihr auch der Grund dafür und die ganze politische Situation verschwiegen wurde, damit das sensible Kind nicht beunruhigt würde. Die Heimlichkeiten nahmen monströse Züge an – während Angelikas Mutter eine Scheinheirat mit einem bulgarischen Mann einging, um in letzter Sekunde noch emigrieren zu können, und zum Christentum konvertierte, wusste Angelika nicht, dass ihre Mutter Jüdin war und folglich sie selbst und ihre Geschwister ebenso, auch wenn sie getauft waren.
Als sie es schließlich durch einen Zufall erfuhr, stürzte sie in einen existenziellen Zwiespalt – denn da war sie schon in

Bulgarien und erlebte den unbegreiflichen Umbruch ihrer ganzen Lebensverhältnisse als persönliche Katastrophe, an der sie nun dem Jüdischsein ihrer Mutter die Schuld gab. Andererseits konnte sie des Vaters Zugehörigkeit zu den Deutschen, die nun nur noch als bedrohliche Nazis für sie denkbar waren, nicht mit dem Bild des liebevollen und trotz aller Schwierigkeiten sorgenden Vaters verbinden. Dieser Schock, der zwar durch manche spätere Erfahrungen in Bulgarien in den Hintergrund gedrängt wurde, war der Anfang einer Verstörung, die sie lange Jahre nur schwer überwinden konnte, die sie aber gleichzeitig auch klarsichtig und kritisch werden ließ und manchmal auch, wie sie selber schrieb, hart und bitter. Und immer sehnsüchtig nach einer Zugehörigkeit, von der sie als Kind ausgeschlossen wurde.

Als sie nun endlich die Briefe ihres Bruders las, erkannte sie, dass auch Peter sich mit seiner doppelten oder geteilten Identität herumgeschlagen hatte und dann, gegen jede Opportunität in der Zeit des brutalsten Antisemitismus, eine radikale Entscheidung getroffen hatte: sich zum Judentum zu bekennen mit allen sich daraus ergebenden Konsequenzen. Das war nicht in erster Linie eine religiöse Entscheidung und auch keine zionistische, sondern eine Parteinahme gegen die Nationalsozialisten und für die Juden; es war auch eine Demonstration für seine Familie, die sich den politischen Ereignissen gegenüber blind und taub stellte, und ein provokativer Akt, um sie zur Stellungnahme zu zwingen. Dass sich aus dieser Protesthaltung schon sehr schnell eine tiefgreifende Veränderung in ihm selbst entwickelte, kann man Schritt für Schritt an den Briefen nachverfolgen, in denen er mit seiner Mutter die grundsätzlichen Fragen des Lebens in Zeiten äußerster Bedrohung verhandelte.

Für Angelika war das ein ganz anderer Bruder als der, den sie als Kind gekannt hatte.

*Ich muß ihn wohl sehr geliebt haben, diesen großen, geheimnisvollen Bruder, der eine Siamkatze hatte und schöne, exotische Freundinnen, der sich unter lauter Jazzmusik zum Abitur vorbereitete, Tango tanzte wie kein anderer, Auto fuhr wie ein Rennfahrer und hingegeben in der Sonne lag, die Augen geschlossen, einen Grashalm zwischen den Lippen. Er war so schön gewesen, zärtlich, heiter, wild; vielleicht war es das, was ihn mir unvergesslich gemacht hat.*\*

Der leichtsinnige, verwöhnte, hochbegabte und wenig fleißige junge Mann, der verschwenderisch und unbesorgt vom Geld seiner Eltern lebte – dem trauten seine beiden Väter, Fritz Schwiefert und sein Stiefvater Erich Schrobsdorff, nicht zu, mehr von den politischen Verhältnissen verstanden zu haben als sie selbst, und schon gar nicht die Ernsthaftigkeit einer Entscheidung, die ihn aus allen bequemen Umständen hinauskatapultierte. Kurz vor dem Novemberpogrom 1938 in Deutschland, der sogenannten Kristallnacht, verließ Peter Berlin und fuhr nach Portugal, von wo aus er hoffte, nach Brasilien emigrieren zu können. Seine Eltern hatten ihm jede Unterstützung verweigert.

Aus Portugal kommen die ersten Briefe an seine Mutter, und sofort zeichnet sich ab, was Simone de Beauvoir in ihrer Besprechung der französischen Ausgabe der Briefe »das Drama seines Lebens« nennt: das Verhältnis zu seiner leidenschaftlich geliebten Mutter. »Die Entscheidung für das Judentum war zum Teil – wenn auch unbewusst – begründet in seiner Liebe zu ihr, was aber gerade zu einer tiefen Spaltung zwischen ihnen führte, weil seine Mutter seit ihrer Jugendzeit alles getan hatte, um ihre Herkunft zu vergessen.«

Else Schrobsdorff stammte aus einer bürgerlichen jüdischen Familie, die ihr schon einen passenden Verlobten ausgewählt hatte, als sie sich in den nichtjüdischen angehenden Schriftsteller Fritz Schwiefert verliebte und mit ihm durchbrannte. Das war der Beginn ihres Ausbruchs aus der jüdischen Welt. *Else war seit jeher von dem »ganz anderen« verführt worden*, schreibt Angelika Schrobsdorff über ihre Mutter. *Das »ganz andere«, das war die weite, freie, christliche Welt gewesen und die Menschen, die zu ihr gehörten.* Elses Eltern verstießen die Tochter – so lange, bis sie ihr erstes Kind, den Sohn Peter, bekam. Seine Existenz rührte das Herz der Großeltern, sie schlossen die Tochter wieder in ihre Arme und kauften dem jungen Paar ein Haus in Dahlem. *Das war der Auftakt zu einem turbulenten Leben,* das Else um sich herum inszenierte und das alle Elemente der wilden Zwanziger Jahre in Berlin aufwies. *Else war ein Vulkan, immer kurz vor dem Ausbruch,* schreibt Angelika Schrobsdorff, aber auch *eine Sonne, ein Zentralkörper* in ihrer aller Leben, *hell, heiß und kraftspendend.* Ihre überbordende Vitalität zieht viele vergnügungssüchtige Menschen in ihr Haus, in dem ihr erster Mann Fritz Schwiefert bald nicht mehr die Hauptrolle spielt; Else bekommt ein zweites Kind, Bettina, von einem Mann, den sie nicht heiratet, und dann ein drittes, Angelika, von Erich Schrobsdorff.

*Erich war ein Herr. Er hatte den makellosen Schliff, die charakter-*
*liche Integrität eines Herrn. Und er hatte den Charme der Deka-*
*denz, die das alltäglichste menschliche Verhalten veredelte wie*
*Patina einen gewöhnlichen Gegenstand. Er, Erich, veredelte für sie*
*die banale Wirklichkeit des »ganz anderen« und wurde damit zum*
*Symbol für eine noch weitere, schönere, noble Welt.* **

Seine Eltern allerdings hatten genauso viel gegen die Hochzeit – mit einer Jüdin, noch dazu geschieden und mit zwei
Kindern – wie Elses Eltern bei ihrer ersten Heirat. Der Antisemitismus hielt sich so lange in Grenzen, bis Hitler an die
Macht kam, doch dann erwies sich für die sehr wohlhaben-
den Schrobsdorffs, deren Geschäfte weiträumig mit dem
Regime vernetzt waren, eine jüdische Schwiegertochter
als belastend. Erich, den Else bis an ihr Lebensende »den
Guten« genannt hat, widerstand dem Druck der Familie
und ließ sich erst scheiden, als er keine andere Möglichkeit
mehr sah, um sie durch die Scheinheirat mit einem Bulgaren
außer Landes zu bringen. Else hat ihm nie vorgeworfen,
nicht mit ihr ins Exil gegangen zu sein; sie waren schon
vorher getrennte Wege gegangen, die nur durch die Liebe
zu der gemeinsamen Tochter Angelika immer wieder zu-
sammentrafen. Aber dass sie alle – und dazu gehörten auch
Fritz Schwiefert und seine neue Frau Enie – die Augen ver-
schlossen hatten vor der Gefahr, die Hitler für Deutschland
und im Besonderen für Else, ihre Eltern und ihre Kinder
bedeutete, ist auch im Nachhinein schwer zu verstehen.

---

** Angelika Schrobsdorff, »Du bist nicht so wie andre Mütter«. Alle folgenden
diesem Band entnommenen Zitate sind mit ** gekennzeichnet.

Peters Ablehnung seiner Väter, die in den ersten Briefen zum Ausdruck kommt, hat auch darin ihren Ursprung, dass er sie der geheimen Übereinstimmung mit dem Naziregime verdächtigte.

»Dieser 27-Jährige hatte die Situation richtiger beurteilt, die Entwicklung der Dinge genau vorausgesehen, er war klarerdenkend als ich ...«, schrieb Gottfried Benn 1950 – nicht über Peter Schwiefert, sondern über Klaus Mann nach dessen Tod. So weit reichte Erich Schrobsdorffs Einsicht auch nach Kriegsende nicht, als er seinem alten Freund Fritz Schwiefert, Peters Vater, zu Peters Tod kondolierte: »... Peter als Soldat, als Kämpfer mit der Waffe in der Hand, der mit seinem Tod ein kämpferisches Ziel und Schicksal besiegelte, das alles ist ein so fremdes Bild von diesem Jungen, dass ich immer noch um Verständnis ringe. Und doch muss er wohl bewusst diesen Weg gegangen sein, sonst hätte er sich doch nicht freiwillig zur de Gaulle-Armee gemeldet ...«

In den Briefen von Peter kann man von Anfang an etwas miterleben, was offenbar für seine Familie undenkbar war. Seine Entwicklung vom Jungen aus gutem Haus zum selbstbestimmten, radikal für sich und seine Entscheidungen einstehenden Erwachsenen ist nicht erst im letzten Brief sichtbar, sondern sofort in den ersten Briefen, in denen er seine Mutter beschwört (»Du kannst tun, was Du willst, Du wirst es nicht ausradieren können, dass ich eine jüdische Mutter habe ...«) und in langen Selbsterklärungen seine neue Identität (als Jude, als Emigrant, als auf sich selbst gestellter Berufstätiger, als Heimatloser) zu finden versucht. Es ist ein geistiger Ablösungsprozess, dem wir zusehen können, und gleichzeitig eine Art Briefroman an die ferne Mutter, die er voller Sehnsucht auch als Geliebte imaginiert. Wir werden von Beginn an in diesen Sog der Ereignisse und Klärungen hineingerissen; Peters Briefe sprechen über die Jahrzehnte hinweg aus einer Nähe, die uns unmittelbar in sein Leben und in das seiner Mutter hineinversetzt.

Else Schrobsdorff traf im Winter 1938, als sie ihre lebensbedrohliche Situation in Berlin realisieren musste, die Entscheidung, die ihr Sohn fürchtete und die genau entgegengesetzt zu seiner eigenen war. In gewisser Weise war ihre Konversion zum Christentum der Schlusspunkt ihrer Flucht aus dem jüdischen Elternhaus, aber Peter konnte das zu dem Zeitpunkt nur als taktisches Manöver sehen, was es notgedrungen ja auch war. Und doch berichtet Angelika Schrobsdorff, dass ihre Mutter in Sofia täglich in die bulgarisch-orthodoxe Kirche ging und betete.

Ihre Zeit in Bulgarien kennen wir aus den Briefen des Sohnes nur indirekt, weil ihre Briefe an ihn nicht erhalten sind, und auch er erfuhr nur einen Teil der Wahrheit, ebenso wie er der Mutter nur den Teil seines Lebens mitteilte, der sie nicht beunruhigen musste. Beide schonten sich auf verschiedene Weise und verschwiegen vieles, aus Vorsicht und vor allem, um die Ängste des anderen nicht zu schüren. Aber wir wissen eine ganze Menge aus dieser Zeit von Angelika Schrobsdorff, die in ihrem Buch »Du bist nicht so wie andre Mütter« ausführlich davon erzählt hat.

Für die Mutter, die ihr ganzes bisheriges Leben nie woanders als in Berlin unter luxuriösen und sorglosen Umständen gelebt hatte, war der Anfang in Sofia fast unerträglich, zumal sie immer noch davon überzeugt war, dass sie auch in Berlin hätte bleiben können. Aus ihrem ersten Brief an ihre Freundin Ilse in Jerusalem wird klar, dass sie ihren Sohn auch jetzt nicht begreift und ihm jede Glaubwürdigkeit abspricht: »… Seine Überzeugung, seine Empörung, seine Solidarität – lauter unehrliches Gefasel und zu fünfzig Prozent Bequemlichkeit. In einem festen Beruf zu arbeiten, das war ihm zu anstrengend und zu bürgerlich, lieber in Portugal im Exil hungern, das ist auf jeden Fall interessanter und hat sogar einen Beigeschmack von Märtyrer- und Heldentum …« – während er ihr Brief um Brief schreibt, sie seiner zärtlichen Liebe versichert und ihr mit größter Dringlichkeit erklärt, warum er sich der Verantwortung und dem Schicksal, ein Jude zu sein, nicht entziehen will. Und er fleht sie an, ihr jüdisches Erbe nicht zu verraten. Seine Mutter wird ihn erst am Ende der elenden Kriegsjahre in Bulgarien verstehen. »Jetzt wirft sie einen unerbittlichen Blick auf die Welt und ihr eigenes Leben«, schreibt Claude Lanzmann, »und in ihrer Trauer erreicht sie eine Größe, in der sie ihrem Sohn ganz ähnlich wird.«

Nach den ersten Monaten, in denen Else allein zurechtkommen musste, gelangte auch Bettina nach Sofia, und Erich, »der Gute«, brachte kurz darauf Angelika zu ihr; er sorgte durch extra angeknüpfte Geschäftsverbindungen dafür, dass sie ausreichend zu essen hatten, und versteckte bei seinen Reisen teuren Schmuck in seinem Koffer, damit sie für alle Fälle gesichert seien. In dieser Zeit wurden die Briefe von Peter dringlicher und verzweifelter; er war Ende 1939 aus Portugal ausgewiesen worden und mithilfe einer jüdischen

Organisation nach Athen gelangt, dem einzigen Ort, der ihn vorübergehend aufnehmen wollte. Er beschwor seine Mutter, ihn in Athen zu besuchen, bat um Geld und kündigte ihr an, wenn sie nicht reisen könne, zu ihr nach Sofia zu kommen. Dass Else beides geradezu in Panik versetzte, kann man angesichts ihrer prekären Lage nur allzu gut nachempfinden. Die verängstigte zwölfjährige Angelika allein in Sofia zu lassen war undenkbar, und Peters Anwesenheit in Sofia hätte mit Sicherheit ihre Schutzidentität infrage gestellt. Es zerriss ihr das Herz, und das Einzige, was sie für ihn tun konnte, war, ihm kleine Geldzuwendungen zu schicken. Nach dem Ausbruch des Krieges konnte Erich Schrobsdorff nicht mehr nach Sofia reisen, und durch den Anschluss Bulgariens an die Achsenmächte mit späterer Proklamation derselben Judengesetze (1941) wie in Deutschland wurde die Situation von Else und ihren Töchtern wieder sehr bedrohlich. Else lebte nur noch in Angst um ihre Kinder – Bettina hatte sich mit einem jungen Bulgaren verlobt, der plötzlich, zu Elses Entsetzen, seine Sympathie für die Nazis entdeckte und Bettina ebenfalls dafür gewann, Angelika war ein Nervenbündel und verstand nicht, warum sie nicht mit den deutschen Soldaten sprechen durfte, und von Peter selbst hörte sie überhaupt nichts mehr mit Ausnahme der Rot-Kreuz-Nachrichten, die über Jerusalem von Ilse an sie weitergeschickt wurden. Als Sofia bombardiert und Bettinas Mann unter Trümmern verschüttet wurde, nahm sich Dimiter Lingorsky, Elses Mann, seiner »Scheinfamilie« an und brachte sie auf einem tagelangen Fußmarsch durch Schnee und Eis in ein kleines Dorf, Buchowo, wo sie für die nächsten neun Monate in Sicherheit waren.

*Für mich war Buchowo eine Offenbarung. Nie zuvor und nie wieder danach war ich dem Leben näher als dort, habe ich mich so frei, so sicher, so seelisch und körperlich gesund, so unbeschwert glücklich gefühlt. Buchowo hat mich gelehrt, was Leben in seiner Ursprungsform ist, was Menschen, die aus dem Herzen leben, sein können. Nie zuvor und nie wieder danach habe ich so uneigennützige Großzügigkeit erfahren wie von diesen besitzlosen Bauern, nie eine so noble Haltung Fremden gegenüber, von denen sie nichts anderes wussten, als dass sie in Not waren, nie eine so tiefe und echte Anteilnahme.* [**]*

Die Verhältnisse, in die sie von der achtköpfigen Bauernfamilie aufgenommen wurden, waren äußerst beengt, zwei Zimmer für alle zusammen einschließlich der Lämmer im Winter, kein Wasser, ein Spirituskocher als Küche, wenig zu essen. Aber die Herzlichkeit und menschliche Wärme waren für Angelika und ihre Mutter eine vollkommen neue und sehr tröstliche Erfahrung; Angelika Schrobsdorff hat in verschiedenen Büchern die Erinnerung daran bewahrt, ist lange nach dem Krieg auch wieder dorthin gefahren, was in Bulgarien wahrgenommen und so geschätzt wurde, dass die bulgarische Botschaft ihr zu ihrem 80. Geburtstag in Berlin ein Fest ausgerichtet hat mit bulgarischer Musik und, auf Wunsch von Angelika Schrobsdorff, mit bulgarischen Volkstänzen.
Elses Aufenthalt in Buchowo war eine kurze Atempause vor neuen Schrecken. Schon vorher hatte sich ihre schwere Krankheit mit einer Gesichtslähmung angekündigt, die ihr Aussehen entstellte und ihr zunehmend Probleme mit dem Sprechen machte. Als Else und Angelika nach dem Waffenstillstand in das zerbombte Sofia zurückkehrten, erhielt sie die ersten furchtbaren Nachrichten aus Deutschland, von

den Deportationen, von der Ermordung ihrer Mutter in Theresienstadt, und von Erich schließlich die Mitteilung, dass er sich in der Zwischenzeit mit ihrer besten Freundin verheiratet habe. Sie warf es ihm nicht vor, aber Angelika wollte ihn nie wiedersehen, sagte sie.

Den ersten langen Brief von Peter bekam Else nach vier Jahren am 30. Juni 1945, ihrem zweiundfünfzigsten Geburtstag. Endlich erfuhr sie nun alles über seine Not im Exil, die vergebliche Suche nach Arbeit, seine verzweifelten Versuche, Aufenthaltsgenehmigungen zu bekommen, was bei den einen daran scheiterte, dass er sich als jüdisch erklärte, und bei den anderen, dass er kein »J« im Pass hatte. Portugal war bis Oktober 1939 freizügig mit der Einwanderung von Fremden umgegangen; im November aber erließ Diktator Salazar ein Dekret, das es allen portugiesischen Diplomaten verbot, Visa an Staatenlose und an Juden auszustellen. Das war offenbar der Moment, in dem Peter seine Aufenthaltsgenehmigung entzogen wurde, und da er kein »J« im Pass hatte, das ihn zweifelsfrei als Juden identifiziert hätte, konnten die jüdischen Hilfsorganisationen ihn nur mehr sehr wenig unterstützen.

Else las, dass er in Portugal im Gefängnis gewesen war. Und sie erfuhr erst jetzt von seinem Entschluss Ende 1940, zu den Forces Françaises Libres, zu den Truppen de Gaulles, zu gehen und als Soldat zu kämpfen. Else war fassungslos, denn sie hatte ihn die ganze Zeit in Palästina bei ihrer Freundin Ilse in Sicherheit gewähnt. Peters Brief war im Elsass geschrieben, unweit der deutschen Grenze. Die glückselige Hoffnung, ihn nun, nach Kriegsende, bald wieder bei sich zu haben, war nur von kurzer Dauer. Zwei Wochen später kam die Nachricht, dass Peter bereits seit sechs Monaten tot war. Von diesem letzten Schlag erholte sie sich nicht mehr.

Angelika, die das Unglück ihrer Mutter kaum mit ansehen konnte, floh aus der Notunterkunft in die Arme der englischen und amerikanischen Besatzungsoffiziere, die sie mit allen lang vermissten Luxusgütern versorgten.

*Meine Mutter stirbt, und ich gehe tanzen, dachte ich, und wenn ich tanze und trinke und bewundert werde, wenn ich das Verlangen der Männer und meine Macht über sie spüre, dann vergesse ich, dass sie stirbt, dann vergesse ich alles und alle: die, die mir das angetan haben und antun, die mich verlassen haben und verlassen, die tot sind oder sterben.*[**]

Ihre Schönheit verlieh ihr eine Macht, die sie als Siebzehnjährige bedenkenlos ausnutzte; sie versteckte ihre verwundete Seele hinter Zynismus und Härte. Als sie ihren ersten Mann, einen katholischen amerikanischen Offizier, heiratete, war sie sehr verliebt in ihn, aber tatsächlich war er auch die letzte Möglichkeit, aus Bulgarien wegzukommen, bevor der Eiserne Vorhang sich schloss. Ihre nächste Station war ausgerechnet Deutschland, wohin ihr Mann versetzt wurde; das erste Treffen mit ihrem Vater, lang ersehnt und gefürchtet, war ein kurzes seliges Aufatmen, dem die große Enttäuschung folgte, dass nichts in Deutschland mehr so war wie zu ihren Kinderzeiten. Angelika stürzt sich wieder in neue Abenteuer, betäubt ihren Schmerz, trennt sich von ihrem Mann, ist ruhelos und ziellos und sehr unglücklich.

Ein paar Jahre später beginnt sie zu schreiben, und ihr erstes großes Buch ist ein Roman mit dem Titel »Die Herren«, eine Chronique scandaleuse ihrer Erfahrungen mit Männern und gleichzeitig auch ein sehr präzises Bild vom zerstörten Nachkriegsdeutschland. Als es 1961 erschien, wäre es beinahe als jugendgefährdend eingestuft worden, was man aus heutiger Sicht kaum noch verstehen kann.

»Angelika Schrobsdorff war Schriftstellerin, sie hatte ein erbarmungsloses Buch über die Männer geschrieben, »Die Herren«, das großen Erfolg hatte, und sie galt als die schönste Frau Deutschlands«, schreibt Claude Lanzmann in seiner 2009 erschienenen Autobiografie. »Als ich Angelika kennenlernte, hatte sie seit mehreren Jahren aufgehört zu schreiben. Sie litt unter der quälenden Vergangenheit ihrer Familie … Aber erst, als sie mir die herzzerreißenden, wunderbaren Briefe zu lesen gab, die ihr Halbbruder, Peter Schwiefert, an ihre gemeinsame Mutter geschrieben hat, fügten sich diese Bruchstücke für mich zu einem Ganzen, und ich erfasste die von der Geschichte geprägten Schicksale in ihrer tragischen Besonderheit.«

Claude Lanzmann hatte nicht lange zuvor begonnen, seine jüdische Identität und sein Verhältnis zu Israel auf den Prüfstand zu bringen, und einen Plan für den Film »Warum Israel« entworfen. Das Zusammentreffen mit Angelika war »von beiden Seiten Liebe auf den ersten Blick«, schreibt Lanzmann. »Durch sie lernte ich wunderbare Menschen kennen, Berliner Juden, ursprünglich Freunde ihrer Mutter, die sie als ihre eigene Tochter betrachteten und bewunderten … ›Warum Israel‹ ist Angelika Schrobsdorff gewidmet.«

In diesem Zusammenhang bekamen die Briefe von Peter Schwiefert eine beträchtliche Bedeutung – nicht nur für Angelika, sondern auch für Claude Lanzmann, der dem jungen Mann größten Respekt zollte: seiner freien Entscheidung zur Emigration, zum Jüdischsein, zum bewaffneten Kampf gegen die Nationalsozialisten. Und er versteht ihn auch in seinen idealistischen und literarischen Motiven, dem Rekurs auf Rimbaud, den Peter in Portugal liest und bei dem er eine ähnlich radikale Abkehr vom maroden Europa findet, die ihm bis in den Sprachduktus hinein Argumente liefert; er übt sich gleichsam mit Rimbaud auf die neue Rolle ein. »Ja, ein Rimbaud möchte ich sein, nach Afrika möchte ich gehen oder in irgendein fernes, unbekanntes Land; dort möchte ich leben und vergessen – all die kleinen und großen Sinnlosigkeiten, Inferioritäten, Überheblichkeiten, Wichtigtuereien, den ganzen bombastischen Bau aus Lüge, Überschätzung, Konvention, Kleinlichkeit, Lächerlichkeit, Gewalt und Verbrechen, der sich Europa nennt … All dies möchte ich vergessen und verachten, so wie er es tat. Mit ihm möchte ich sagen ›Je regrette L'Europe …‹, weil das Leben, die Welt, die Wahrheit woanders ist und weil ich das große Glück habe, das zu begreifen …« (18.2.1939)
Claude Lanzmann sieht ihn als den Modernen, der zugleich eine moralisch-existenzielle Wahl trifft, ganz im Sinne von Sartre, mit dem Lanzmann eng verbunden war.
Lanzmann veröffentlichte die Briefe von Peter Schwiefert 1974 in Frankreich unter dem Titel »L'Oiseau n'a plus d'ailes …«. »Das war mein Hochzeitsgeschenk für Angelika. Damals arbeitete ich schon ein Jahr an »Shoah«.

Angelika Schrobsdorff lebte bis 1983 abwechselnd in Israel und in Paris und zog dann ganz nach Jerusalem. 2006 kehrte sie wieder nach Berlin zurück in eine Wohnung, die – zufällig, wie sie sagte – ganz in der Nähe des Hauses am Johannaplatz liegt, das sie als Elfjährige verlassen musste.

*Ulrike Voswinckel, München, im Februar 2012*